The Improper Solicitation and Graft Act

청탁금지법강의

변호사 공성국 著

박영사

머 리 말

　법률안의 내용이 구체적으로 확정되기 이전부터 국민의 관심이 집중되었던 「부정청탁 및 금품등 수수의 금지에 관한 법률」(약칭 「청탁금지법」)이 마침내 시행되었다.

　언론 보도에 따르면 우리나라 2015년도 법인세 신고 법인의 접대비 합산액만 거의 10조 원에 이른다고 한다. 여기에 접대비 계정 과목에 포함되지 않은 접대 관련 각종 비용과 개인사업자 등의 접대비까지 모두 합한다면 국내에서 실제 지출되고 있는 접대비의 규모가 실로 막대하리라는 것은 충분히 짐작할 수 있다. 청탁금지법 제정 직후부터 법률이 시행되고 있는 지금까지도 기업 관계자는 물론 각계각층의 수많은 사람이 그간 당연한 일로만 생각하고 아무런 문제의식 없이 관행적으로 해오고 있던 각종 부탁이나 접대행위들을 일일이 되짚어 보며 법위반 여부에 대한 무수한 질문을 쏟아내고 사석에서도 이를 화제로 삼고 있다. 이 두 가지 사실만 보더라도 그 동안 우리 사회에서 청탁이나 접대가 역사적 전통으로 자리 잡았다 하여도 과언이 아닐 정도로 깊이 뿌리내린 채 얼마나 흔하게 이루어져 왔는지 잘 알 수 있다.

　청탁금지법은 이처럼 우리 모두가 원만한 대인관계를 유지하거나 사회활동을 하는 데 필수적이고도 당연한 일이라고 생각하여 별다른 생각 없이 관행적으로 해 오고 있던 부탁이나 식사, 선물 제공 등의 일상적 행위마저도 원점부터 다시금 검토할 수밖에 없도록 하고 있다. 이 때문에 우리의 생활문화 자체를 완전히 탈바꿈하도록 만드는 청탁금지법의 해석과 실생활에 대한 적용 문제를 놓고 많은 사람이 혼란스러워 하고 있는 것은 어쩌면 당연한 일일지도 모른다.

　　따라서 이 책은 법률 업무를 전문적으로 다루는 사람뿐만 아니라 청탁금지법으로 인하여 현실 생활에서 혼란을 겪고 있는 일반인들에게 청탁금지법이 지향하는 목표와 주요 내용을 가급적 알기 쉽게 풀이하여 청탁금지법에 대한 이해를 돕고 본의 아니게 법에 반하는 행위를 하지 않도록 미리 예방하는 데 중점을 두었다.

　　이를 위하여 청탁금지법의 핵심규정인 부정청탁 금지규정과 금품등 수수 금지규정에 중점을 두어 최대한 쉽게 설명하는 데 주력하였다. 특히 조문 순서에 따르지 않고 독자들이 비교적 쉽게 이해할 수 있도록 조문을 주제별로 묶어 해설하였으며, 공무수행사인이나 법인의 범죄능력, 양벌규정을 포함한 일부 벌칙 등 불가피한 사항을 제외하고는 가급적 복잡한 법리나 법률 이론에 대한 설명은 생략하였다.

　　한편, 법률이 시행된 지 아직 얼마 지나지 않은 시점이라 청탁금지법 위반사례에 대한 판례는 물론 참고서적이나 연구자료 등도 충분하게 나와 있지 않은 상황이므로, 문리해석에 충실하면서 청탁금지법 관련 업무의 총괄기관인 「국민권익위원회」가 출간한 해설집, 질의응답집과 직종별 매뉴얼 그리고 법률안 심사 과정에서 생산된 국회 소관 상임위원회와 소위원회의 각종 회의록, 심사보고서 등의 자료와 함께 뇌물 사건을 비롯한 부정부패 사건에 대한 판례를 참고하여 입법자의 의사와 청탁금지법의 정신을 책 내용에 충분히 반영함으로써 객관적 보편성을 유지하고자 노력하였다. 다만 저자 나름대로 필요하다고 생각한 부분에서는 입법론적 견해 등 사견도 제한적으로 일부 가미하였다.

　　아울러 청탁금지법에 대한 이해의 편의를 위하여 책자 말미에 약간의 「사례별 해설」을 추가하였다. 그러나 이는 사실관계를 단순화하여 만든 가상 사례별 해설이므로, 사례에 언급된 인명·기관명이나 단체명 등은 모두 허구이고, 실제 사건에 있어서 사건 내용이 가상 사례와 유사하다 하더라도 세부적인 사실관계 등 구체적인 사정에 따라 해설 내용과는 결론이 달라질 수 있음을 미리 밝혀둔다.

　　집필을 마치고 나니 스스로 기대하였던 바와는 달리 내용의 빈약함과 지식의 부족을 절감할 수밖에 없어 걱정과 두려움이 앞선다는 사실을 솔직히 고백하지 아니할 수 없다.

　　그러나 앞으로 활발한 연구와 논의, 법령의 보완과 제도 정비 그리고 합리적이고도 충실한 법 집행을 통하여 오랜 산고 끝에 탄생한 청탁금지법이 국민 모두의 생활 속에 확고히 자리 잡아 우리나라가 경제적 위상에 걸맞은 공직의 윤리성과 도덕성을 완비한 국가로 한 단계 더 높이 성장하는 데 이 책이 한 알의 작은 씨앗이라도 될 수만 있다면 그것만으로도 저자에게는 더할 나위 없는 크나큰 영광이요 보람이 되리라 생각한다.

끝으로 이 책이 출판될 수 있도록 격려와 함께 아낌없는 지원을 해 주신 박영사 안종만 회장님과 조성호 이사님, 정성을 쏟아 책을 만들어 주신 편집부 이승현 대리님을 비롯한 박영사 여러분, 그리고 책의 내용에 대하여 다양한 조언을 해 주신 저자가 몸담고 있는 법무법인(유)화우의 「청탁금지법 Task Force」 소속 변호사들께 깊이 감사드린다. 그러나 이 책에 잘못된 내용이 있다면 이는 전적으로 저자의 책임이므로 독자 여러분의 아낌없는 질정과 지도를 간곡히 부탁드린다.

2017. 1. 1.

著者 씀

차 례

Ⅰ. 개 관 (1)

1. 입법 배경 ··· 3
2. 입법 과정 ··· 6
   가. 정부법안 / 6
   나. 의원법안 / 7
3. 국회 심의 및 공포 과정 ·· 8
4. 청탁금지법의 기본 구조 ·· 8
5. 청탁금지법의 법적 성격 ··· 12
6. 청탁금지법의 적용 범위 ··· 13

Ⅱ. 「공공기관」·「공직자등」·「공무수행사인」의 정의 (15)

1. 공공기관 ··· 18
   가. 국회, 법원, 헌법재판소, 선거관리위원회, 감사원, 국가인권위원회,
      중앙행정기관과 그 소속기관, 지방자치단체(법 제2조 제1호 가목) / 18
   나. 「공직자윤리법」 제3조의2 소정의 공직유관단체(법 제2조 제1호 나목) / 19
   다. 「공공기관의 운영에 관한 법률」 제4조 소정의 공공기관(법 제2조 제1

호 다목) / 20

　　라. 각급 학교 및 학교법인(법 제2조 제1호 라목) / 21

　　마. 「언론중재 및 피해구제 등에 관한 법률」 제2조 제12호 소정의 언론사
　　　　(법 제2조 제1호 마목) / 22

2. 공직자등 ·· 26

3. 공무수행사인 ·· 32

　　가. 「행정기관 소속 위원회의 설치·운영에 관한 법률」 등 법령에 따라 설
　　　　치된 각종 위원회의 위원 중 공직자가 아닌 위원(법 제11조 제1항 제
　　　　1호) / 33

　　나. 법령에 따라 공공기관의 권한을 위임·위탁받은 법인·단체 또는 그 기
　　　　관이나 개인(법 제11조 제1항 제2호) / 34

　　다. 공무를 수행하기 위하여 민간부문에서 공공기관에 파견 나온 사람(법
　　　　제11조 제1항 제3호) / 41

　　라. 법령에 따라 공무상 심의·평가 등을 하는 개인 또는 법인·단체(법 제
　　　　11조 제1항 제4호) / 41

Ⅲ.　부정청탁 금지　　　　　　　　　　43

1. 적용 대상 ·· 46

2. 금지 대상 부정청탁행위 ··· 47

　　가. "법령"을 위반하여 / 48

　　나. "정상적인 거래관행"에서 벗어나 / 54

　　다. 부정청탁 해당 여부에 대한 판단 / 54

3. 부정청탁 예외사유 ··· 61

　　가. 「청원법」, 「민원사무 처리에 관한 법률」(2015.8.11. 「민원처리에 관
　　　　한 법률」로 전면개정되었음), 「행정절차법」, 「국회법」 및 그 밖의 다
　　　　른 법령·기준(제2조 제1호 나목부터 마목까지의 공공기관의 규정·사
　　　　규·기준을 포함함)에서 정하는 절차·방법에 따라 권리 침해의 구제·해
　　　　결을 요구하거나 그와 관련된 법령·기준의 제정·개정·폐지를 제안·건

의하는 등 특정한 행위를 요구하는 행위(법 제5조 제2항 제1호) / 62

나. 공개적으로 공직자등에게 특정한 행위를 요구하는 행위(법 제5조 제2
항 제2호) / 63

다. 선출직 공직자, 정당, 시민단체 등이 공익적인 목적으로 제3자의 고충
민원을 전달하거나 법령·기준의 제정·개정·폐지 또는 정책·사업·제
도 및 그 운영 등의 개선에 관하여 제안·건의하는 행위(법 제5조 제2
항 제3호) / 63

라. 공공기관에 직무를 법정기한 안에 처리하여 줄 것을 신청·요구하거나
그 진행상황·조치결과 등에 대하여 확인·문의 등을 하는 행위(법 제
5조 제2항 제4호) / 65

마. 직무 또는 법률관계에 관한 확인·증명 등을 신청·요구하는 행위(법
제5조 제2항 제5호) / 65

바. 질의 또는 상담형식을 통하여 직무에 관한 법령·제도·절차 등에 대하
여 설명이나 해석을 요구하는 행위(법 제5조 제2항 제6호) / 65

사. 그 밖에 사회상규(社會常規)에 위배되지 아니하는 것으로 인정되는 행
위(법 제5조 제2항 제7호) / 66

4. 부정청탁의 신고 및 처리 절차 ·· 68

가. 공직자등과 공무수행사인(법 제7조 제1항, 제2항, 제6항, 시행령 제3
조) / 68

나. 소속기관장(법 제7조 제3항~제5항, 제7항, 제8항, 시행령 제4조~제
7조, 제15조, 제16조) / 69

다. 감독기관, 감사원, 수사기관(시행령 제8조~제10조) / 71

라. 권익위(시행령 제11조~제13조) / 71

마. 종결처리(시행령 제14조) / 72

5. 징계 및 벌칙 ··· 74

가. 부정청탁에 따른 직무수행 공직자등에 대한 징계 및 처벌 / 74

나. 부정청탁행위자에 대한 제재 / 76

다. 과태료 부과, 불(不) 부과, 부과 취소 / 84

라. 양벌규정 / 93

Ⅳ. 금품등 수수 금지   101

1. 적용 대상 ·· 104
2. 수수 금지 금품등 ·· 108
   가. 금품등 / 108
   나. 동일인 / 109
   다. 1회 / 115
   라. 직무관련성 / 116
   마. 회계연도 / 124
   바. 금품등의 가액 / 124
   사. 배우자 / 128
3. 예외적 허용 금품등 ·· 130
   가. 제10조의 외부강의등의 사례금(법 제8조 제3항 본문) / 131
   나. 공공기관 제공 금품등이나 하급 공직자등에 대한 위로·격려·포상 목적 상급 공직자등의 제공 금품등(법 제8조 제3항 제1호) / 135
   다. 대통령령 소정 가액 범위 내의 원활한 직무수행, 사교·의례·부조 목적 음식물·경조사비·선물(법 제8조 제3항 제2호) / 136
   라. 사적 거래(증여 제외)로 인한 채무의 이행 등 정당한 권원에 의한 제공 금품등(법 제8조 제3항 제3호) / 141
   마. 공직자등의 친족이 제공하는 금품등(법 제8조 제3항 제4호) / 143
   바. 공직자등 관련 직원상조회·동호인회·동창회·향우회·친목회·종교단체·사회단체 등의 기준에 의한 제공 금품등과 어려운 처지에 있는 공직자등에 대한 장기지속적 친분관계에 있는 자의 제공 금품등(법 제8조 제3항 제5호) / 144
   사. 공직자등의 직무 관련 공식적 행사 주최자가 참석자에게 일률적으로 제공하는 통상적 범위 내 교통·숙박·음식물 등의 금품등(법 제8조 제3항 제6호) / 145
   아. 불특정 다수인에게 배포하는 기념품·홍보용품 등과 경연·추첨 등을 통한 보상·상품 등(법 제8조 제3항 제7호) / 148
   자. 다른 법령·기준 기타 사회상규로 허용되는 금품등(법 제8조 제3항 제8호) / 148

4. 수수금지 금품등의 신고 및 처리 절차 ························· 154
　가. 공직자등과 공무수행사인(법 제9조 제1항, 제2항, 제6항, 시행령 제
　　18조) / 154
　나. 소속기관장(법 제9조 제3항~제5항, 제7항, 제8항, 시행령 제19조,
　　제22조~제24조) / 155
　다. 감독기관, 감사원, 수사기관(시행령 제20조, 제22조~제24조) / 157
　라. 권익위(시행령 제21조, 제23조, 제24조) / 158
　마. 종결처리(시행령 제23조) / 159

5. 징계 및 벌칙 ··· 161
　가. 기본원칙 / 161
　나. 금품등 수수 공직자등에 대한 징계 / 164
　다. 벌　칙 / 164

6. 외부강의등의 사례금 수수 제한 ······························· 174
　가. 적용 대상 / 174
　나. 주요 규제 내용(법 제10조, 시행령 제25조~제28조) / 175
　다. 벌　칙 / 176

Ⅴ. 신고 및 처리, 신고자등의 보호·보상 등 ⟨179⟩

1. 부정청탁 방지 등 업무 총괄 ·································· 182
　가. 총괄기관 / 182
　나. 총괄업무 / 182

2. 부정청탁 방지 등 담당관 지정 ······························· 182
　가. 지정권자 및 지정 의무 / 182
　나. 담당관의 업무 / 183

3. 공공기관장의 교육·홍보 의무 ································ 183

4. 청탁금지법 위반행위의 신고 및 처리 절차 ··················· 185
　가. 신고권자(법 제13조, 시행령 제29조) / 185
　나. 신고 접수기관(법 제13조 제1항, 시행령 제29조) / 185

다. 신고방법(법 제13조 제3항, 시행령 제29조) / 185

라. 신고의 확인(법 제14조 제2항, 시행령 제30조, 제32조) / 186

마. 신고의 처리(법 제14조, 시행령 제33조~제38조) / 186

5. 신고자등의 보호 및 보상 ··· 190

가. 신고자 및 조사 협조자 등에 대한 방해행위·불이익 조치 등 금지 / 190

나. 기타 보호조치 / 191

다. 신고자에 대한 보상 / 192

6. 신고자등을 위한 보호 의무 위반자 등에 대한 벌칙 ···················· 194

Ⅵ. 기타 규정   197

Ⅶ. 가상사례별 해설   201

부 록   217

부록 1. 청탁금지법 및 청탁금지법 시행령 / 219

부록 2. 2017. 1. 1. 현재 공직유관단체 지정현황 / 248

부록 3. 2016. 현재 공공기관 지정현황 / 276

찾아보기

사항색인 / 279

판례색인 / 289

I

개　　관

1. 입법 배경
2. 입법 과정
3. 국회 심의 및 공포 과정
4. 청탁금지법의 기본 구조
5. 청탁금지법의 법적 성격
6. 청탁금지법의 적용 범위

개 관

제1조(목적)　이 법은 공직자 등에 대한 부정청탁 및 공직자 등의 금품 등의 수수(收受)를 금지함으로써 공직자 등의 공정한 직무수행을 보장하고 공공기관에 대한 국민의 신뢰를 확보하는 것을 목적으로 한다.

제3조(국가 등의 책무)　① 국가는 공직자가 공정하고 청렴하게 직무를 수행할 수 있는 근무 여건을 조성하기 위하여 노력하여야 한다.

② 공공기관은 공직자등의 공정하고 청렴한 직무수행을 보장하기 위하여 부정청탁 및 금품등의 수수를 용인(容認)하지 아니하는 공직문화 형성에 노력하여야 한다.

③ 공공기관은 공직자등이 위반행위 신고 등 이 법에 따른 조치를 함으로써 불이익을 당하지 아니하도록 적절한 보호조치를 하여야 한다.

제4조(공직자등의 의무)　① 공직자등은 사적 이해관계에 영향을 받지 아니하고 직무를 공정하고 청렴하게 수행하여야 한다.

② 공직자등은 직무수행과 관련하여 공평무사하게 처신하고 직무관련자를 우대하거나 차별해서는 아니 된다.

1.　입법 배경

2010년도 한 해만 하여도 우리나라에서 입건된 부정부패사범은 2,601명(그 중 구속자는 731명)[1]에 달하고 2011년도에 이르러서도 저축은행 사태를 비롯하여 부정청탁과 연결된 각종 부패사건이 끊이지 않고 발생하였다. 이러한 상황 속에서 우리나라의 심각한 부정청탁 풍조와 부패현상 만연이 대내적으로는 정부 정책에

---

1) 『검찰연감』, 대검찰청(2011), 441면.

대한 국민 신뢰를 저하시킬 뿐만 아니라 대외적으로는 국가청렴도와 대외신인도를 실추시키고 있으며, 특히 공직사회에 고착된 부정청탁 관행은 충실한 의사 결정이나 가치 배분에 왜곡을 초래하고 정책 집행에 대한 국민의 의혹과 불신을 유발하여 정부의 신뢰도와 국가경쟁력을 약화시키는 주 요인이므로, 이를 해소하기 위한 종합적이고도 근본적인 대책을 시급히 마련하여야 한다는 여론이 그 어느 때보다도 고조되었다.

이에 정부는 공공 의사 결정의 공정성·책임성·투명성을 확보하고 공직부패 문제를 근원적으로 차단하려면 공직사회에서 관행적으로 발생하는 부정청탁 관행에 대한 실효성 있는 종합적 통제 장치의 법제화가 필요하다고 절감하여 국민권익위원회(이하 "권익위"라고 약칭한다)를 중심으로 부정청탁 금지와 금품 등 수수 금지 등을 골자로 한 입법을 추진하기 시작하였다.[2]

◆ 우리나라 부패인식지수(CPI)[3]

구 분		2006	2007	2008	2009	2010	2011	2012	2013	2014	2015
CPI	점수	5.1	5.1	5.6	5.5	5.4	5.4	56	55	55	56
	조사대상국	163	180	180	180	178	183	176	177	175	168
	순위	42	43	40	39	39	43	45	46	43	37
	백분율	25.8	23.9	22.2	21.7	21.9	23.5	25.6	26	24.6	22
OECD	회원국	30	30	30	30	30	34	34	34	34	34
	순위	23	25	22	22	22	27	27	27	27	27

※ 우리나라 부패인식지수(CPI)는 2008년 이래 대체로 정체 상태로서 2015년도에는 168개국 중 37위를 기록하였고, 2011년 이래 OECD 34개국 중 하위인 27위에 머물러 있다.[4]

공직자등의 직무에 대한 알선·청탁 관행은 우리 사회의 연고·온정주의 문화가 학연·지연·직연 등으로 형성된 폐쇄적 네트워크와 결부되어 향응 제공 등 각종 접대 행위를 비롯하여 대단히 다양한 형태로 이루어져 온 것이 사실이다. 2010년도 6월 권익위의 부패유발요인 조사에서도 향응·접대 문화가 우리사회 부

---

2) 입법 추진 개시 시점이 권익위 김영란 위원장 재직 시(재직기간 2011. 1.~2012. 11.)이므로, 법안 마련 당시부터 '김영란법'이라는 별칭을 얻게 되었다.

3) 「부패인식지수(corruption perceptions index)」는 「국제투명성기구」가 「갤럽」 등 신뢰성 있는 기관들의 조사자료를 바탕으로 국가별 부패 정도를 수치화한 것으로서 매년 산출하여 발표한다. 10점을 만점으로 하였다가 2012부터 100점 만점제로 변경하였다.

4) 통계청 국가지표체계(www.index.go.kr).

패 문제 해결의 장애 요소로 작용한다고 응답한 사람이 조사 대상자 중 일반 국민의 84.6%, 공직자의 76.5%에 이르렀고, 특히 스폰서 등 유착 관계와 관련하여 일반 국민의 64%와 공직자 69.3%가 대가성과 상관없이 처벌해야 한다고 응답한 것으로 드러났다.[5] 그 후 2015년도 권익위의 국민 대상 부패인식도 조사에서도 응답자의 57.8%가 "공직사회는 부패하다"고 응답한 것으로 확인되었다.[6]

이처럼 우리 사회에는 접대와 연고를 이용한 알선·청탁을 문제 해결의 수단으로 중시하며, 청탁하였는지 여부에 따라 공직자등의 직무수행 결과가 달라진다는 인식이 팽배한 실정이다.

그러나 현행 「형법」이나 「특정범죄 가중처벌 등에 관한 법률(이하 "특가법"이라고 한다)」, 「변호사법」 등은, 금품 등 이익의 수수와 결부되는 경우에 한하여 알선·청탁 관련 범죄를 제한적으로 처벌할 수 있는 규정을 두고 있을 뿐이고, 그 이외에는 「국가공무원법」 등 개별 법률과 대통령령인 「공무원행동강령」, 공공기관이 자체적으로 제정한 사규 등에서 '알선·청탁 금지'나 '청렴 의무', '품위 유지 의무' 등을 규정하고 있는 데 불과하므로, 이러한 법령들만으로 우리 사회에 만연한 알선·청탁 풍조의 근절을 기대하기는 어려운 것이 사실이다.

특히 수수한 금품과 수수자의 직무 사이에 관련성이 있다고 보기 어려울 때에는 「형법」이나 특가법상의 뇌물죄가 성립하지 않으므로, 기소되는 뇌물사건 등 부정부패 사건에서 금품수수 사실이 밝혀지더라도 무죄판결이 선고되어 국민들로부터 비판을 받는 일이 빈번히 발생하여 왔다. 이에 따라 많은 국민 사이에서 공직부패 척결의 사각 지대와 공직사회에서 관행적으로 발생하는 부정청탁 관행을 제거할 실효성 있는 제도적 장치가 부족하다는 여론이 비등하였다.[7]

---

5) 권익위, 『공정한 사회 실현을 위한 2011년도 반부패·청렴정책 추진지침』(2011. 1.), 3면.

6) 권익위, 『청탁금지법 권역별 순회설명회 자료집』(2016. 6.~7.), 4면.

7) 다만 「공직자윤리법」, 「국민의 형사재판 참여에 관한 법률」 등 일부 법률에서 금품 수수 등을 조건으로 하지 않는 '청탁행위' 자체에 대한 처벌규정을 제한적으로 두고 있을 뿐이다.
  「공직자윤리법」
  제18조의4(퇴직공직자등에 대한 행위제한) ① 퇴직한 모든 공무원과 공직유관단체의 임직원은 본인 또는 제3자의 이익을 위하여 퇴직 전 소속 기관의 임직원에게 법령을 위반하게 하거나 지위 또는 권한을 남용하게 하는 등 공정한 직무수행을 저해하는 부정한 청탁 또는 알선을 하여서는 아니 된다.
  ② 공무원과 공직유관단체 임직원이 제1항에 따른 부정한 청탁 또는 알선을 받은 때에는 이를 소속 기관의 장에게 신고하여야 한다.
  제29조(취업제한, 업무취급 제한 및 행위제한 위반의 죄) 다음 각 호의 어느 하나에 해당하는 자는 1년 이하의 징역 또는 1천만 원 이하의 벌금에 처한다.
  3. 제18조의4제1항을 위반하여 퇴직 전 소속 기관의 임직원을 상대로 부정한 청탁 또는 알선 행위를 한 사람

이처럼 공직자등의 청렴성에 대한 국민의 기대 수준 상승, 부패행위의 판단 기준에 대한 국민의 의식 변화, 국제적 반(反) 부패 활동 강화 추세 등에 따라 과거에는 단지 반도덕적이라거나 비윤리적이라는 비난을 받는 데 그쳤던 공직사회의 관행적인 알선·청탁 행위 등이 오늘날에는 국민들 사이에서 반드시 엄벌하고 척결해야만 하는 거악(巨惡)으로 인식되기에 이른 현실을 반영하여, 금품과 결부되지 않고 연고 관계로만 결부되었다 하더라도 공적 권한을 행사하는 사람에게 부정한 청탁을 하는 행위와 직무관련성이 없는 금품이라 하더라도 공적 권한 행사자들이 이를 수수하는 행위를 법률로 금지함으로써 공직자들의 공정한 직무수행을 담보함과 동시에 공적 의사결정의 책임성과 투명성을 확보하여 공직의 청렴성을 회복함이 시급히 필요하다는 인식이 널리 확산되었다.

이러한 제반 사정을 종합적으로 고려해 볼 때, 국민 사이에서 부패행위로 인식되고 있음에도 불구하고 이를 제재하고 규율할 수 있는 법률이 존재하지 않아 실효성 있는 규제가 이루어지지 못하는 영역이 존재한다면 이는 국민의 법 감정과 법 현실 사이에 괴리(乖離)를 야기하여 결국 공직사회에 대한 국민 신뢰를 저하시키는 주 요인이 되는 것이므로, 정부는 이 같은 비윤리─합법 영역에 대한 효과적인 법률적 규제 장치를 마련하여 공직사회의 신뢰를 회복하고 사회에 팽배해 있는 알선·청탁 관행을 일소해야만 한다고 판단하여 마침내 본격적으로 입법을 추진하게 되었다.

2. 입법 과정

가. 정부법안

정부는 권익위의 주도로 2011년 10월과 2012년 2월 공공기관·학계·일반인 등이 참석한 공개토론회, 2012년 4월 법제처장 등 정부 주요 인사 및 학계·법조

「국민의 형사재판 참여에 관한 법률」
제51조(배심원 등에 대한 접촉의 규제) ① 누구든지 당해 재판에 영향을 미치거나 배심원 또는 예비배심원이 직무상 취득한 비밀을 알아낼 목적으로 배심원 또는 예비배심원과 접촉하여서는 아니 된다.
제56조(배심원 등에 대한 청탁죄) ① 배심원 또는 예비배심원에게 그 직무에 관하여 청탁을 한 자는 2년 이하의 징역 또는 500만 원 이하의 벌금에 처한다.

계 전문가가 참석한 한국법제연구원 주최 입법정책포럼, 2012년 4월부터 5월까지 호남권·충청권·경남권 등 권역별 법안설명회와 경실련·참여연대·한국YMCA·한국투명성기구·흥사단 등 5개 반 부패 주요 시민단체와의 합동토론회, 한국형사정책학회 주최 학술대회 등을 개최하는 등 국민 의견을 광범위하게 수렴하여 법안을 마련하였다.

　그 후 2012년 5월부터 2013년 6월까지 법무부·행정안전부·감사원 등 8개 기관 의견조회, 입법예고, 정부통계기반평가, 성별영향평가, 부패영향평가, 규제개혁위원회 규제심사, 법제처 법제심사, 차관회의 및 국무회의 의결 등 정부법안 확정 절차를 거친 후 2013년 8월 5일 「부정청탁금지 및 공직자의 이해충돌방지법(안)」을 국회에 제출하여 동 법안은 익일 의안번호 6272호로 제19대 국회 정무위원회에 상정되었다.[8) 9)]

나. 의원법안

　정부법안 발의를 전후하여 당시 민주당 소속 일부 의원들도 아래와 같이 3개의 관련 법안을 발의하였다.

연번	법안명	발의자	발의일
1	부정청탁금지 및 공직자의 이해충돌방지법(의안번호: 5098)	민주당 김영주 의원 등 13명	2013. 5. 24.
2	〃 (의안번호: 5164)	민주당 이상민 의원 등 10명	2013. 5. 28.
3	공직수행의 투명성 보장과 이해충돌 방지를 위반 법률(의안번호: 7360)	민주당 김기식 의원 등 13명	2013. 10. 28.

---

8) 정부법안은 그 제안 이유를 아래와 같이 설명하고 있다.
　"최근 지속적으로 발생하고 있는 공직자의 부패·비리사건으로 인하여 공직에 대한 신뢰 및 공직자의 청렴성이 위기 상황에 직면해 있으며, 이는 공정사회 및 선진 일류국가로의 진입을 막는 최대 장애요인으로 작용하고 있으나, 이를 효과적으로 규제하기 위한 제도적 장치가 미비한 상태인바, 이에 공직자의 공정한 직무수행을 저해하는 부정청탁 관행을 근절하고, 공직자의 금품등의 수수행위를 직무관련성 또는 대가성이 없는 경우에도 제재가 가능하도록 하며, 공직자의 직무수행과 관련한 사적 이익 추구를 금지함으로써 공직자의 직무수행 중 발생할 수 있는 이해충돌을 방지하여 공직자의 공정한 직무수행을 보장하고 공공기관에 대한 국민의 신뢰를 확보하려는 것임."
9) 권익위, 『「부정청탁 및 금품 등 수수의 금지에 관한 법률」 해설집』(2016), 7~8면.

3. 국회 심의 및 공포 과정

정부법안과 3개의 의원법안들은 모두 국회 정무위원회 법안심사소위원회에 회부되었는바, 법안심사소위원회는 2014년 4월 25일부터 2015년 1월 8일까지 정부법안을 중심으로 6차례의 법안심사회의와 1회의 공청회를 개최한 후, 2015년 1월 8일 정부법안 중 이해충돌 방지규정 부분은 제외하고 부정청탁 및 금품 수수 금지 관련 조항들을 위주로 법률안을 정리하여 이를 정무위원회안으로 제안하기로 의결하였다.

이에 따라 국회 정무위원회는 2015년 1월 12일 전체회의를 개최하여 「부정청탁 및 금품등 수수의 금지에 관한 법률(이하 "청탁금지법"이라고 한다)」로 명명된 법안의 제출을 의결한 후 정무위원회 위원장 명의로 법률안을 제안하였다(의안번호: 14143).[10]

정무위원회안은 국회 법제사법위원회에 상정되어 2015년 2월 23일 전문가 공청회와 2015년 3월 3일 법제사법위원회 전체회의 의결을 거쳐 2015년 3월 3일 국회 본회의에서 의결된 후 2015년 3월 27일 법률 제13278호로 공포되어 마침내 2016년 9월 28일 시행되었다.[11]

4. 청탁금지법의 기본 구조

청탁금지법은 총 5장, 24개 조문으로 이루어져 있는데, 동법의 핵심 조항은 금품등의 수수가 없다 하더라도 공직자등을 상대로 부정청탁을 하는 행위 자체를 금지하는 제2장의 "부정청탁 금지조항"과 공직자등으로 하여금 직무 관련 여부를 불문하고 일정 금액 초과 금품등을 수수할 수 없도록 금지하는 제3장의 "금

---

10) 정무위원회안은 정부법안의 당초 내용 중 공직자의 이해충돌 방지규정을 삭제하고, 적용 대상에 각급 사립학교, 유치원(유아원 제외) 및 학교법인과 언론사를 추가하였다.
11) 청탁금지법 소관 기관은 권익위(청렴총괄과)이다.

품등 수수 금지조항"이다. 그리고 부정청탁의 상대방 측이 되거나 금품등의 수수
자 측이 되는 법 적용 대상자의 범위를 "공직자등"과 "공무수행사인"이라는 용어
를 사용하여 대폭 확대한 제2조 제2호와 제11조 제1항도 청탁금지법의 또 다른
핵심 조항이라고 말할 수 있다.

 따라서 동법 적용 대상자의 유형은 ① 공직자등이나 공무수행사인에게 부정
청탁을 하거나 금품등을 제공, 제공의 의사표시 또는 제공의 약속을 할 수 있는
모든 사람, ② 그들로부터 부정청탁을 받거나 금품등을 수수, 요구 또는 수수를
약속할 수 있는 공직자등과 ③ 공직자등에는 해당하지 않는 일반인이지만 공공
기관의 의사결정에 참여하거나 공공기관의 업무 일부를 처리하는 등 공무의 일
부를 수행하는 공무수행사인, ④ 공직자등과 공무수행사인의 배우자로 대별할 수
있다.

 이처럼 청탁금지법은 "공직자등"과 "공무수행사인"이라는 개념을 새로 만들
어 공무원에는 해당하지 않더라도 공적 권한을 행사하거나 공적 업무를 수행하
는 모든 사람들에게 직무의 염결성(廉潔性)과 공정성을 요구하고 있다.

 상술한 바와 같이, 당초 정부법안은 공직자등으로 하여금 그들 자신이나 가
족 또는 친척과 이해관계가 있는 직무를 수행할 수 없도록 규제하면서 공직자등
의 직무수행과 관련한 사적(私的) 이익 추구를 금지하고, 공직자등의 직무수행 중
발생할 수 있는 이해충돌을 방지하여 공정한 직무수행을 보장할 수 있는 조항을
별도의 장(章)으로 두고 있었으나, 국회 정무위원회는 법안 심의 과정에서 이해충
돌 해당 여부를 실무적으로 명확히 판단하는 데 어려움이 있다는 등의 이유로 이
해충돌방지 조항들을 삭제하기로 의결하였다.[12] 이 점에 대하여 일각에서는 청
탁·알선 관행을 철폐하기 위해서는 부정청탁 금지규정뿐 아니라 이해충돌 방지
규정이 반드시 필요함에도 불구하고 청탁금지법은 이해충돌 방지규정이 삭제된
채 제정되었으므로 당초 발의안에 비해 자체 완결성이 결여되었다며 아쉬움을
표하기도 한다.[13]

 청탁금지법은 "공직자등"의 범위에 국가공무원 및 지방공무원 등 공무원, 공

---

12) 정부법안을 기준으로 제11조(공직자의 사적 이해관계 직무의 수행 금지), 제12조(고위공직자의 사
   적 이해관계 직무의 수행 금지), 제13조(공직자의 직무 관련 외부활동 금지), 제14조(직무관련자와
   의 거래 제한), 제15조(가족 채용 제한), 제16조(소속 공공기관 등과의 계약체결 제한), 제17조(예산
   의 부정사용 금지) 및 제18조(공공기관의 물품과 직위 등의 사적 사용 금지) 총 8개 조항이 삭제되
   었다.
13) 국회 법제사법위원회, "부정청탁 및 금품등 수수의 금지에 관한 법률안 검토보고(위원회안)"(2015. 1.).

직유관단체 및 공공기관의 임직원뿐만 아니라 각급 학교의 장과 교직원, 학교법인과 언론사 대표자와 그 임직원을 포함하고 있다. 이처럼 "공직자등"의 범위를 사립학교 교직원과 학교법인 종사자 및 언론 종사자까지 확대한 데 대하여 일부에서는 '공공성을 갖는 다른 민간 영역과의 형평성 논란을 야기할 수 있고 민간 영역에 대한 과도한 제한으로 위헌 소지가 있으며, 법 적용 대상자의 범위를 당초보다 너무 광범위하게 확대하여 오히려 법률의 규범력과 실효성을 저하시킬 우려가 있다'는 등의 의견을 제시하기도 한다.[14]

또한, 청탁금지법은 법령에 위반한 인허가, 인사 등 각종 공적 권한 행사와 관련한 15개 유형의 청탁행위를 부정청탁행위라고 구체적으로 명시하고 있는 한편, 국민의 청원권 보장 등을 위하여 부정청탁행위로 보지 않는 7개의 예외사유도 한정적으로 열거하고 있다.

그러나 부정청탁행위의 구성요건을 비교적 상세히 유형화하고 있더라도, 예컨대 언론사 임직원에게 언론 보도와 관련하여 특정 기사를 보도해 달라거나 보도하지 말아 달라고 청탁하는 행위 또는 방송 출연을 청탁하는 행위처럼 규제할 만한 가치가 있는 일부 유형의 청탁행위는 부정청탁행위로 규정하지 않는다.[15] 이처럼 부청청탁행위로 볼 여지가 있는 일부 행위 유형이 규제 대상에서 제외된 원인은 청탁금지법이 원칙적 금지규정을 일반규정의 형태로 두고 예외규정을 열거 방식으로 두는 통상적인 입법 방식과는 달리 원칙적 금지규정 자체를 열거 방식으로 두었기 때문이라고도 볼 수 있다.

나아가 공직자등으로 하여금 법령에 위반하여 부정한 처사를 하도록 청탁하는 유형의 행위만을 부정청탁행위로 규정하고 있으므로 단순한 선처 부탁이나 관심 표명 부탁 등의 행위는 부정청탁행위에 해당하지 않을 수 있으며, 행위자가 자기 자신을 위하여 직무를 수행하는 공직자등이나 공무수행사인에게 직접 청탁하는 행위에 대하여는 아무런 제재규정이 없어 우리 사회에 만연되어 있는 알

---

14) 국회 법제사법위원회, "부정청탁 및 금품등 수수의 금지에 관한 법률안 검토보고(위원회안)"(2015. 1.); 박진우, "「부정청탁 및 금품 등 수수의 금지에 관한 법률」의 위헌성에 관한 고찰", 세계헌법연구 제21권 1호, 국제헌법학회 한국학회(2015. 4.); 이부하, "부정청탁금지법의 위헌성 검토", 법과 정책연구 제15집 제3호, 한국법정책학회(2015. 9.).
이와 반대되는 견해는 송기춘, "부정청탁 및 금품 등 수수의 금지에 관한 법률의 법적 문제점과 개선방향", 세계헌법연구 제21권 3호, 국제헌법학회 한국학회(2015. 12.); 임종휘, "「부정청탁 및 금품 등 수수의 금지에 관한 법률」(소위 김영란법)의 헌법적 쟁점에 대한 고찰", 법조 통권 제708호, 법조협회(2015. 9.).

15) 권익위, 『「부정청탁 및 금품등 수수의 금지에 관한 법률」 Q&A 사례집』(2016. 9.), 34면.

선·청탁 관행을 근절하기에는 아직도 부족하다는 견해도 있다.

한편, 부정청탁행위에 해당하지 아니하는 예외사유를 청탁 내용의 적법성 여부를 불문한 채 폭넓게 인정하고 있어 일반인으로서는 방법이나 수단을 적절히 선택하여 활용하기만 하면 부정청탁행위가 용인될 수도 있다고 오인할 위험성이 있고, 자신의 행위가 부정청탁행위에 해당하는지 예외사유에 해당하는지를 명확하게 판단하는 데 어려움을 겪을 수도 있다는 의견이 있다. 그리고 '고충민원 전달'이나 '사회상규에 위배되지 아니하는 행위' 등도 예외사유의 하나로 규정[16]한 것과 관련하여 정당한 고충민원과 부정청탁 등을 구분함에 있어 자의적인 법 해석이나 법 적용 위험을 우려하는 시각도 있다.[17]

한편, 청탁금지법은 금품등의 수수 금지규정에 있어서도 "직무와 관련하여 대가성 여부를 불문하고"라는 법문의 해석을 놓고 여러가지 견해가 대립할 수 있고, 수수가 금지되는 금품등에 해당하지 않는 8개의 예외사유를 폭 넓게 정하고 있는 규정에서도 "원활한 직무수행", "경조사", "특별히 장기적·지속적 친분관계", "어려운 처지에 있는 공직자등", "기준"처럼 법리상 논란이나 해석상 의문을 유발할 만한 법문들이 있다.

또한, 청탁금지법이 공직자등이나 공무수행사인의 배우자가 공직자등이나 공무수행사인의 직무와 관련하여 금품등을 수수하는 행위를 금지하면서 이를 위반한 배우자를 제재하는 규정은 두지 않고 오히려 배우자의 금품등 수수사실을 신고하지 않은 공직자등이나 공무수행사인을 제재하는 벌칙규정을 둔 점에 대하여도 의견 대립이 있다.

개인이 아니라 법인이나 단체가 공무수행사인에 해당하는 때나 공직자등이 아닌 공공기관 자체가 금품등을 수수한 때 실제 행위를 한 대표자나 구성원을 제재할 수 있는지에 대하여도 논란의 여지가 있다.

헌법재판소는 2016년 7월 28일 청탁금지법의 규정들 중 언론인 및 사립학교 관계자를 공직자등에 포함시켜 이들에 대한 부정청탁과 이들의 금품등 수수를 금지하는 조항, 사회상규에 위배되지 아니하는 것으로 인정되는 행위는 이 법을

---

16) 이에 대하여 헌법재판소는 "사회상규"라는 용어는 부정청탁 금지조항의 입법 배경 및 입법 취지와 관련 조항 등을 고려한 법관의 보충적 해석으로 충분히 그 의미와 내용을 확인할 수 있으므로, 죄형법정주의의 명확성 원칙에 위배된다고 보기 어렵다고 결정하였다(아래 각주 18 참조).
17) 국회 법제사법위원회, "부정청탁 및 금품등 수수의 금지에 관한 법률안(위원회안) 검토보고"(2015. 3.), 5~6면.

적용하지 아니한다는 조항, 대가성 여부를 불문하고 직무와 관련하여 금품등을 수수하는 것을 금지할 뿐만 아니라 직무관련성이나 대가성이 없더라도 동일인으로부터 일정 금액을 초과하는 금품등의 수수를 금지하는 조항, 언론인 및 사립학교 관계자가 받을 수 있는 외부강의등의 대가 및 음식물·경조사비·선물 등의 가액을 대통령령에 위임하도록 하는 조항, 배우자가 언론인 및 사립학교 관계자의 직무와 관련하여 수수 금지 금품등을 받은 사실을 안 경우 언론인 및 사립학교 관계자에게 신고 의무를 부과하고 미신고 시 형벌 또는 과태료의 제재를 하도록 규정한 조항은 언론인 및 사립학교 관계자 등 관련자들의 일반적 행동자유권, 평등권 등 기본권을 침해하지 아니하고 법 조항의 명확성 원칙, 죄형법정주의, 과잉금지 원칙, 자기책임 원칙과 연좌제 금지 원칙 등에도 위배되지 않는다고 결정함으로써 청탁금지법의 이러한 조항들을 둘러싼 위헌 논란은 일단 일단락되었다.[18] 그러나 이는 헌법재판소의 심판 대상이 된 사항에 국한된 것이므로, 그 이외의 여러 쟁점에 대한 논란의 여지는 여전히 남아 있다.

5. 청탁금지법의 법적 성격

청탁금지법의 입법 목적은 청탁 풍조를 일소하고 공직자등의 염결성을 확보하여 공직자의 공정한 직무수행을 보장하고 공공기관에 대한 국민의 신뢰를 확보하기 위한 것으로서 공익 보호를 목적으로 하고 있으므로, 법을 공법과 사법으로 구분하는 전통적 견해에 따르면 공법에 해당한다.

한편, 청탁금지법은 그 위반행위에 대하여 형벌을 부과할 수 있으므로 형사재판에 적용하는 사법법(司法法)인 형사법의 성격을 지니고 있으며, 국가의 책무와 헌법기관, 중앙행정기관과 그 소속기관 등의 행정작용, 행정질서벌인 과태료 부과 등과 관련한 사항도 규정하고 있으므로 행정법적 성격도 보유하고 있다.

아울러 부정청탁행위의 성립요건, 수수가 금지되는 금품등의 요건과 그 위반행위에 대한 법률효과 등을 정하고 있으므로 실체법에 해당하나, 이와 동시에 부정청탁 및 수수 금지 금품등의 신고·처리 절차, 위반행위 신고에 대한 처리 절차

---

18) 헌재 2016. 7. 28. 2015헌마236, 2015헌마412, 2015헌마662, 2015헌마673(병합).

등에 대한 규정을 두고 있어 행정절차법적 성격도 가지고 있다.

　　나아가 공무원의 직무 관련 금품등의 수수행위를 처벌하는 「형법」과의 관계에서 볼 때 「형법」에 대한 특별법적 성격을 가지고 있고 법 제정도 최근에 이루어졌으나 「형법」과는 적용 대상자, 제재 대상 행위, 구성요건 등을 달리하므로 특별법 우선의 원칙이나 신법 우선의 원칙은 적용되지 않는다고 봄이 타당하다. 청탁금지법위반죄와 「형법」상의 범죄는 실체적 경합이나 상상적 경합 관계로 보아야 할 경우가 많을 것으로 생각한다.

6. 청탁금지법의 적용 범위

　　청탁금지법은 그 위반행위에 따라 형벌을 부과할 수 있는 처벌규정을 두고 있다. 형벌을 부과할 수 있는 행위에 대하여는 죄(罪)와 형(刑)에 대한 기본규정인 「형법」 총칙이 적용(「형법」 제8조)되므로, 속지주의(屬地主義) 원칙상 대한민국 영역 내에서 위법행위를 한 모든 대한민국 국민과 외국인에게 적용된다(「형법」 제2조). 또한 속인주의(屬人主義) 원칙상 대한민국 국민이 대한민국 영역 외에서 위법행위를 한 때에도 당연히 적용된다(「형법」 제3조).

　　대한민국 영역 외라 하더라도 외국인이 대한민국의 선박 또는 항공기 안에서 위법행위를 한 경우에도 기국주의(旗國主義) 원칙상 청탁금지법의 적용을 받는다(「형법」 제4조).

　　그러나 대한민국 영역 외에서 형벌 대상이 되는 위법행위를 한 외국인의 경우에는 청탁금지법 위반행위가 외국인인 국외범에 대한 처벌 근거규정인 내란죄나 외환죄 등 「형법」 제5조 소정의 범죄행위에 해당하지 않고, 「형법」 제6조 소정의 대한민국이나 대한민국 국민에 대한 범죄행위에도 해당하지 아니하므로 결국 청탁금지법의 적용을 받지 않는다고 보아야 한다. 따라서 외국인이 해외에서 우리나라 공직자등에게 부정청탁을 하거나 금품등을 제공한 경우 외국인은 청탁금지법에 의한 제재를 받지 않으나 그 상대방인 우리나라 공직자등은 청탁금지법의 적용을 받는다.

　　한편, 청탁금지법은 형벌 이외에 과태료에 처할 수 있는 벌칙규정도 두고 있는바, 앞에서 살펴본 바와 같이 이 규정들은 행정법령에 해당하므로「형법」총칙 제1장의「형법」적용 범위에 대한 규정을 적용할 수 없다.

일반적으로 행정법령은 속지주의 원칙에 따라 그 영토 또는 구역 내에 있는 모든 자에게 적용되는 것으로서 내국인·외국인·자연인·법인을 불문한다고 풀이되고 있다. 그리고 행정법령이 국가의 공공이익과 관련되고 그 취지나 목적상 국외에서의 행위까지 규율할 것이 요구되는 경우에는 국외의 자국인에게도 효력이 미치는 것으로 본다.[19]

법률상 의무를 위반하여 과태료 부과 대상이 되는 "질서위반행위"의 성립요건 및 과태료의 부과·징수·재판 등에 대한 사항을 규정한「질서위반행위규제법」도 제4조에서 "대한민국 영역 안에서 질서위반행위를 한 자, 대한민국 영역 밖에서 질서위반행위를 한 대한민국의 국민, 대한민국 영역 밖에 있는 대한민국의 선박 또는 항공기 안에서 질서위반행위를 한 외국인을 적용 대상으로 한다"고「형법」상의 형벌 적용 범위와 동일한 내용으로 규정하고 있다.

그러므로 청탁금지법에서 형벌이 아닌 과태료에 처할 수 있는 규정도 속지주의와 속인주의, 기국주의에 따라 대한민국 내의 국민과 외국인, 대한민국 외의 대한민국 국민, 대한민국의 선박 또는 항공기 안에서 위반행위를 한 외국인에게 적용된다고 보아야 한다.

청탁금지법위반으로 과태료를 부과하는 경우 그 절차 등은「질서위반행위규제법」에 따를 것인지「비송사건절차법」에 따를 것인지에 대하여는 뒤에서 자세히 살펴보기로 한다.

---

19) 김동희,『행정법Ⅰ』, 박영사(2016), 70~71면.

II

「공공기관」·「공직자등」·
「공무수행사인」의 정의

1. 공공기관
2. 공직자등
3. 공무수행사인

제2조(정의)　이 법에서 사용하는 용어의 뜻은 다음과 같다.

1. "공공기관"이란 다음 각 목의 어느 하나에 해당하는 기관·단체를 말한다.

　　가. 국회, 법원, 헌법재판소, 선거관리위원회, 감사원, 국가인권위원회, 중앙행정기관(대통령 소속 기관과 국무총리 소속 기관을 포함한다)과 그 소속 기관 및 지방자치단체

　　나. 「공직자윤리법」 제3조의2에 따른 공직유관단체

　　다. 「공공기관의 운영에 관한 법률」 제4조에 따른 기관

　　라. 「초·중등교육법」, 「고등교육법」, 「유아교육법」 및 그 밖의 다른 법령에 따라 설치된 각급 학교 및 「사립학교법」에 따른 학교법인

　　마. 「언론중재 및 피해구제 등에 관한 법률」 제2조제12호에 따른 언론사

2. "공직자등"이란 다음 각 목의 어느 하나에 해당하는 공직자 또는 공적 업무 종사자를 말한다.

　　가. 「국가공무원법」 또는 「지방공무원법」에 따른 공무원과 그 밖에 다른 법률에 따라 그 자격·임용·교육훈련·복무·보수·신분보장 등에 있어서 공무원으로 인정된 사람

　　나. 제1호나목 및 다목에 따른 공직유관단체 및 기관의 장과 그 임직원

　　다. 제1호라목에 따른 각급 학교의 장과 교직원 및 학교법인의 임직원

　　라. 제1호마목에 따른 언론사의 대표자와 그 임직원

4. "소속기관장"이란 공직자등이 소속된 공공기관의 장을 말한다.

제11조(공무수행사인의 공무 수행과 관련된 행위제한 등)　① 다음 각 호의 어느 하나에 해당하는 자(이하 "공무수행사인"이라 한다)의 공무 수행에 관하여는 제5조부터 제9조까지를 준용한다.

1. 「행정기관 소속 위원회의 설치·운영에 관한 법률」 또는 다른 법령에 따라 설

치된 각종 위원회의 위원 중 공직자가 아닌 위원

2. 법령에 따라 공공기관의 권한을 위임·위탁받은 법인·단체 또는 그 기관이나 개인

3. 공무를 수행하기 위하여 민간부문에서 공공기관에 파견 나온 사람

4. 법령에 따라 공무상 심의·평가 등을 하는 개인 또는 법인·단체

② 제1항에 따라 공무수행사인에 대하여 제5조부터 제9조까지를 준용하는 경우 "공직자등"은 "공무수행사인"으로 보고, "소속기관장"은 "다음 각 호의 구분에 따른 자"로 본다.

1. 제1항제1호에 따른 위원회의 위원: 그 위원회가 설치된 공공기관의 장

2. 제1항제2호에 따른 법인·단체 또는 그 기관이나 개인: 감독기관 또는 권한을 위임하거나 위탁한 공공기관의 장

3. 제1항제3호에 따른 사람: 파견을 받은 공공기관의 장

4. 제1항제4호에 따른 개인 또는 법인·단체: 해당 공무를 제공받는 공공기관의 장

1. 공공기관

청탁금지법에서 말하는 "공공기관"은 아래와 같다.

가. 국회, 법원, 헌법재판소, 선거관리위원회, 감사원, 국가인권위원회, 중앙행정기관과 그 소속기관, 지방자치단체(법 제2조 제1호 가목)

- 헌법기관인 국회, 법원, 헌법재판소, 선거관리위원회, 감사원
- 「국가인권위원회법」에 의하여 독립위원회로 설치된 국가인권위원회
- 「정부조직법」 소정의 행정각부 등 중앙행정기관, 대통령 경호실·대통령 비서실·국가안보실 등 대통령 소속 기관과 국무총리 비서실·국무조정실 등 국무총리 소속 기관

- 위 기관들의 소속 기관
- 지방자치단체[1]

나. 「공직자윤리법」 제3조의2 소정의 공직유관단체(법 제2조 제1호 나목)

공직자윤리위원회는 「공직자윤리법」 제3조의2, 동 시행령 제3조의2에 따라 아래 기준에 해당하는 기관·단체를 공직유관단체로 지정하고, 인사혁신처장은 이를 고시로 정하여 매 반기 말까지 관보에 게재해 공표한다.

- 한국은행
- 공기업[2]
- 연간 10억 원 이상 정부의 출자·출연·보조를 받는 기관·단체(재출자·재출연 포함),[3] 그 밖에 정부 업무를 위탁받아 수행[4]하거나 대행하는 기관·단체[5]로서 예산 규모가 100억 원 이상인 기관·단체
- 지방공기업법에 따른 지방공사·지방공단[6] 및 연간 10억 원 이상 지방자치단체의 출자·출연·보조를 받는 기관·단체(재출자·재출연 포함),[7] 그 밖에 지방자치단체의 업무를 위탁받아 수행하거나 대행하는 기관·단체로서 예산 규모가 100억 원 이상인 기관·단체[8]
- 정부나 지방자치단체로부터 출자·출연을 받은 기관·단체가 단독 또는 공동으로 재출자·재출연한 금액이 자본금의 전액이 되는 기관·단체[9]

---

1) 「지방자치법」 소정의 특별시, 광역시, 특별자치시도, 도, 시, 군, 구뿐만 아니라 그 대의기관인 지방의회, 보조기관인 부지사·부시장·부군수·부구청장, 소속 행정기관인 소방기관·교육훈련기관·보건진료기관·시험연구기관 등의 직속기관 및 사업소·출장소 등, 「지방교육자치에 관한 법률」 소정의 교육위원회, 교육감, 교육지원청 등을 포함한다.

2) 공기업은 기획재정부장관이 「공공기관의 운영에 관한 법률」 제4조 소정의 기관들 중에서 지정한 공공기관의 3가지 유형(공기업, 준정부기관, 기타 공공기관) 중 하나이므로, 청탁금지법 제2조 제1호 다목(공공기관의 운영에 관한 법률 제4조 소정의 공공기관)에도 당연히 해당된다. 2017. 1. 1. 기준 공기업은 한국토지주택공사, 한국도로공사, 한국마사회 등 30개이다.

3) 연간 10억 원 이상 정부 또는 지방자치단체의 출자·출연·보조를 받는 기관·단체는 2017. 1. 1. 기준 5·18기념재단, 서울특별시체육회, 에너지경제연구원 등 367개이다.

4) 정부 또는 지방자치단체의 업무를 위탁 수행하는 예산 규모 100억 원 이상 기관·단체는 2017. 1 1. 기준 한국증권금융㈜, 농업협동조합중앙회, ㈜탄천환경 등 20개이다.

5) 예산 규모 100억 원 이상 정부업무 대행기관은 사단법인 한국선급, 한국검정㈜이다.

6) 지방공사 및 지방공단은 2017. 1. 1. 기준 강남구도시관리공단, 경기도시공사 등 145개이다.

7) 각주 3) 참조

8) 각주 4) 참조

9) 2017. 1. 1. 기준 ㈜알펜시아, 코레일유통㈜, 한국벤처투자㈜ 등 28개이다.

- 임원 선임 시 중앙행정기관의 장 또는 지방자치단체의 장의 승인·동의· 추천·제청 등이 필요한 기관·단체나 중앙행정기관의 장 또는 지방자치단 체의 장이 임원을 선임·임명·위촉하는 기관·단체[10]
- 「공공기관의 운영에 관한 법률」 제4조에 따른 공공기관 중 제3호부터 제5 호까지의 규정에 해당하지 아니하는 공공기관[11]

인사혁신처장은 매년 말에는 익년 1월 1일부터 6월 30일까지 적용되는 공직 유관단체를, 매년 6월 30일에는 그 해 7월 1일부터 연말까지 적용되는 공직유관 단체를 관보에 고시하고 있다. 그러므로 청탁금지법을 철저히 준수하기 위해서는 매년 두 차례 고시되는 공직유관단체 지정 현황과 변동 여부를 확인함이 반드시 필요하다.

2016년 12월 30일 인사혁신처 고시 제2016-9호에 의하면 2017년 1월 1일부터 적용되는 공직유관단체는 1,033개이다.

다. 「공공기관의 운영에 관한 법률」 제4조 소정의 공공기관(법 제2조 제1호 다목)

기획재정부장관은 「공공기관의 운영에 관한 법률」 제4조에 따라 국가·지방 자치단체를 제외하고 아래 기준에 해당하는 법인·단체 또는 기관을 공공기관으 로 지정할 수 있다. 현재 기획재정부장관은 매년 1월 당해 연도에 적용할 공공기 관을 지정하여 공표하고 있으므로, 청탁금지법 준수를 위해서는 매년 1월 기획재 정부장관의 공공기관 지정 현황도 반드시 확인할 필요가 있다.

- 다른 법률에 따라 직접 설립되고 정부가 출연한 기관
- 정부지원액(법령에 따라 직접 정부의 업무를 위탁받거나 독점적 사업권을 부 여받은 기관의 경우에는 그 위탁 업무나 독점적 사업으로 인한 수입액을 포함 함)이 총 수입액의 2분의 1을 초과하는 기관
- 정부가 100분의 50 이상의 지분을 가지고 있거나 100분의 30 이상의 지분

---

10) 2017. 1. 1. 기준 강원대학교병원, 게임물관리위원회, 국민건강보험공단, 국민연금공단, 국립암센터 등 426개이다.
11) 2017. 1. 1. 기준 그랜드코리아레저㈜, 한국전력기술㈜ 등 16개이다.

을 가지고 임원 임명권한 행사 등을 통하여 당해 기관의 정책 결정에 사실
상 지배력을 확보하고 있는 기관
- 정부와 위 세 가지 기관들 중 어느 하나에 해당하는 기관이 합하여 100분
의 50 이상의 지분을 가지고 있거나 100분의 30 이상의 지분을 가지고 임
원 임명권한 행사 등을 통하여 당해 기관의 정책 결정에 사실상 지배력을
확보하고 있는 기관
- 위 네 가지 기관 중 어느 하나에 해당하는 기관이 단독으로 또는 두 개 이
상의 기관이 합하여 100분의 50 이상의 지분을 가지고 있거나 100분의 30
이상의 지분을 가지고 임원 임명권한 행사 등을 통하여 당해 기관의 정책
결정에 사실상 지배력을 확보하고 있는 기관
- 위 네 가지 기관 중 어느 하나에 해당하는 기관이 설립하고, 정부 또는 설
립 기관이 출연한 기관

2016년 현재 기획재정부장관이 공공기관으로 지정한 기관은 한국가스공사·
한국조폐공사 등 30개 공기업, 사립학교교직원연금공단·공무원연금공단·한국승
강기안전관리원 등 90개 준정부기관, 기타 한국수출입은행·한국투자공사·정부법
무공단 등 203개 공공기관으로서 총 323개인바, 대부분의 공공기관은 법 제2조 제
1호 나목 소정의 공직유관단체와 중복된다.

라. 각급 학교 및 학교법인(법 제2조 제1호 라목)

청탁금지법 소정의 공공기관에 해당하는 학교와 학교법인은 아래와 같다.
- 초등학교, 공민학교, 중학교, 방송통신중학교, 고등공민학교, 고등학교, 방
송통신고등학교, 고등기술학교, 특수학교, 외국인학교, 대안학교 등 「초·
중등교육법」 소정의 학교
- 일반대학, 산업대학, 교육대학, 전문대학, 기술대학, 원격대학(방송대학·통
신대학·방송통신대학·사이버대학), 일반대학원, 전문대학원, 특수대학원, 법
학전문대학원[12] 등 「고등교육법」 소정의 학교

---

12) 법학전문대학원은 「고등교육법」 제29조의2 제3항을 근거로 한 「법학전문대학원 설치·운영에 관한
법률」에 의하여 설치된 학교이다.

- 「유아교육법」 소정의 유치원
- 그 밖의 다른 법령에 따라 설치된 각급 학교[13)
- 「사립학교법」 소정의 학교법인

마.「언론중재 및 피해구제 등에 관한 법률」 제2조 제12호 소정의 언론사(법 제2조 제1호 마목)

청탁금지법 소정의 공공기관에 해당하는 언론사는 아래와 같다.

(1) 방송사업자

- 지상파방송사업자: 지상파방송사업을 하기 위하여 「방송법」 제9조 제1항의 규정에 의하여 허가를 받은 자
- 종합유선방송사업자: 종합유선방송사업을 하기 위하여 「방송법」 제9조 제2항의 규정에 의하여 허가를 받은 자
- 위성방송사업자: 위성방송사업을 하기 위하여 「방송법」 제9조 제2항에 따라 허가를 받은 자
- 방송채널사용사업자: 방송채널사용사업을 하기 위하여 「방송법」 제9조 제5항의 규정에 의하여 등록을 하거나 승인을 얻은 자[14)

(2)「신문 등의 진흥에 관한 법률」 제2조 제3호에 따라 아래의 신문을 발행하는 신문사업자

- 일반일간신문: 정치·경제·사회·문화 등에 관한 보도·논평 및 여론 등을 전파하기 위하여 매일 발행하는 간행물
- 특수일간신문: 산업·과학·종교·교육 또는 체육 등 특정 분야(정치를 제외함)에 국한된 사항의 보도·논평 및 여론 등을 전파하기 위하여 매일 발행하는 간행물

---

13) 「경찰대학설치법」에 따른 경찰대학, 「사관학교설치법」에 따른 육·해·공군사관학교, 「한국농수산대학설치법」에 따른 한국농수산대학, 「공군항공과학고등학교설치법」에 따른 공군항공과학고등학교 등이 이에 해당한다. 권익위, 『청탁금지법 적용 대상기관 및 적용 대상자 판단기준』(2016. 9.), 11면.
14) TV 등 방송망을 통하여 영업을 하는 홈쇼핑 업체 등 이른바 'PP(Program Provider)'는 방송채널사용사업자에 해당한다. 그러나 IPTV사업자는 방송사업자에 해당하지 않는다

- 일반주간신문: 정치·경제·사회·문화 등에 관한 보도·논평 및 여론 등을 전파하기 위하여 매주 1회 발행하는 간행물(주 2회 또는 월 2회 이상 발행하는 것을 포함함)
- 특수주간신문: 산업·과학·종교·교육 또는 체육 등 특정 분야(정치를 제외함)에 국한된 사항의 보도·논평 및 여론 등을 전파하기 위하여 매주 1회 발행하는 간행물(주 2회 또는 월 2회 이상 발행하는 것을 포함함)

(3) 「신문 등의 진흥에 관한 법률」 제2조 제4호에 따라 아래의 인터넷 신문을 전자적으로 발행하는 인터넷신문사업자

- 인터넷신문: 컴퓨터 등 정보처리능력을 가진 장치와 통신망을 이용하여 정치·경제·사회·문화 등에 관한 보도·논평 및 여론·정보 등을 전파하기 위하여 간행하는 전자간행물로서 독자적 기사 생산과 지속적인 발행 등 대통령령으로 정하는 기준[15]을 충족하는 것

(4) 「잡지 등 정기간행물의 진흥에 관한 법률」 제2조 제2호에 따른 정기간행물사업자 중 동법 제15조 제1항, 제16조 제1항에 의한 등록이나 신고를 하고 아래의 잡지 또는 기타간행물을 발행하는 정기간행물사업자

- 잡지: 정치·경제·사회·문화·시사·산업·과학·종교·교육·체육 등 전체 분야 또는 특정 분야에 관한 보도·논평·여론 및 정보 등을 전파하기 위하여 동일한 제호로 월 1회 이하 정기적으로 발행하는 책자 형태의 간행물
- 기타간행물: 월 1회 이하 발행되는 간행물 중 책자 형태가 아닌 간행물

(5) 뉴스통신사업을 하기 위하여 「뉴스통신 진흥에 관한 법률」 제8조에 따라 등록한 자로서 뉴스통신을 경영하는 법인인 뉴스통신사업자[16]

외국 언론사의 국내 지사나 지국은 「언론중재 및 피해구제 등에 관한 법률」

---

15) 취재 인력 3명 이상을 포함하여 취재 및 편집 인력 5명 이상을 상시적으로 고용할 것과 주간 게재 기사 건수의 100분의 30 이상을 자체적으로 생산한 기사로 게재할 것이라는 독자적인 기사 생산을 위한 요건을 모두 갖추어야 하고, 주간 단위로 새로운 기사를 게재할 것이라는 지속적 발행요건도 갖추어야 한다(「신문 등의 진흥에 관한 법률 시행령」 제2조).

16) 이른바 포털 인터넷뉴스 서비스를 제공하는 자는 이에 해당하지 않는다.

제2조 제12호 소정의 언론사가 아니므로 공공기관에 해당하지 않는다.

통신망을 이용하지 아니하고 컴퓨터 등의 정보처리장치를 이용하여 읽거나 보고 들을 수 있도록 전자적으로 발행한 간행물인 전자책(E-Book)은 「잡지 등 정기간행물의 진흥에 관한 법률」 제2조 제1호 다목의 "전자간행물"로서 잡지나 기타간행물은 아니므로, 전자책 발행사업자는 청탁금지법 소정의 공공기관인 언론사에 해당하지 않는다.

이와는 달리, PDF 파일로 만들어 인터넷을 통하여 열람할 수 있도록 한 일명 웹진(webzine) 등의 전자(電子) 잡지는 통신망인 인터넷망을 이용하여 전자적으로 발행하는 간행물로서 책자 형태가 아니므로 "기타간행물"에 해당하는 것으로 볼 여지가 있다. 그러나 현재 간행물 등록·신고 실무상 이를 기타간행물로도 보지 않아 이러한 형태의 전자 잡지는 별도의 신고 절차를 거치지 않고 자유롭게 발행하고 있다. 따라서 신고 없이 인터넷을 이용하여 열람 가능하도록 읽을거리를 PDF 파일 형태로 제작하여 제공하는 사업자는 청탁금지법 적용 대상인 언론사에 해당하지 않는다.17)

잡지 발행 등록이나 기타간행물 발행 신고를 하고 사보 또는 협회지 등을 발행하여 부수적으로 언론 활동을 하는 일반 기업, 각종 협회 등도 잡지 등 정기간행물사업자로서 언론사에 해당한다. 그러나 보도·논평 또는 여론 형성 목적이 없는 "정보간행물"18)로 등록한 사보 등을 발행하는 자는 공공기관인 언론사에 해당하지 않는다. 정보간행물로 등록을 하였지만 실제로는 보도·논평·여론 등의 내용을 포함한 잡지 성격의 간행물을 발행하는 경우도 있을 수 있다. 이러한 때에는 「잡지 등 정기간행물의 진흥에 관한 법률」 제24조에 의하여 등록관청으로부터 등록취소심판 청구를 당할 수 있거나 거짓 또는 부정한 방법으로 등록해 정기간행물을 발행한 자에 해당하여 동법 제31조 제2호에 따라 형사처벌을 받을 수 있음은 별론으로 하고, 잡지 발행 등록을 하고 잡지를 발행한 것은 아니므로 청탁금지법 소정의 공공기관인 언론사에는 해당하지 않을 것이다.

방송사업자는 방송사업을 하기 위하여 허가 또는 승인을 받거나 등록을 한 자, 정기간행물사업자는 등록이나 신고를 하고 정기간행물을 발행하는 자, 뉴스

---

17) 다만 웹진이 신문 형태로 한 달에 2번 이상 발행되는 경우에는 「신문 등의 진흥에 관한 법률」에 따라 인터넷신문으로 인정될 여지가 있으므로 유의하여야 한다.

18) 예를 들어 증권사가 투자자의 투자 판단을 돕기 위하여 증권시장 동향이나 상장사 현황 등의 내용을 수록해 발행하는 '리서치 자료'가 '정보간행물'에 해당한다.

통신사업자는 뉴스통신사업을 하기 위하여 등록한 자를 의미함이 법문상 명백하다. 따라서 허가 또는 승인을 받지 않거나 등록을 하지 않고 방송사업을 하는 자, 등록이나 신고 없이 정기간행물을 발행하는 자, 등록하지 않고 뉴스통신사업을 하는 자는 모두 청탁금지법 소정의 언론사에 해당하지 아니한다. 그러나 허가나 승인을 받지 않거나 등록 등을 하지 않은 채 방송사업 또는 뉴스통신사업을 하거나 정기간행물을 발행하면 「방송법」, 「뉴스통신 진흥에 관한 법률」, 「잡지 등 정기간행물의 진흥에 관한 법률」 등 각 소관 법률에 의하여 형사처벌을 받게 됨은 물론이다.

다만 「신문 등의 진흥에 관한 법률」 제2조 제3호, 제4호는 신문을 발행하거나 인터넷신문을 전자적으로 발행하는 자를 신문사업자와 인터넷신문사업자로 규정할 뿐 '신문이나 인터넷신문 발행 등록을 한 자'라고 규정하고 있지 아니하므로, 신문이나 인터넷신문의 경우에는 등록 없이 이를 발행하는 사업자라 하더라도 청탁금지법 소정의 공공기관에 해당한다.

방송사업자, 신문사업자, 인터넷신문사업자, 정기간행물사업자로 허가, 승인을 받거나 등록, 신고 등을 하였지만 실제로는 방송을 하지 아니하거나 신문이나 정기간행물을 발행하지 않는 경우 또는 발행을 중단한 경우가 있을 수 있다.

「방송법」 제2조 제3호는 방송사업자의 정의를 업종에 따라 '허가, 승인을 받거나 등록을 한 자'라고만 규정하므로 이러한 절차를 거친 경우 실제로는 방송을 하지 않고 있다 하더라도 청탁금지법 소정의 공공기관에 해당한다고 볼 수 있다. 그 반면 신문사업자, 인터넷신문사업자, 정기간행물사업자는 「신문 등의 진흥에 관한 법률」 제2조 제3호, 제4호, 「잡지 등 정기간행물의 진흥에 관한 법률」 제2조 제2호에서 모두 '○○를 발행하는 자'라고 규정하므로, 등록 등 소정의 절차를 거쳤지만 실제로는 신문이나 정기간행물 발행을 중단하는 등 발행하지 않고 있다면 청탁금지법 소정의 공공기관에 해당하지 아니하는 것으로 봄이 타당하다고 생각한다.[19]

---

[19] 정당한 사유 없이 등록 또는 신고 후 6개월(연 2회간의 경우는 1년) 이내에 해당 정기간행물을 발행하지 않거나 정당한 사유 없이 1년 이상(계간·연 2회간의 경우는 2년 이상) 해당 정기간행물의 발행을 중단한 때에는 「잡지 등 정기간행물의 진흥에 관한 법률」 제25조에 의하여 등록·신고관청은 해당 정기간행물의 등록 또는 신고를 직권으로 취소할 수 있다. 방송, 신문, 인터넷신문의 경우에도 허가나 승인 또는 등록 후 일정한 기간 내 방송이나 신문 등의 발행을 개시하지 않거나 일정 기간 이상 신문 등의 발행을 중단한 때에는 각 소관 법률에 따라 허가 또는 승인을 취소하거나 등록을 직권 취소할 수 있다.

2. 공직자등

청탁금지법에서 말하는 "공직자등"은 아래와 같다.
- 「국가공무원법」또는 「지방공무원법」에 따른 공무원과 그 밖에 다른 법률에 따라 그 자격·임용·교육훈련·복무·보수·신분보장 등에 있어서 공무원으로 인정된 사람(법 제2조 제2호 가목)
- 「공직자윤리법」제3조의2에 따른 공직유관단체, 공공기관의 운영에 관한 법률 제4조에 따른 공공기관의 장과 임직원(법 제2조 제2호 나목)
- 각급 학교의 장과 교직원, 학교법인의 임직원(법 제2조 제2호 다목)
- 「언론중재 및 피해구제 등에 관한 법률」제2조 제12호 소정의 언론사의 대표와 임직원(법 제2조 제2호 라목)

청탁금지법에서 "공직자등"은 "공직자"와 "공적 업무 종사자"를 합하여 이르는 말이다(법 제2조 제2호 본문). 법 제2조 제2호 가목과 나목에 해당하는 사람은 "공직자", 다목과 라목에 해당하는 사람은 "공적 업무 종사자"에 해당한다.

「국가공무원법」과 「지방공무원법」은 공무원을 아래와 같이 분류한다.[20]

대분류		중분류	
경력직 공무원	실적과 자격에 따라 임용되고 그 신분이 보장되며 평생 동안(근무기간을 정하여 임용하는 공무원의 경우에는 그 기간 동안을 말함) 공무원으로 근무할 것이 예정되는 공무원	일반직 공무원	기술·연구 또는 행정 일반에 대한 업무를 담당하는 공무원
		특정직 공무원	■ 국가공무원 법관, 검사, 외무공무원, 경찰공무원, 소방공무원, 교육공무원, 군인, 군무원, 헌법재판소 헌법연구관, 국가정보원의 직원과 특수 분야의 업무를 담당하는 공무원으로서 다른 법률에서 특정직공무원으로 지정하는 공무원

---

20) 「국가공무원법」제2조, 「지방공무원법」제2조.

			■ 지방공무원 공립 대학 및 전문대학에 근무하는 교육공무원, 교육감 소속의 교육전문직원, 자치경찰공무원 및 지방소방공무원과 그 밖에 특수 분야의 업무를 담당하는 공무원으로서 다른 법률에서 특정직공무원으로 지정하는 공무원
특수경력직 공무원	경력직공무원 외의 공무원	정무직 공무원	■ 국가공무원 • 선거로 취임하거나 임명할 때 국회의 동의가 필요한 공무원 • 고도의 정책결정 업무를 담당하거나 이러한 업무를 보조하는 공무원으로서 법률이나 대통령령(대통령비서실 및 국가안보실의 조직에 관한 대통령령만 해당한다)에서 정무직으로 지정하는 공무원 ■ 지방공무원 • 선거로 취임하거나 임명할 때 지방의회의 동의가 필요한 공무원 • 고도의 정책결정업무를 담당하거나 이러한 업무를 보조하는 공무원으로서 법령 또는 조례에서 정무직으로 지정하는 공무원
		별정직 공무원	비서관·비서 등 보좌업무 등을 수행하거나 특정한 업무 수행을 위하여 법령에서 별정직으로 지정하는 공무원

　그 이외에 「법원조직법」 제72조 소정의 사법연수생, 「농어촌 등 보건의료를 위한 특별조치법」 제3조 소정의 공중보건의사, 「공익법무관에 관한 법률」 제3조 소정의 공익법무관 등은 「국가공무원법」이나 「지방공무원법」이 아닌 다른 법률에 따라 그 자격·임용·교육훈련·복무·보수·신분보장 등에 있어서 공무원으로 인정된 자이므로 이들 역시 "공직자등"에 해당한다.[21) 22)]

　행정기관 등에 근무하고 있더라도 기간의 정함이 없는 근로계약을 체결하고 근무하는 무기(無期)계약 근로자[23)]나 기간의 정함이 있는 근로계약을 체결하고

---

21) 권익위, 앞의 해설집, 17면.
22) 「국가공무원법」 제26조의4에 의한 공무원 수습 중인 지역 우수 인재는 "직무상 행위를 하거나 「형법」, 그 밖의 법률에 따른 벌칙을 적용할 때 공무원으로 본다"고 규정되어 있으며 대통령령인 「공무원임용령」에 그 추천·선발 방법, 수습근무 기간, 임용 직급 등이 규정되어 있으므로 공직자등에 해당한다.

근무하는 기간제 근로자는 공무원에 해당하지 않는다.[24] 그러나 「국가공무원법」 제26조의5, 「지방공무원법」 제25조의5에 따라 전문지식·기술이 요구되거나 임용 관리에 특수성이 요구되는 업무를 담당하게 하기 위하여 경력직공무원을 임용할 때 일정 기간을 정하여 근무하는 것을 조건으로 임용한 공무원인 "임기제공무원" 은 청탁금지법 소정의 공무원에 해당한다.

「공증인법」 제2조는 '공정증서의 작성, 사서증서나 전자문서의 인증 등의 권한을 갖는 공증인은 그 직무에 관하여 공무원의 지위를 갖는 것으로 본다'고 규정하고 있다. 이는 공증 업무의 중요성을 고려하여 공증인 직무의 적절성과 공정성을 확보하기 위한 규정이나 이 규정이 공증인을 자격·임용·교육훈련·복무·보수·신분보장 등에 있어서 공무원으로 인정한다는 의미는 아니다. 그러나 「공증인법」이 공증인의 직무에 관해서는 공무원의 지위를 갖는다고 명시하였으므로 공증인은 후술하는 공무수행사인과 마찬가지로 공증 업무의 수행에 관하여는 청탁금지법의 적용을 받는다고 봄이 타당하다. 따라서 공증 업무와 관련하여 공증인에게 부정청탁을 하는 행위나 공증인이 금품등을 수수하는 행위는 청탁금지법 위반행위에 해당하나 공증 업무와 무관한 금품등의 수수는 청탁금지법의 적용 대상이 아니라고 보아야 할 것이다.

청탁금지법은 공무원 이외에도 공직유관단체·공공기관·학교법인·언론사의 임직원이 공직자등에 해당한다고 규정하고 있으므로, 이들 기관과 근로계약을 체결하고 근무하기만 하면 상임, 비상임, 임명직, 계약직, 정규직, 비정규직 등 근로계약상의 근로 조건이나 근무 형태 등을 불문하고 공직자등에 해당한다. 다만 각급 학교의 교직원에 대하여는 「초·중등교육법」 등 각 소관 법률에 규정을 두고 있으므로 이 규정에 명시된 사람만 공직자등에 해당한다. 그러나 교직원에는 해당하지 않더라도 학교법인과의 근로계약에 의하여 채용된 사람은 학교법인의 임직원으로서 공직자등에 해당할 수 있다.

「형법」 소정의 뇌물죄에 있어서 "공무원"이라 함은 법령의 근거에 기하여 국가 또는 지방자치단체 및 이에 준하는 공법인의 사무에 종사하는 자로서 그 노무의 내용이 단순한 기계적·육체적인 것에 한정되어 있지 않은 자를 지칭하는 것

---

23) 「기간제 및 단시간근로자 보호 등에 관한 법률」 제4조 제2항, 제5조.
24) 권익위, 앞의 판단기준, 4면.

으로 해석되는 데 반하여,[25] 청탁금지법에서는 단순 노무 제공 업무나 경비 업무
만을 담당하고 있다 하더라도 공공기관과 직접 근로계약을 체결하고 근로를 제
공하는 한 "공직자등"에 해당하는 것으로 보아야 한다고 생각한다.

언론사의 경우 보도・논평・취재 외에 행정・경영・기술 등 지원부서에 종사
하는 사람도 "공직자등"에 해당한다.[26] 인턴기자 등의 단시간 근로자나 언론사의
지사・지국에 근무하는 사람도 언론사와 근로계약을 체결한 경우에는 공직자등
에 해당한다.[27]

그러나 공직유관단체 또는 「공공기관의 운영에 관한 법률」 제4조 소정의 공
공기관과 용역(도급)계약 등을 체결하고 경비・환경 미화・시설 관리・식당 운영
(영양사, 조리원 포함) 등을 하는 법인・단체나 개인, 또는 언론사와 용역(도급)계
약을 체결하고 프로그램을 제작하는 외주제작사, 프리랜서 기자, 프리랜서 작가,
원고료를 받는 만평작가, 기고제공자, 해외통신원, 단순한 방송출연자 등은 공직
자등에 해당하지 않는다.[28]

공공기관과 파견근로업체 사이에 체결한 파견 계약에 따라 공공기관에 파견
되어 근무하는 자는 파견근로업체 소속 직원이므로 원칙적으로는 공직자등에 해
당하지 않는다. 다만 이러한 사람은 청탁금지법 제11조 제1항 제3호 소정의 공무
수행사인에 해당될 수도 있으므로 이를 개별적으로 따져 보아야 한다.[29]

학교의 기간제 교사도 공직자등에 해당한다. 그러나 방과 후 교사는 학교와
의 용역계약에 따라 학생들의 방과 후 과정을 담당하는 사람이므로 교직원에 해
당하지 않는다.

교직원은 교원과 직원을 의미한다. 「고등교육법」 제14조 제2항, 제3항에 의
하면 대학의 교원은 총장・학장・교수・부교수・조교수를 말하고, 직원은 학교 운
영에 필요한 행정직원 등 직원과 조교를 말하는 것으로서 이들은 공직자등에 해
당한다.[30] 대학의 강사는 현재 교직원에 해당하지는 않으나 「고등교육법」 개정에

---

25) 대법원 1997. 6. 13. 선고 96도1703 판결; 대법원 1978. 4. 25. 선고 77도3700 판결 등.
26) 권익위, 앞의 해설집, 17면.
27) 권익위, 앞의 판단기준, 7면.
28) 권익위, 앞의 판단기준, 7면.
29) 권익위, 『「부정청탁 및 금품등 수수의 금지에 관한 법률」 직종별 매뉴얼[행정기관 및 공직유관단체
대상]』(2016. 9.), 9면.
30) 자원봉사자, 고용계약에 의한 급여가 아니라 근로장학금을 받고 교내에서 일하는 학생이나 조교는
교직원에 해당하지 않는다.

따라 2018년 1월 1일부터 교원에 포함되므로 그때부터는 공직자등에 해당한다. 「고등교육법」제17조는 겸임교원·명예교수 등을 "교원 외"로 명시하고 있으므로, 이들은 공직자등에는 해당하지 않는다.[31]

「초·중등교육법」소정의 교원은 초·중·고등학교의 교장·교감·수석교사 및 교사와 특수학교에 둘 수 있는 전문상담교사·사서교사이고 직원은 학교 운영에 필요한 교원 이외의 행정직원 등을 말한다(동법 제19조, 동법 시행령 제40조 제3항). 산학겸임교사·명예교사·강사 등[32]은 동법에서 "교원 외"로 규정하고 있으므로 교원에 해당하지 않는다(동법 제22조).

「유아교육법」소정의 교원은 원장·원감·수석교사 및 교사이고, 직원은 촉탁의사·영양사·간호사·간호조무사·행정직원을 말한다(동법 제20조). 다만 유치원의 경우에는 강사나 명예교사뿐 아니라 기간제 교사도 "교원 외"로 규정하고 있으므로 이들은 교원에 해당하지 아니한다(동법 제23조 제1항). 동법 제16조에 따라 설치된 외국인유치원의 교직원도 공직자등에 해당한다.[33]

「초·중등교육법 시행령」제42조는 "교원 외"인 산학겸임교사·명예교사·영어회화 전문강사·다문화언어 강사·강사를, 「유아교육법 시행령」제27조는 "교원 외"인 강사·기간제 교사·명예교사를 학교법인이 임용할 수 있도록 규정하고 있다. 따라서 이들은 학교나 유치원의 교원이나 직원에는 해당하지 않더라도 학교법인과 직접 근로계약을 체결하고 근무한다면 학교법인의 임직원으로서 공직자등에 해당할 수 있다.[34]

공직자등의 신분과 공직자등이 아닌 신분을 겸유(兼有)한 경우는 공직자등으로 보아야 할 것인가? 청탁금지법은 공직자등에 해당하는 요건만을 정해 두고 있을 뿐 공직자등의 신분이 단독 신분인가 겸유 신분인가를 묻지 않는다. 따라서 공공기관이 아닌 일반 기업의 대표이사가 학교법인 이사장을 겸임하는 경우처럼

---

31) 「고등교육법 시행령」제7조는 학교의 장이 임용하는 겸임교원, 명예교수, 시간강사, 초빙교원 등을 교육이나 연구를 담당하는 "교원 외"의 사람으로 규정한다.

32) 「초·중등교육법 시행령」제42조 제1항은 산학겸임교사, 명예교사, 영어회화 전문강사, 다문화언어 강사, 강사를 학생의 교육을 담당하는 "교원 외"의 사람으로 규정한다.

33) 외국인학교와 외국인유치원의 설립 및 운영에 대하여는 「초·중등교육법」과 동법 시행령, 「유아교육법」과 동법 시행령뿐 아니라 대통령령인 「외국인학교 및 외국인유치원의 설립·운영에 관한 규정」의 적용을 받는다.

34) 대학교의 "교원 외"인 겸임교원·명예교수·시간강사·초빙교원은 「고등교육법 시행령」제7조에 의하여 학교의 장이 임용하므로, 이들이 학교법인과 근로계약을 체결하지 않은 이상 학교법인의 임직원에 해당한다고 볼 수 없다.

공직자등의 신분과 공직자등이 아닌 신분을 겸유한 때에는 공직자등에 해당한다고 보아야 한다.

그러나 원래는 언론사가 아님에도 정기간행물인 잡지 또는 기타간행물을 부수적으로 발행하여 언론사에 해당하게 된 기업이나 단체 등에 있어서는 이러한 간행물을 발행하는 업무에 종사하는 자만이 공직자등에 해당하는 것으로 풀이하는 견해35)가 있는 반면, 당해 기업이나 단체 등에 근무하는 모든 임직원이 공직자등에 해당하는 것으로 보아야 한다는 견해도 있다. 전자(前者)의 견해에 의하더라도 정기간행물 발행 실무를 직접 담당·수행하는 임직원뿐만 아니라 당해 기업의 지휘감독 체계상 실제로 이를 관리·감독하고 있거나 관리·감독할 수 있는 지위에 있는 사람은 공직자등에 해당하는 것으로 보아야 할 것이다. 청탁금지법이 이러한 부수적 언론 활동 종사자에 대하여 별도의 규정을 두지 않은 점, 공직자등의 신분을 겸유한 사람도 공직자등으로 보는 점, 언론사의 경우 보도·논평·취재 외에 행정·경영·기술 등 지원부서에 종사하는 사람도 언론사 임직원에 해당하는 때에는 공직자등으로 보는 점, 공공기관 종사자는 단순 노무 제공 업무나 경비 업무만을 담당하고 있다 하더라도 공공기관과 직접 근로계약을 체결하고 근로를 제공하는 한 공직자등으로 보는 점 등에 비추어 전자의 견해를 취해야 할 법률적 근거는 없다고 생각한다.

정기간행물인 잡지나 기타간행물의 발행 업무 담당자로부터 일정 기간 고정 투고자로 지정되거나 단순히 투고 요청을 받아 투고하는 사람은 잡지나 기타간행물의 발행 업무 종사자로 보기 어려우나, 발행 간행물의 편집·제작진의 일원이 되어 지면(紙面) 일부에 대한 내용 작성을 고정적으로 전담하면서 그 부분에 대한 편집권이나 제작권까지 행사하는 사람은 잡지나 기타간행물의 발행 업무 종사자로서 공직자등에 해당할 수 있다.

이처럼 정기간행물인 잡지의 발행 등록이나 기타간행물 발행 신고를 하고 사보·협회지 등을 발행하여 부수적으로 언론 활동을 하게 된 일반 기업이나 각종 단체 등의 임직원까지 공직자등에 해당하는 것으로 규정하여 청탁금지법의 적용 대상자로 삼는 것이 타당한지에 대하여는 논란의 소지가 있다. 이러한 간행물은 비록 「잡지 등 정기간행물의 진흥에 관한 법률」에 따라 등록이나 신고를 하고 발행하고 있는 것이라 하더라도 일반적 언론사가 발행하는 신문이나 잡지 등

---

35) 권익위, 앞의 해설집, 17면.

의 간행물과는 달리 보도나 논평, 여론 형성 목적보다는 당해 기업이나 단체 등의 홍보 목적으로 발행하는 것이 대부분인데, 이러한 간행물의 특수한 성격을 고려하지 않은 채 그 임직원을 공직자등에 해당하는 것으로 규정하여 청탁금지법상의 모든 규제를 받도록 하는 것은 과잉금지 원칙에 반한다고 볼 수도 있기 때문이다. 청탁금지법이 「언론중재 및 피해구제 등에 관한 법률」 제2조 제12호 소정의 언론사의 대표자 및 임직원을 일률적으로 공직자등에 해당하는 것으로 규정하여 문리해석상으로는 이 같은 부수적 간행물 발행 기업 또는 단체 소속 임직원이나 발행 업무 종사자를 청탁금지법 적용 대상자로 보아야 한다고 하더라도 실제로 법을 적용함에 있어서는 발행 업무와 관련해서만 청탁금지법의 적용을 받는 것으로 해석함이 타당하다고 생각한다.[36]

3. 공무수행사인

공무수행사인은 공공기관의 의사결정에 참여하거나 공공기관의 업무 일부를 처리하는 등 사실상 공무원 등을 보좌하거나 공무원 등의 직무를 분담하여 공무를 수행하는 민간인을 의미한다. 청탁금지법은 제11조 제1항에서 아래 4개 유형의 민간인을 공무수행사인이라고 칭하면서 공직자등과 마찬가지로 동법 제5조 내지 제9조의 부정청탁 금지규정과 금품등 수수 금지규정의 적용 대상자로 정하였다.

- 「행정기관 소속 위원회의 설치·운영에 관한 법률」 또는 다른 법령에 따라 설치된 각종 위원회의 위원 중 공직자가 아닌 위원
- 법령에 따라 공공기관의 권한을 위임·위탁받은 법인·단체 또는 그 기관이나 개인
- 공무를 수행하기 위하여 민간부문에서 공공기관에 파견 나온 사람
- 법령에 따라 공무상 심의·평가 등을 하는 개인 또는 법인·단체

---

[36] 그러나 현재 법문에 비추어 이러한 해석론이 부당하다는 반론이 충분히 가능하므로, 청탁금지법의 "공직자등"의 정의 규정을 보완하거나 이러한 유형의 사람은 공무수행사인처럼 간행물의 발행 업무와 관련해서만 청탁금지법의 일부 규정을 준용한다는 규정을 신설하는 등 입법적으로 해결함이 보다 바람직하다고 생각한다.

다만 공무수행사인은 "공무 수행에 관하여" 부정청탁 금지와 금품등 수수 금지 관련 규정이 적용되므로, 공무 수행과 관련이 없는 때에는 이 규정의 적용이 배제된다.37) 이에 대하여는 뒤에서 좀 더 살펴보기로 한다.

한편, 청탁금지법 제11조 제2항은, 공무수행사인에게 적용되는 조항에서 말하는 "소속기관의 장"이라 함은 공무수행사인이 위원으로 참여한 위원회가 설치된 공공기관의 장, 공무수행사인의 감독기관 또는 권한을 위임하거나 위탁한 공공기관의 장, 공무수행사인을 파견받은 공공기관의 장, 공무수행사인으로부터 해당 공무를 제공받는 공공기관의 장을 의미하는 것으로 규정하고 있다. 따라서 청탁금지법에서 말하는 공무수행사인의 소속기관의 장은 공무수행사인이 원래 소속되어 있는 직장의 장을 의미하는 것이 아니다.

가. 「행정기관 소속 위원회의 설치·운영에 관한 법률」 등 법령에 따라 설치된 각종 위원회의 위원 중 공직자가 아닌 위원(법 제11조 제1항 제1호)

「정부조직법」 제5조는 '행정기관에는 그 소관사무의 일부를 독립하여 수행할 필요가 있는 때에는 법률로 정하는 바에 따라 행정위원회 등 합의제행정기관을 둘 수 있다'고 규정하고, 「행정기관 소속 위원회의 설치·운영에 관한 법률」과 동법 시행령은 이러한 행정기관 소속 위원회의 설치와 운영에 필요한 세부사항을 규정하고 있다.38)

이 같은 위원회는 관련 분야의 전문 지식 또는 실무 경험이 풍부한 사람 등을 위원으로 임명하거나 위촉하여 구성하는데, 그 임명 또는 위촉을 받은 공직자가 아닌 일반인 위원은 공무 수행과 관련하여 청탁금지법 제5조 내지 제9조의 적용 대상자인 공무수행사인에 해당한다.

---

37) 청탁금지법 제11조(공무수행사인의 공무 수행과 관련된 행위제한 등) ① 다음 각 호의 어느 하나에 해당하는 자(이하 "공무수행사인"이라 한다)의 공무 수행에 관하여는 제5조부터 제9조까지를 준용한다.

38) 「헌법」에 따라 설치된 중앙선거관리위원회, 국가원로회의, 국가안전보장회의, 민주평화통일자문회의, 국민경제대책회의 등과 「방송통신위원회의 설치 및 운영에 관한 법률」 등 「정부조직법」이 아닌 개별 법률에 따라 중앙행정기관으로 설치된 방송통신위원회, 공정거래위원회, 금융위원회, 권익위, 원자력안전위원회와 독립위원회인 국가인권위원회는 '위원회'나 '회의'라는 명칭을 가지고 있으나 이는 모두 정부기관인 공공기관에 해당한다.

「국토의 계획 및 이용에 관한 법률」 제107조, 제114조, 동법 시행령 제111조 등에 의한 중앙도시계획위원회나 시·도도시계획위원회의 일반인 위원, 「대기환경보전법」 제14조에 의한 장거리이동대기오염물질대책위원회의 일반인 위원, 「법관징계법」 제5조에 의한 법관징계위원회의 일반인 위원, 「금융위원회의 설치 등에 관한 법률」 제20조, 제52조에 의한 증권선물위원회와 금융분쟁조정위원회의 일반인 위원처럼 「행정기관 소속 위원회의 설치·운영에 관한 법률」이 아닌 개별 법령에 따라 설치된 위원회의 공직자가 아닌 일반인 위원도 공무수행사인에 해당한다. 여기에서 말하는 "법령"은 법률, 대통령령, 총리령, 부령(조례·규칙 포함)뿐만 아니라 상위 법령의 위임 또는 그에 근거한 고시·훈령·지침 등도 포함한다.

비록 위원회라는 명칭을 가진 회의체라 하더라도 법령에 근거하지 아니한 위원회의 위원은 공무수행사인에 해당하지 아니한다. 그 반면 심의회, 협의회 등의 명칭을 불문하고 행정기관의 소관 사무에 관하여 자문에 응하거나 조정, 협의, 심의 또는 의결 등을 하기 위하여 법령에 따라 복수의 구성원으로 이루어진 합의제 기관의 일반인 위원은 공무수행사인에 해당한다.[39]

나. 법령에 따라 공공기관의 권한을 위임·위탁받은 법인·단체 또는 그 기관이나 개인(법 제11조 제1항 제2호)

(1) "권한의 위임·위탁"

「정부조직법」 제6조 제3항은 "행정기관은 법령으로 정하는 바에 따라 그 소관사무 중 조사·검사·검정·관리 업무 등 국민의 권리·의무와 직접 관계되지 아니하는 사무를 지방자치단체가 아닌 법인·단체 또는 그 기관이나 개인에게 위탁할 수 있다"고 규정하고, 대통령령인 「행정권한의 위임 및 위탁에 관한 규정」(이하 "위임·위탁규정"이라고 한다) 제11조는 "행정기관은 법령으로 정하는 바에 따라 그 소관사무 중 조사·검사·검정·관리 사무 등 국민의 권리·의무와 직접 관계되지 아니하는 단순 사실행위인 행정작용, 공익성보다 능률성이 현저히 요청되는 사무, 특수한 전문지식 및 기술이 필요한 사무, 그 밖에 국민 생활과 직결된 단순

---

39) 권익위, 앞의 매뉴얼, 12면.

행정사무를 민간에게 위탁할 수 있다"고 규정한다.

이와 관련하여, 청탁금지법이 "공공기관의 '사무'를 위임·위탁받은"이라고 하지 않고 "공공기관의 '권한'을 위임·위탁받은"이라고 규정하였으므로, 그 용어상의 차이에 착안하여 양자를 구분함이 법문에 충실한 해석론이라는 견해가 있을 수 있다. 이 견해에 따른다면 공공기관으로부터 "권한"이 아니라 단순한 "사무"나 "업무"를 위임 또는 위탁받은 경우에는 공무수행사인에 해당하지 않는다는 해석이 가능하다.

그 반면, 이와 같이 "권한"과 "사무"라는 용어상의 차이를 중시하여 공무수행사인 해당 여부를 가리는 것은 타당하지 않다는 견해도 얼마든지 있을 수 있다. 이러한 견해의 주요 논거는 다음과 같다.

우선 「정부조직법」 제6조는 "행정기관이 법령으로 정하는 바에 따라 그 소관 사무의 일부를 보조기관 또는 하급행정기관에 위임하거나 다른 행정기관·지방자치단체 또는 그 기관에 위탁 또는 위임할 수 있고 그 위임 또는 위탁을 받은 기관은 특히 필요한 경우에는 법령으로 정하는 바에 따라 위임 또는 위탁을 받은 사무의 일부를 보조기관 또는 하급행정기관에 재위임할 수 있다"고 규정하여 행정기관간 위임·위탁의 경우에도 "사무"라는 용어를 사용할 뿐 "권한"이라는 용어는 사용하지 않는다.

또한 행정기관간 위임·위탁에 대하여 구체적으로 정하고 있는 「위임·위탁규정」 제2장에서도 행정기관간 위임·위탁의 대상이 되는 사무를 "허가·인가·등록 등 민원에 관한 사무, 정책의 구체화에 따른 집행사무 및 일상적으로 반복되는 사무"라고 규정하거나 "수임사무", "수임 및 수탁사무" 등의 용어를 사용할 뿐 특별히 법률적 의미를 부여하여 권한과 사무를 구별한다고 볼 만한 규정을 두지 않았다.

무엇보다도 "민간위탁"을 규정한 「정부조직법」 제6조 제3항과 「위임·위탁규정」 제11조가 민간에게 위탁 가능한 행정기관의 사무는 '조사·검사·검정·관리 사무 등 국민의 권리·의무와 직접 관계되지 아니하는 사무로서 단순 사실행위인 행정작용, 공익성보다 능률성이 현저히 요청되는 사무, 특수한 전문지식 및 기술이 필요한 사무, 그 밖에 국민 생활과 직결된 단순 행정사무'라고 명시하고 있다.

만일 "권한"과 "사무"를 엄격히 구분한다면 현행 법령상 행정기관으로부터

"권한"을 위임·위탁받은 민간위탁제도는 존재하지 않고, 청탁금지법이 우리 법령과 제도상 허용되지 않는 민간위탁 유형을 공무수행사인 해당 요건으로 정하였다는 것이 된다.[40]

또한 예컨대 국가 수입금 수납업무와 같이 단순히 소극적인 수령행위만을 위임받은 경우에도 그 사무를 수행하기 위하여는 그 사무의 바탕이 되는 수령권한이 있어야 하는 것처럼 "사무"는 이를 수행할 수 있는 "권한"을 전제로 한다는 점에서 위와 같은 법문상의 용어에 치중한 구분은 타당하다고 보기 어렵다.

이상이 후자의 견해에 대한 논거를 대략 정리해 본 것이다.

공무수행사인 해당 여부를 엄격하게 판단하여야 한다는 견해는 충분히 경청할 만하다. 특히 "공직자등의 공정한 직무수행을 보장하고 공공기관에 대한 국민의 신뢰를 확보하는 것을 목적으로 한다"는 청탁금지법 제1조의 목적 규정과 공무수행사인을 공직자등과 동일한 지위에 놓아 법의 규제 대상에 포함시킨 입법취지 등에 비추어 볼 때, 공공기관으로부터 법령에 따라 위임·위탁받은 모든 사무가 청탁금지법 제11조 제1항에서 정한 공무수행사인으로 연결되는지 여부에 관하여는 견해가 갈릴 수 있다. 공공기관으로부터 수탁한 업무가 금융기관의 공과금 등 국고수입금 수납 대행 업무처럼 담당자의 재량이 개입될 여지가 없는 단순한 기계적, 기술적, 소극적 행위에 불과한 경우에는 이러한 업무를 수행하더라도 청탁금지법 소정의 공무수행사인에는 해당하지 않는다고 볼 여지가 충분하기 때문이다. 이 견해는 결국 청탁금지법 제11조 제1항 각 호 소정의 "공무수행사인"에 해당하는지 여부를 판단함에 있어서는 해당 업무에 관한 위임·위탁 규정의 문언적 해석뿐만 아니라 입법취지 등을 고려하여 실제 수행하는 업무가 부정청탁이나 금품등 수수와 연관되어 공정성을 의심받을 수 있는지 여부에 대한 개별적 검토를 필요로 한다는 것으로 요약할 수 있다. 청탁금지법이 군이 "공공기관의 '사무'를 위임·위탁받은"이라고 하지 않고 "공공기관의 '권한'을 위임·위탁받

---

40) 「대외무역법」, 「외국환거래법」, 「외국인투자촉진법」 등 일부 개별 법령에 "권한의 위임 등"이나 "권한의 위임·위탁" 등이라는 표제를 사용하며 산업통상자원부장관, 기획재정부장관 등 공공기관의 장이 그 권한의 일부를 대한상공회의소나 외국환업무취급기관의 장 등에게 위임 또는 위탁할 수 있다는 규정을 두고 있으므로, 이러한 경우에 한하여만 그 수임자나 수탁자가 공무수행사인에 해당한다는 견해가 있을 수 있다. 그러나 "산업통상자원부장관은 위임하거나 위탁한 사무에 관하여 그 위임 또는 위탁을 받은 자를 지휘·감독한다"고 규정한 「대외무역법」 제52조 제2항을 보면 이러한 개별 법령도 권한과 사무에 각기 특별한 의미를 부여하여 이들을 일관적 태도로 명확히 구별하고 있는 것은 아님을 알 수 있다.

은"이라고 명시하고 있는 점이라든가 공무수행사인의 해당 범위를 확대하는 경우 현재 비교적 활발히 활용되고 있는 공공기관의 민간에 대한 업무위탁제도를 불필요하게 위축시키는 부작용을 낳을 수 있다고 현실적으로 우려된다는 점 등은 이 견해의 보강 논거가 될 수 있다.

이에 반하여 청탁금지법 제11조 제1항은 공무수행사인 해당 요건에 관한 규정으로서 본래 공공기관이 수행하도록 되어 있는 공적 업무의 일부를 공공기관이나 공직자등이 아닌 일반인 또는 일반 기관, 단체가 수행하는 이상 그 업무의 공정성 보장 필요성은 공공기관이 직접 수행할 때와 다를 바 없기 때문에 공무수행사인을 청탁금지법 적용 대상자로 정한 것으로 보아야 한다는 점, 공무수행사인에 해당하기만 하면 공무 수행 관련 여부를 불문하고 청탁금지법의 모든 조항을 일률적으로 적용받는 것이 아니라 공무수행사인의 공무 수행에 국한하여 부정청탁 금지규정과 금품등 수수 금지규정만의 적용을 받는다는 점, 청탁금지법 이외의 현행 법률상으로도 일반인이 업무 수행과 관련하여 부정한 청탁의 대가나 직무 관련 금품 기타 이익을 수수하는 때에는 「형법」상의 배임수재죄나 특정경제범죄 가중처벌 등에 관한 법률위반죄(수재등) 등으로 처벌된다는 점 등을 고려하여 볼 때 실제 수행하는 업무의 성격이나 태양을 불문하고 공공기관으로부터 위탁·위임받은 사무를 처리하는 사람은 모두 공무수행사인에 해당하고, 그 업무의 구체적 성격이나 태양은 부정청탁이나 금품등 수수행위와 해당 공무 수행과의 관련성 여부를 따질 때 살펴보아야 할 문제라고 엄격하게 이해하려는 견해도 충분히 수긍할 만하다.

따라서 이러한 논란을 해소하기 위하여는 구체적이고도 명확한 내용으로 입법적 정비가 조속히 이루어져야 할 것으로 생각한다.

(2) "법인·단체·기관"

청탁금지법은 "법령에 따라 공공기관의 권한을 위임·위탁받은 법인·단체 또는 그 기관[41]이나 개인"을 공무수행사인의 하나로 규정하고 있다. 여기에서

---

[41] "기관"은 법인이나 단체의 기관을 말하는 것으로서, 주식회사의 경우 상법은 주주총회, 대표이사, 이사회, 감사 또는 감사위원회를 주식회사의 기관으로 정하고 있다. 「외국환거래법」 제23조, 동법 시행령 제37조 제5항에 의하여 기획재정부장관은 외국환취급기관인 은행의 장에게 지급 또는 수령 방법의 신고, 자본거래 신고 등과 관련한 권한을 위탁할 수 있으므로, 그 수탁자인 은행장은 법인인 은행의 기관에 해당하는 공무수행사인이라고 할 수 있다.

「변호사법」 제73조에 근거하여 사법연수원장의 위촉에 따라 사법연수생의 실무수습을 담당하는 지방변호사회, 「공인회계사법」 제52조에 근거하여 금융위원회의 위탁에 따라 공인회계사 등록·회계법인의 재무제표 수령·검사·공인회계사 징계 등의 업무를 담당하는 한국공인회계사회, 「감정평가 및 감정평가사에 관한 법률」 제46조에 근거하여 국토교통부장관의 위탁에 따라 감정평가사시험의 관리·감정평가사 등록·등록 갱신 등의 업무를 담당하는 한국감정평가사협회처럼 법인이나 단체가 공공기관의 권한을 위임·위탁받은 경우 그 법인이나 단체 내에서 공무를 실제로 수행하는 임직원을 공무수행사인으로 볼 수 있는가에 대하여 논란의 여지가 있다. 개인이 공공기관의 권한을 위임·위탁받은 경우에도 그 개인을 위하여 공무를 실제로 수행하는 개인의 대리인이나 사용인을 공무수행사인으로 볼 수 있는가라는 마찬가지의 의문이 생길 수 있다.

　이와 관련하여, 권한을 위임·위탁받은 법인·단체 또는 기관의 경우 대표자와 실질적 업무 종사자를 포함하여 이들을 모두 공무수행사인으로 보아야 한다는 견해가 있다.[42] 이와는 반대로 법인이나 단체가 공공기관으로부터 권한을 위임·위탁받은 때에는 법인이나 단체가 공무수행사인이고 그 법인이나 단체에서 실무를 담당하여 실제로 공무를 수행하는 보조자나 종업원 등은 공무수행사인에 해당하지 아니하므로, 그 보조자나 종업원이 법인이나 단체의 대표기관인 대표자와 공모하여 청탁금지법 위반행위를 하지 아니한 경우에는 법인이나 단체는 물론 실(實) 행위자인 보조자나 종업원을 처벌할 수 없고, 보조자나 종업원이 법인이나 단체의 대표기관인 대표자와 공모하거나 대표자가 직접 청탁금지법 위반행위를 한 경우에 한하여 법인을 처벌할 수 있다는 견해가 있다.[43] 원칙적으로는 뒤의 견해가 타당하다고 본다. 하지만 나중에 다시 살펴보겠지만 행정질서벌인 과태료 부과 대상 사안에 대하여는 「형법」의 법리를 적용할 수 없으므로, 공무수행사인의 모든 청탁금지법 위반행위에 대하여 일률적으로 뒤의 견해를 적용하기는 곤란하다.

　청탁금지법은 제24조에 "법인 또는 단체의 대표자나 법인·단체 또는 개인의 대리인, 사용인, 그 밖의 종업원이 그 법인·단체 또는 개인의 업무에 관하여 제22

---

42) 권익위, 앞의 매뉴얼, 12면; 앞의 판단기준, 8면. 권익위는 "법령에 따라 권한을 위임·위탁받은 법인·단체뿐만 아니라 법인·단체가 위임·위탁받은 업무를 실질적으로 수행하는 구성원도 공무수행사인에 해당한다"고 설명한다.

43) 홍성칠, 『청탁금지법 해설』, 박영사(2016), 26~27면.

조 제1항 제3호, 제23조 제2항, 제23조 제3항, 제23조 제5항 제3호의 위반행위를 하면 그 행위자를 벌하는 외에 그 법인·단체 또는 개인에게도 해당 조문의 벌금 또는 과태료를 과한다"는 양벌규정을 두고 있다.

이러한 양벌규정의 해석과 관련하여, 대법원 전원합의체는 '벌칙규정에서 그 적용 대상자를 건축주, 공사감리자, 공사시공자 등 일정한 업무주(業務主)로 한정한 경우에 있어서, (구)건축법 제57조의 양벌규정은 업무주가 아니면서 당해 업무를 실제로 집행하는 자가 있는 때에 위 벌칙규정의 실효성을 확보하기 위하여 그 적용 대상자를 당해 업무를 실제로 집행하는 자에게까지 확장함으로써 그러한 자가 당해 업무 집행과 관련하여 벌칙규정의 위반행위를 한 경우 양벌규정에 의하여 처벌할 수 있도록 한 행위자의 처벌규정임과 동시에 그 위반행위의 이익귀속주체인 업무주에 대한 처벌규정'이라고 판시하면서, "(구)건축법 제57조의 양벌규정은 행위자 처벌규정이라고 해석할 수 없는 것이므로 위 규정을 근거로 실제의 행위자를 처벌할 수 없다"고 한 종전의 대법원 판례들을 변경하였다.[44]

따라서 법인이나 단체 자체만이 청탁금지법 적용 대상자에 해당하는 경우라 하더라도 그 법인이나 단체에서 실제로 업무를 수행하는 대표자 이외의 임직원이 법인이나 단체의 업무에 관하여 청탁금지법 위반행위를 하는 경우 그 위반행위가 제24조 양벌규정의 적용 대상이 되는 행위에 해당할 때에는 실 행위자도 양벌규정에 따라 제재할 수 있다고 보아야 한다. 개인이 공공기관으로부터 권한을 위임·위탁받았으나 실무를 담당하여 실제로 공무를 수행하는 사람이 그 개인의 대리인이나 사용인 등인 경우에도 마찬가지라 할 것이다.

그러나 문제는 청탁금지법의 양벌규정이 모든 청탁금지법 위반행위에 대하여 적용되는 것이 아니고 공직자등이나 공무수행사인에게 금품등을 제공하는 제22조 제1항 제3호와 제23조 제5항 제3호의 위반행위, 제3자를 위하거나 제3자를 통하여 공직자등이나 공무수행사인에게 부정청탁을 하는 제23조 제2항과 제3항의 위반행위에만 적용되므로, 공무수행사인이 부정청탁을 받아 그에 따라 직무를 수행하는 행위나 부정 금품등을 수수하는 행위 등 나머지 청탁금지법 위반행위에는 적용되지 않는다는 데 있다. 그나마 제3자를 위하여 부정청탁을 하거나 공직자등이나 공무수행사인에게 금품등을 제공하는 행위라 하더라도 공무수행사인이 행위주체인 경우에는 양벌규정의 적용 대상에서 제외되는 것으로 청탁금지법

---

44) 대법원 1999. 7. 15. 선고 95도2870 전원합의체 판결; 대법원 2011. 9. 29. 선고 2009도12515 판결 등.

제24조의 양벌규정 자체가 정하고 있다. 결국 공무수행사인과 관련하여 양벌규정을 적용할 수 있는 행위는 공무수행사인인 법인이나 단체 등의 임직원으로서 실제 공무를 담당하여 수행하고 있는 실 행위자가 그 공무수행사인인 법인이나 단체 등의 업무에 관하여 제3자를 통해 공직자등이나 다른 공무수행사인에게 부정청탁을 하는 행위 등 일부에만 국한되므로, 이 경우에 한하여 공무수행사인인 법인이나 단체 등에 소속한 실 행위자를 제재할 수 있을 뿐이고 나머지 청탁금지법 위반 행위에 대하여는 공무수행사인이 아닌 실 행위자를 제재하지 못한다고 볼 수밖에 없다. 그러나 이 경우에도 구체적 행위 형태에 따라 여러 가지로 결론이 달라질 수 있다. 이에 대하여는 뒤에서 부정청탁행위 및 금품등 수수행위와 관련한 양벌규정 등의 벌칙을 설명할 때 자세히 살펴보기로 한다.

「도시 및 주거환경정비법」 제7조 제1항 제2호에 따라 시장·군수가 주거환경개선사업의 공동시행자로 지정한 「건설산업기본법」 제9조 소정의 건설업자나 「주택법」 제7조 제1항 소정의 주택건설등록사업자[45] 또는 「도시 및 주거환경정비법」 제8조에 따라 시장·군수나 주택공사 등과 공동시행자가 된 주택재개발사업조합, 주택재건축사업조합, 도시환경정비사업조합 등이 공무수행사인에 해당하는지 의문이 있을 수 있다. 그러나 이들 조합 등은 법률에 의하여 시장·군수 등과 도시 및 주거환경 정비사업을 공동으로 할 수 있는 자격이 부여된 것일 뿐 시장·군수의 정비사업에 대한 권한을 위임이나 위탁받은 것이라고는 보기 어려워 이들 조합 등은 공무수행사인에 해당하지 않는다고 생각한다.

개별 법률에 "「형법」 소정의 뇌물죄의 적용에 있어서는 공무원으로 본다"거나 "「형법」 기타 법률에 따른 벌칙의 적용에 있어서는 공무원으로 본다"는 규정을 둔 경우 이 규정의 적용 대상자는 공무수행사인으로 보아야 한다는 견해도 있을 수 있다. 이처럼 공무원이 아닌 사람을 벌칙 적용 시 공무원으로 의제하는 이유는 그들이 담당하는 업무의 공익적 성격을 고려하여 그들에게 주어진 권한 행사와 관련한 금품 수수 등의 비리를 강력히 규제할 필요성이 있기 때문이라고 할 수 있다. 그러나 이처럼 벌칙 적용 시에 공무원으로 의제되는 사람이라 하더라도 공무수행사인에 당연히 해당된다고는 볼 수 없고, 청탁금지법 제11조 제1항 각

---

45) 이들은 「도시 및 주거환경정비법」 제7조 제1항 제2호에 따라 한국토지주택공사나 주택사업을 수행하기 위하여 설립된 지방공사 또는 주거환경개선사업을 시행하기 위하여 국가·지방자치단체·주택공사·공공기관 등이 총지분의 100분의 50을 초과하는 출자로 설립한 법인과 주거환경개선사업의 공동시행자가 될 수 있다.

호에 해당하여야만 공무수행사인에 해당한다고 보아야 할 것이다.

다. 공무를 수행하기 위하여 민간부문에서 공공기관에 파견 나온 사람(법 제11조 제1항 제3호)

공공기관 파견은 반드시 법령에 근거를 둔 파견이나 「파견근로자 보호 등에 관한 법률」 소정의 파견에 국한하지 않고 계약에 의한 파견도 이에 해당하나,[46] 공공기관이 수행하는 공적 사무 또는 업무인 공무를 수행하기 위한 파견에 해당하여야 한다. 파견은 파견 업체 소속이라는 신분을 그대로 유지한 채 일부 공무를 수행할 뿐이므로, 공공기관과 근로계약을 체결하여 공공기관의 계약직 직원이 되는 것과는 그 성격을 달리한다.

단지 공무를 수행하는 공공기관 임직원의 업무협조 요청 등에 따라 공공기관에 가서 설명이나 의견 개진, 토론 등에 참여하거나 자료를 정리해 주는 일을 하는 경우 등은 이에 해당한다고 보기 어렵다.

공공기관이 법령이나 계약 등 아무런 적법한 권원도 없이 그 직무의 대상이 되는 법인이나 단체 등에게 인력 지원을 요청하여 그 요청을 받은 법인이나 단체 등이 요청 기간 동안 소속 임직원을 공공기관에 보내주는 때에도 그 소속 임직원이 공무를 수행하기 위하여 민간부문에서 공공기관에 파견 나온 공무수행사인에 해당한다고 보아야 하는지 의문이 있다. 이러한 형태의 인력 지원 요구는 사실상 공공기관의 월권행위라 하지 않을 수 없고, 거절하기 곤란하여 공공기관에 나와 노력(勞力)을 제공하게 된 법인이나 단체 등의 임직원에게 공무수행사인이라는 부담까지 지우는 것은 지나치다고 볼 수 있기 때문이다. 따라서 입법론적으로는 "공무를 수행하기 위하여 법령 또는 계약에 따라 민간부문에서 공공기관에 파견 나온 사람"이라고 명시함이 바람직하다고 생각한다.

라. 법령에 따라 공무상 심의·평가 등을 하는 개인 또는 법인·단체 (법 제11조 제1항 제4호)

심의·평가라는 용어에 국한하지 않고, 이와 유사하게 검토를 거쳐 판단·결

---

46) 권익위, 앞의 판단기준, 8면; 앞의 매뉴얼, 13면.

정을 내리는 감리·기술 검토·검사·인증 등도 이에 해당한다.[47)]

　"법령", "법인·단체" 등에 대하여는 상술한 바와 같다.

---

47) 예컨대 「경관법」 제28조의 건축물의 경관 심의, 「감염병의 예방 및 관리에 관한 법률」 제70조의 감염병 관련 손실보상에 관한 심의, 「산업재해보상보험법」 제50조의 산재보험 의료기관 평가, 「고등교육법」 제11조의2의 학교운영 전반과 교육과정 운영에 대한 평가·인증 등이 여기에 해당한다. 권익위, 앞의 매뉴얼, 13면.

III

부정청탁 금지

1. 적용 대상
2. 금지 대상 부정청탁행위
3. 부정청탁 예외사유
4. 부정청탁의 신고 및 처리 절차
5. 징계 및 벌칙

부정청탁 금지

제5조(부정청탁의 금지) ① 누구든지 직접 또는 제3자를 통하여 직무를 수행하는 공직자등에게 다음 각 호의 어느 하나에 해당하는 부정청탁을 해서는 아니 된다.

1. 인가·허가·면허·특허·승인·검사·검정·시험·인증·확인 등 법령(조례·규칙을 포함한다. 이하 같다)에서 일정한 요건을 정하여 놓고 직무관련자로부터 신청을 받아 처리하는 직무에 대하여 법령을 위반하여 처리하도록 하는 행위

2. 인가 또는 허가의 취소, 조세, 부담금, 과태료, 과징금, 이행강제금, 범칙금, 징계 등 각종 행정처분 또는 형벌부과에 관하여 법령을 위반하여 감경·면제하도록 하는 행위

3. 채용·승진·전보 등 공직자등의 인사에 관하여 법령을 위반하여 개입하거나 영향을 미치도록 하는 행위

4. 법령을 위반하여 각종 심의·의결·조정 위원회의 위원, 공공기관이 주관하는 시험·선발 위원 등 공공기관의 의사결정에 관여하는 직위에 선정 또는 탈락되도록 하는 행위

5. 공공기관이 주관하는 각종 수상, 포상, 우수기관 선정 또는 우수자 선발에 관하여 법령을 위반하여 특정 개인·단체·법인이 선정 또는 탈락되도록 하는 행위

6. 입찰·경매·개발·시험·특허·군사·과세 등에 관한 직무상 비밀을 법령을 위반하여 누설하도록 하는 행위

7. 계약 관련 법령을 위반하여 특정 개인·단체·법인이 계약의 당사자로 선정 또는 탈락되도록 하는 행위

8. 보조금·장려금·출연금·출자금·교부금·기금 등의 업무에 관하여 법령을

위반하여 특정 개인·단체·법인에 배정·지원하거나 투자·예치·대여·출연·출자하도록 개입하거나 영향을 미치도록 하는 행위

9. 공공기관이 생산·공급·관리하는 재화 및 용역을 특정 개인·단체·법인에게 법령에서 정하는 가격 또는 정상적인 거래관행에서 벗어나 매각·교환·사용·수익·점유하도록 하는 행위

10. 각급 학교의 입학·성적·수행평가 등의 업무에 관하여 법령을 위반하여 처리·조작하도록 하는 행위

11. 병역판정검사, 부대 배속, 보직 부여 등 병역 관련 업무에 관하여 법령을 위반하여 처리하도록 하는 행위

12. 공공기관이 실시하는 각종 평가·판정 업무에 관하여 법령을 위반하여 평가 또는 판정하게 하거나 결과를 조작하도록 하는 행위

13. 법령을 위반하여 행정지도·단속·감사·조사 대상에서 특정 개인·단체·법인이 선정·배제되도록 하거나 행정지도·단속·감사·조사의 결과를 조작하거나 또는 그 위법사항을 묵인하게 하는 행위

14. 사건의 수사·재판·심판·결정·조정·중재·화해 또는 이에 준하는 업무를 법령을 위반하여 처리하도록 하는 행위

15. 제1호부터 제14호까지의 부정청탁의 대상이 되는 업무에 관하여 공직자 등이 법령에 따라 부여받은 지위·권한을 벗어나 행사하거나 권한에 속하지 아니한 사항을 행사하도록 하는 행위

1. 적용 대상

부정청탁 금지규정(청탁금지법 제5조 내지 제7조, 제11조)의 적용 범위는 부정청탁을 하는 사람이라는 측면에서는 부정청탁 행위지가 국내인지 국외인지를 불문하고 대한민국의 전 국민과 대한민국 내 또는 대한민국의 선박이나 항공기 내에서 부정청탁행위를 하는 모든 외국인이고, 부정청탁을 받는 사람이라는 측면에서는 대한민국의 공직자등과 공무수행사인이다.

공직자등의 신분과 일반인의 신분을 겸유한 사람은 공직자등의 직무수행과

관련하여 부정청탁 금지규정의 적용 대상이 된다. 그러므로 일반 기업의 대표이사가 학교법인의 이사장을 겸임하는 경우 그 사람에게 학교법인 이사장의 직무와 관련하여 부정청탁을 하는 행위는 청탁금지법의 적용 대상이나, 학교법인 이사장의 직무와는 무관한 일반 기업의 업무 관련 청탁은 청탁금지법의 적용 대상에 해당하지 않는다.

청탁의 상대방인 직무를 수행하는 공직자등이나 공무수행사인은 해당 직무를 직접 처리하는 공직자등이나 공무수행사인과 그 결재선상에 있는 상급자를 말한다. 내부 위임전결규정에 따라 전결권을 위임하여 실제 결재선상에 있지 않는 상급자라 하더라도 해당 업무에 대하여 지휘감독권이 있는 기관장 등 상급자는 청탁 상대방인 공직자등이나 공무수행사인에 해당한다고 봄이 타당하다.[1] 상급자로서 사실상 영향력을 행사할 수 있는 지위나 직책에 있는 자라 하더라도 해당 업무와 무관한 공직자등이나 공무수행사인은 여기에 해당하지 않는다.

예컨대 건축허가와 관련한 부정청탁의 경우 위임전결규정상 최종 전결권자가 구청 도시관리국 소속 건축과장이라 하더라도 그에 대한 지휘감독권자인 구청 도시관리국장, 부구청장, 구청장은 모두 청탁 상대방인 공직자등에 해당한다. 그러나 이와 무관한 구청 기획재정국장이나 문화행정국장은 청탁 상대방인 공직자등에 해당한다고 볼 수 없다. 따라서 건축허가 신청인이 도시관리국장에게 건축허가 관련 부정청탁행위를 한 경우에는 도시관리국장이 최종 전결권자인 건축과장에게 그 청탁을 전달하였는지 여부를 불문하고 건축허가 신청인은 신청인 자신이 직무를 수행하는 공직자등에게 직접 청탁한 것이므로 과태료 부과를 받지 아니하나, 만약 건축허가와 무관한 문화행정국장에게 청탁하여 문화행정국장이 건축과장에게 그 청탁을 전달하였다면 건축허가 신청인은 제3자를 통하여 공직자등에게 부정청탁을 한 것이므로 과태료 처분을 받게 된다.

2. 금지 대상 부정청탁행위

청탁금지법은 금지되는 부정청탁행위의 유형을 15개로 나누어 열거하고 있

---

1) 권익위, 앞의 해설집, 37면.

다. 법문상 "다음 각 호의 어느 하나에 해당하는 부정청탁을 해서는 아니 된다"고 규정하고 있기 때문에 15개의 부정청탁행위 유형은 예시적 열거사항이 아닌 한정적 열거사항이라고 봄이 타당하다. 그러므로 이에 해당하지 않는 청탁행위는 청탁금지법이 금하는 부정청탁행위로 볼 수 없다.[2]

이처럼 청탁금지법이 정한 15개 부정청탁 유형을 살펴보면, 대부분 공직자 등이나 공무수행사인에게 '법령을 위반하여 직무를 수행해 달라'는 취지로 청탁하는 행위라고 압축하여 말할 수 있다.[3]

가. "법령"을 위반하여

(1) "법령"

여기에서 말하는 법령은 국회에서 제정한 법률과 그 하위 규범인 대통령령, 총리령과 부령 등 시행령, 시행규칙과 조례, 규칙을 의미한다.

고시, 훈령, 예규, 지침 등의 행정규칙은 대외적 구속력이 없는 행정조직 내부의 사무처리준칙에 불과하여 원칙적으로는 법령에 해당하지 아니하나, 상위 법령의 위임에 따라 제정된 것은 상위 법령의 내용을 보충하는 기능을 가지면서 그와 결합하여 대외적으로 구속력 있는 법규명령으로서 효력을 가지고 있으므로 이러한 행정규칙은 여기에서 말하는 법령에 포함될 수 있다.[4]

그런데 예를 들어 청탁금지법 제5조 제1항 제1호 소정의 "인허가와 관련하여 법령을 위반하여 처리하도록 하는 행위"에 있어, ① 그 법령이 인허가의 요건과 절차 등 인허가 자체를 규율하는 개별 법령만을 의미하는가, ② 아니면 성실 의

---

2) 이와 관련하여, 15개의 부정청탁행위 유형이 한정적 열거사항이라 하더라도 제5조 제1항 각 호에서 "~등"이나 "각종 행정처분"이라고 규정한 것은 죄형법정주의의 명확성의 원칙에 반하므로 향후 입법적 정리가 필요하다는 견해가 있다(홍성칠, 앞의 책, 65~67면). 이 견해에 찬성한다.

3) 다만 15개의 부정청탁행위 유형 중, 제5조 제9호(공공기관이 생산·공급·관리하는 재화 및 용역을 특정 개인·단체·법인에게 법령에서 정하는 가격 또는 정상적인 거래관행에서 벗어나 매각·교환·사용·수익·점유하도록 하는 행위)와 제5조 제15호(제1호부터 제14호까지의 부정청탁의 대상이 되는 업무에 관하여 공직자등이 법령에 따라 부여받은 지위·권한을 벗어나 행사하거나 권한에 속하지 아니한 사항을 행사하도록 하는 행위)는 '법령을 위반하여'라는 문구를 사용하고 있지 아니하나, 그 규정의 전체적 취지는 결국 '법령을 위반'하여 특정 행위를 해달라는 내용의 청탁을 금지하는 것과 다를 바 없다.

4) 곽형석, "부정청탁 쟁점 및 제도의 합리적 운영방안", 「부정청탁 및 금품등 수수의 금지에 관한 법률 시행령 제정을 위한 공개토론회 자료집」, 국민권익위원회·한국법제연구원(2015. 5.), 38면; 권익위, 앞의 해설서, 46면; 권익위, 앞의 매뉴얼, 50면.

무, 복종 의무, 친절·공정 의무, 종교 중립 의무, 청렴 의무 등을 규정한 「국가공무원법」이나 특혜 배제 의무, 이권개입 금지 의무 등을 규정한 대통령령인 「공무원행동강령」 또는 "공직자등은 사적 이해관계에 영향을 받지 아니하고 직무를 공정하고 청렴하게 수행하여야 한다"라거나 "공직자등은 직무수행과 관련하여 공평무사하게 처신하고 직무관련자를 우대하거나 차별해서는 아니 된다"라고 규정한 청탁금지법 제4조처럼 공직자등의 기본적 복무 원칙 등을 정한 일반적인 법령도 포함하여 법령 일체를 의미하는 것인가, ③ 나아가 '인권 존중의 원칙', '권한 남용 금지의 원칙', '신의성실의 원칙', '비례의 원칙' 등과 같이 공직자등으로서 마땅히 지켜야 할 일반적 법원칙이나 조리(條理)까지도 포함5)하는 것인가에 대하여 견해의 차이가 있다.

①의 법령, 즉 부정청탁의 대상인 행정행위를 규정하는 개별 법령만을 의미한다고 보는 견해는 "법령"의 범위를 ②나 ③처럼 넓게 인정하는 것은 죄형법정주의에 명백히 반할 뿐만 아니라 일부 공공기관의 경우에는 「국가공무원법」 등 일반적 법령의 규율 대상이 아니기 때문에 그 소속원들은 기관 내부의 규정에 불과한 복무규정의 적용을 받을 뿐이며 공직자등의 공정·청렴 의무 등을 규정한 청탁금지법 제4조는 공무수행사인에게는 적용되지 아니하므로 법 적용 대상자간 형평성의 문제가 발생할 수 있다는 점 등을 논거로 하고 있다.6)

만일 청탁금지법 제5조 제1항 각 호의 "법령을 위반하여"에서 말하는 법령이 ①의 경우처럼 개별 법령만을 의미한다고 좁게 해석한다면, 청탁 대상이 된 공직자등이나 공무수행사인의 당해 직무와 관련한 구체적인 규정을 둔 개별 법령이 존재하지 않는 경우에는 그들에게 편파적인 업무 처리를 당부하는 내용의 청탁을 하였다 하더라도 이는 청탁금지법에서 금지하는 부정청탁에 해당되지 않는다고 볼 수 있다.

청탁금지법 제5조 제1항 제1호는 "인가·허가·면허·특허·승인·검사·검정·시험·인증·확인 등 법령(조례·규칙을 포함함)에서 일정한 요건을 정하여 놓고 직무관련자로부터 신청을 받아 처리하는 직무에 대하여 법령을 위반하여 처리하도록 하는 행위"라고 규정하고 있으므로, 여기에서 말하는 "법령"이라 함은 인허가 등의 요건을 규정하고 있는 개별 법령을 의미한다고 해석하더라도 실제로 인허

---

5) 정형근, 앞의 자료집, 83면.
6) 홍성칠, 앞의 책, 47~51면.

가 등과 관련해서는 대부분의 개별 법령에서 그 요건과 절차 등을 상세히 규정하고 있기 때문에 부정청탁행위를 규제하는 데 특별히 미흡한 점은 없으리라 생각한다.

그러나 동항 제14호는 "사건의 수사·재판·심판·결정·조정·중재·화해 또는 이에 준하는 업무를 법령을 위반하여 처리하도록 하는 행위"라고 규정하고 있는데, 예컨대 형사사건의 피의자가 사안이 중하여 도저히 기소유예 처분을 받을 수 없음에도 제3자를 통해 검사에게 기소유예 처분을 해달라고 청탁한 경우, 기소유예의 요건을 상세히 규정한 법령이 없는 상황[7]에서 ①의 해석론을 취한다면 과연 이러한 청탁이 '형벌 부과에 관하여 법령을 위반하여 감경·면제하도록 하는 부정청탁행위'에 해당하는 것인지 의문이 들 수밖에 없다.

그런데 ②의 해석론을 취한다면, 「검찰청법」 제4조 제2항은 "검사는 그 직무를 수행할 때 국민 전체에 대한 봉사자로서 정치적 중립을 지켜야 하며 주어진 권한을 남용하여서는 아니 된다"고 규정하고 있고, 「검사징계법」 제2조 제2호는 검사의 직무상 의무 위반을 검사 징계사유로 명시하고 있으며 「국가공무원법」 제59조에서도 공무원의 친절·공정 의무를 규정하고 있으므로, 검사의 부당 기소유예 처분은 「검찰청법」 소정의 검사 권한 남용 금지와 「국가공무원법」 소정의 공정 의무 등의 직무상 의무를 위반한 행위로 볼 수 있다.

또한 동항 제10호는 "각급 학교의 입학·성적·수행평가 등의 업무에 관하여 법령을 위반하여 처리·조작하도록 하는 행위"를 부정청탁행위의 하나로 규정하고 있는데, 성적·수행평가의 기준과 배점 방법 등에 대하여 구체적으로 정하고 있는 법령은 존재하지 아니하므로, 예컨대 학부모가 자신의 자녀에게 높은 수행평가 점수를 달라고 청탁한 경우 ①의 해석론을 취하는 입장이라면 과연 "각급 학교의 입학·성적·수행평가 등의 업무에 관하여 법령을 위반하여 처리·조작하도록 하는 행위"를 청탁한 것으로 볼 수 있는지 의문이 들 수 있다.

물론 이러한 사례들에 대하여는, 동법 제5조 제1항 제15호 소정의 "제1호부

---

7) 검사의 기소유예 처분과 관련하여, 그 근거 법령이 전혀 없는 것은 아니다. 법무부령인 「검찰사건 사무규칙」 제69조 제1항 제3호는 "피의사실이 인정되나 형법 제51조 각 호의 사유를 참작하여 소추를 필요로 하지 아니하는 경우"를 기소유예 처분의 요건으로 규정하고 있다. 그러나 형법 제51조 각 호는 "1. 범인의 연령, 성행, 지능과 환경, 2. 피해자에 대한 관계, 3. 범행의 동기, 수단과 결과, 4. 범행 후의 정황"이라고 참작사유를 추상적으로만 규정하고 있을 뿐이고, 검찰 내부기준인 '사건 처리기준'에서도 기소유예의 요건을 정하고 있지 아니하므로(사건처리기준은 법령에 해당하지도 않는다), 결국 구체적인 기소유예의 요건을 정하고 있는 법령은 존재하지 않는다고 말할 수 있다.

터 제14호까지의 부정청탁의 대상이 되는 업무에 관하여 공직자등이 법령에 따라 부여받은 지위·권한을 벗어나 행사하거나 권한에 속하지 아니한 사항을 행사하도록 하는 행위"에 해당하여 부정청탁행위임에 의문의 여지가 없다는 주장이 가능할 수도 있으나, 실제 사안에서는 과연 공직자등이 법령에 따라 부여받은 지위·권한의 범위를 어디까지 인정할 것인가라는 문제를 놓고 또 다시 논란이 있을 수 있다.

생각건대, 상술한 바와 같이 청탁금지법의 목적이 금품과 결부되지 않고 연고관계로만 결부되더라도 제3자를 통해 이루어지는 부정청탁행위 자체를 법률로 금지함으로써 공직자등의 공정한 직무수행을 담보함과 동시에 공적 의사결정의 책임성·투명성 확보를 하기 위함에 있다는 점을 고려하여 볼 때, 동법 제5조 제1항 각 호 소정의 "법령을 위반하여"에서 말하는 "법령"은 공직자등의 공정·성실 의무 등을 정한 일반적인 법령까지도 포함한 일체의 법령을 말한다고 풀이함이 타당하다고 본다.8) 이렇게 해석하더라도 청탁금지법 적용 대상자 사이에 형평성 문제가 발생할 위험은 크지 않으리라 생각한다.

「공공기관의 운영에 관한 법률」 제50조, 제51조는 "기획재정부장관은 공기업·준정부기관의 운영에 관한 일상적 사항과 관련하여 운영위원회의 심의·의결을 거쳐 조직 운영과 정원·인사 관리에 관한 사항, 예산과 자금 운영에 관한 사항, 그 밖에 공기업·준정부기관의 재무건전성 확보를 위하여 필요하다고 인정하는 사항을 명시한 「공기업·준정부기관 경영 및 혁신에 관한 지침」을 제정·통보하고, 기획재정부장관과 주무기관의 장이 공공기관의 그 이행에 관한 사항을 감독"하도록 규정한다. 이러한 지침은 「공공기관의 운영에 관한 법률」의 위임에 따라 제정된 것으로서 공기업·준정부기관의 구성원들을 기속하므로, 만약 이러한 지침에서 공기업이나 준정부기관 임직원들의 성실·공정·차별 금지 등의 일반적 복무규정을 둔다면 이를 위반하여 직무를 수행해 달라는 취지의 청탁은 부정청탁에 해당한다고 봄이 타당하다.9) 그리고 「공공기관의 운영에 관한 법률」 제53조

---

8) 권익위도 이와 같은 해석론을 지지하고 있다. 권익위는 부정청탁 금지조항에서 말하는 "법령"에는 부정청탁 대상 직무와 직접 관련된 개별 법령 외에 「국가공무원법」, 「지방공무원법」, 「형법」 등의 일반 법령도 포함되고 각종 소송법, 「행정심판법」, 「행정절차법」, 「비송사건절차법」 등의 절차법도 포함된다고 하면서 교사가 학생의 성적을 부정하게 올려주는 행위는 「형법」 소정의 업무방해죄에 해당하고 「교육공무원법」, 「사립학교법」 등에 시험문제 유출 및 성적 조작 등 학생 성적 관련 비위행위를 채용 제한 사항으로 두고 있으므로, 성적을 올려 달라는 청탁은 이러한 법령들을 위반한 부정청탁행위에 해당한다고 해설한다. 권익위, 앞의 해설집, 49면; 권익위, 앞의 매뉴얼, 46면.

는 동법 소정의 공공기관의 임직원, 운영위원회의 위원과 임원추천위원회의 위원으로서 공무원이 아닌 사람을 「형법」 제129조(수뢰, 사전수뢰), 제130조(제3자뇌물제공), 제131조(수뢰 후 부정처사, 사후수뢰), 제132조(알선수뢰)의 적용에 있어서는 공무원으로 보도록 규정하고 있으므로, 「국가공무원법」 등의 적용 대상자인 공직자등과 적용 대상자가 아닌 공직자등 사이에서 형평성을 둘러싸고 큰 문제가 될 만한 일은 없으리라고 생각한다. 만약 형평성 문제가 다소 있다 하더라도 이는 관련 법령의 보완을 통해 해결할 문제일 뿐 부정청탁행위의 성립요건인 법령의 의미를 축소 해석해야 하는 근거로 삼기에는 적절하지 않다고 생각한다.

다만 이처럼 해석하는 경우에도 법령에 구체적 근거가 없는 한 '신의성실의 원칙', '비례의 원칙'과 같이 공직자등으로서 마땅히 지켜야 하는 것으로 인정되는 일반적 법 원칙이나 조리까지도 법령의 범위에 포함된다고는 볼 수 없다. 이를 포함한다고 해석한다면 단순한 도덕규범 위반까지도 제재 대상으로 삼는다는 비난을 피할 수 없기 때문이다.[10]

언론사에게 기사 정정, 삭제, 변경, 게재 등의 요구를 하는 것은 청탁금지법에서 이를 부정청탁행위 유형으로 규정하고 있지 아니하므로 부정청탁행위에는 해당하지 않는다.[11]

수많은 법령이 존재하는 상황에서 문제된 청탁이 과연 법령을 위반하여 직무를 수행해 달라는 취지의 부정청탁에 해당하는지 아니면 단순히 공공기관 내부의 규정을 위반하여 직무를 수행해 달라는 청탁에 해당하는지를 따지는 일은 생각보다 고된 작업이 될 수 있다. 앞으로 부정청탁행위에 대한 청탁금지법 집행 과정에서 법령의 존부가 쟁점이 되는 일이 적지 않으리라 생각한다.

(2) "계약 관련 법령"

청탁금지법 제5조 제1항 제7호는 "계약 관련 법령을 위반하여 특정 개인·단체·법인이 계약의 당사자로 선정 또는 탈락되도록 하는 행위"를 부정청탁행위로

---

9) 권익위, 앞의 매뉴얼, 51면.
10) 법 제5조 제1항 소정의 부정청탁행위와 관련하여, 부정청탁에 따라 직무를 수행한 공직자등에게는 형벌까지도 부과될 수 있어 죄형법정주의의 원칙상 '법령 위반'은 제한적으로 해석하여야 하므로, '권력 남용의 금지', '신의성실의 원칙' 등 일반적 법 원칙이나 조리까지도 공직자등이 준수해야 할 의무에 해당한다고 해석하는 것은 죄형법정주의에 반한다고 본다. 이천현, "부정청탁 쟁점 및 제도의 합리적 운영방안"에 대한 토론문, 앞의 자료집, 68면.
11) 권익위, 『청탁금지법 Q&A 사례집』(2016. 9.), 34면.

규정하고 있다.

　법문상 "계약 관련 법령"이라고 명시하고 있으므로 그에 맞추어 법령의 범위를 한정하여 해석할 필요가 있다. 계약 관련 법령에는 국가계약 관련 기본법률이라고 할 수 있는「국가를 당사자로 하는 계약에 관한 법률」뿐 아니라 산업기술개발사업에 관한 협약을 규정한「산업기술혁신 촉진법」, 직업능력개발훈련 위탁 계약을 규정한「근로자 직업능력 개발법」, 창업촉진사업 관련 협약을 규정한「중소기업창업 지원법」등 계약 관련 사항을 규정하고 있는 개별 법령들도 포함된다.

　만약 이러한 계약 관련 법령을 위반한 것은 아니지만「국가공무원법」제59조나 청탁금지법 제4조처럼 공직자등의 친절·공정·차별 금지 의무 등을 정한 일반적인 법령에 위반하여 계약 업무를 처리하도록 청탁하는 행위도 청탁금지법 제5조 제1항 제7호에 해당하는 부정청탁행위라고 보아야 하는가라는 질문에 대해서는 또 다시 견해가 갈릴 수 있다.

　"계약 관련 법령을 위반하여 특정 개인·단체·법인이 계약의 당사자로 선정 또는 탈락되도록 하는 행위"를 부정청탁행위로 규정하고 있으므로, 예컨대 적격 업체인 A와 경쟁 관계에 있는 B가 계약 담당 공무원에게 '어차피 A를 계약자로 선정할 수밖에 없다 하더라도 선정 시까지 A로 하여금 고생을 하도록 애를 먹여 달라'는 청탁을 하여 계약 담당 공무원이 청탁을 받은 대로 A에게 온갖 불필요한 제출 서류 보완 요구를 하는 등 괴롭히다가 결국 계약 관련 법령에 따라 A를 계약자로 선정한 경우에는 비록 계약 담당 공무원의 행위가「국가공무원법」제59조나 청탁금지법 제4조가 정하고 있는 공직자등의 친절·공정·차별 금지 의무를 위반한 행위에 해당한다 하더라도 해당 계약 관련 개별 법령에는 이와 같은 행위를 금지하는 구체적 규정이 없고 결국 A가 계약자로 선정되었으므로 청탁금지법 제5조 제1항 제7호 소정의 "계약 관련 법령을 위반하여 특정 개인·단체·법인이 계약의 당사자로 선정 또는 탈락되도록 하는 행위"에 해당한다고 보기 어렵다는 견해가 있을 수 있기 때문이다.[12]

　그렇다 하더라도 이러한 청탁행위는 청탁금지법 제5조 제1항 제7호가 아니라 동항 제15호 소정의 "제1호부터 제14호까지의 부정청탁의 대상이 되는 업무에

---

12) 권익위는 "계약 관련"이라는 수식어가 있는 이상 법령의 분야를 계약 관련 법령에 한정하여 해석할 필요가 있다고 하면서도 공무원의 경우 계약과 관련한 업무를 수행함에 있어 준수해야 하는「국가공무원법」등 일반 법령 및 절차법도 포함한다고 해설하고 있다(권익위, 앞의 해설집, 52면; 권익위, 앞의 매뉴얼, 51~52면). 이 해설에 찬성한다.

관하여 공직자등이 법령에 따라 부여 받은 지위·권한을 벗어나 행사하거나 권한에 속하지 아니한 사항을 행사하도록 하는 행위"로 볼 수 있으므로, 부정청탁행위에 해당한다는 결론에 있어서는 차이가 없을 것이다.

나. "정상적인 거래관행"에서 벗어나

청탁금지법 제5조 제1항 제9호는 "공공기관이 생산·공급·관리하는 재화 및 용역을 특정 개인·단체·법인에게 법령에서 정하는 가격 또는 정상적인 거래관행에서 벗어나 매각·교환·사용·수익·점유하도록 하는 행위"를 부정청탁행위로 규정한다.

"정상적인 거래관행"이라 함은 부정청탁이 없었다면 이루어졌을 통상적인 거래조건을 의미하는 것으로서, 정상적인 거래관행을 벗어났는지 여부는 일반적인 거래의 가격·상대방·조건·기간 등 내용뿐만 아니라 절차, 거래 상황 및 재화와 용역의 특성, 행위의 의도와 목적, 당사자의 지위와 관계, 다른 사람이 받게 되는 불이익의 내용과 정도, 공공기관의 내부기준이나 사규, 과거 처리 사례 등을 종합적으로 고려하여 판단할 수밖에 없다. 따라서 합리적 이유나 근거 없이 특정인에게 특혜를 부여하는 행위는 정상적 거래관행에서 벗어난 행위로 인정될 가능성이 크다.[13)]

예컨대 생명이 경각에 달려 응급 입원 치료가 필요한 환자가 아님에도 입원 예약 대기 중인 환자가 밀려 있는 공공기관인 국·공립병원에 예약 순번을 무시한 채 즉시 입원하고자 그 병원 의사에게 청탁하는 것은 합리적 이유나 근거 없이 특정인에게 특혜를 부여해 달라고 요구하는 행위이므로 정상적인 거래관행에서 벗어나 공공기관이 관리하는 시설이나 용역을 사용하도록 하는 부정청탁행위에 해당한다.

그런데 만약 국·공립병원이 아닌 사립대학교 의과대학 부속병원의 경우라면 어떻게 될까? 사립대학교 의과대학 부속병원의 의사들은 대부분 해당 의과대학 교수를 겸하고 있고, 의과대학 교수는 청탁금지법 제2조 제2호 다목 소정의 공직자등에 해당한다. 이 경우 사립대학교 의과대학 부속병원이 별도의 법인으로 되어 있지 않고 학교법인에 소속한 병원이라면 그 병원 의사는 학교법인의 임직

---

13) 홍성칠, 앞의 책, 86면: 권익위, 앞의 해설집, 53면.

원이므로 공직자등에 해당하고, 의사로서의 직무수행은 곧 학교법인의 임직원으로서의 직무수행으로 볼 수밖에 없다. 그 반면, 공공기관에 해당하지 않는 별도의 의료법인 등이 설립하여 사립대학교 의과대학의 협력병원으로 있는 경우 그 병원의 의사는 공직자등에 해당하지 않고, 병원 입퇴원과 관련한 업무는 공직자등에 해당하는 의과대학 교수로서 수행하는 직무가 아니라 병원 의사로서 수행하는 직무이므로, 결국 이러한 병원의 의사에게 속칭 새치기 입원을 청탁하는 행위에 대하여는 청탁금지법 적용이 배제될 것이다.[14]

다. 부정청탁 해당 여부에 대한 판단

(1) 부정청탁행위의 유형

청탁금지법 제5조 제1항 각 호가 규정하고 있는 부정청탁행위의 유형은 아래와 같다.

- 인가·허가·면허·특허·승인·검사·검정·시험·인증·확인 등 법령(조례·규칙 포함, 이하 동일)에서 일정한 요건을 정하여 놓고 직무관련자로부터 신청을 받아 처리하는 직무에 대하여 법령을 위반하여 처리하도록 하는 행위(제1호)
- 인가 또는 허가의 취소, 조세, 부담금, 과태료, 과징금, 이행강제금, 범칙금, 징계 등 각종 행정처분 또는 형벌부과에 관하여 법령을 위반하여 감경·면제하도록 하는 행위(제2호)
- 채용·승진·전보 등 공직자등의 인사에 관하여 법령을 위반하여 개입하거나 영향을 미치도록 하는 행위(제3호)
- 법령을 위반하여 각종 심의·의결·조정 위원회의 위원, 공공기관이 주관하는 시험·선발 위원 등 공공기관의 의사결정에 관여하는 직위에 선정 또는

---

14) 권익위, 앞의 Q&A사례집, 4면. 대법원 2006. 6. 15. 선고 2005도1420 판결; 대법원 2006. 5. 26. 선고 2005도1904 판결 참조.
　이 판결은 서울대학교 의과대학 교수 겸 서울대학교병원 의사로 근무하는 피고인이 진단서 작성 등과 관련하여 금품을 수수해 뇌물죄로 기소된 사건으로서, 법원은 「서울대학교병원설치법」에 따라 설치된 서울대학교병원의 의사 등 임직원은 공무원에 해당하지 않고, 피고인의 진단서 작성 등의 직무수행은 교육공무원인 서울대학교 의과대학 교수가 아닌 서울대학교병원 의사로서의 직무수행이므로 공무원이 직무와 관련하여 금품을 수수한 경우에 해당하지 않는다는 취지로 피고인에게 무죄를 선고하였다.

탈락되도록 하는 행위(제4호)

- 공공기관이 주관하는 각종 수상, 포상, 우수기관 선정 또는 우수자 선발에 관하여 법령을 위반하여 특정 개인·단체·법인이 선정 또는 탈락되도록 하는 행위(제5호)

- 입찰·경매·개발·시험·특허·군사·과세 등에 관한 직무상 비밀을 법령을 위반하여 누설하도록 하는 행위(제6호)

- 계약 관련 법령을 위반하여 특정 개인·단체·법인이 계약의 당사자로 선정 또는 탈락되도록 하는 행위(제7호)

- 보조금·장려금·출연금·출자금·교부금·기금 등의 업무에 관하여 법령을 위반하여 특정 개인·단체·법인에 배정·지원하거나 투자·예치·대여·출연·출자하도록 개입하거나 영향을 미치도록 하는 행위(제8호)

- 공공기관이 생산·공급·관리하는 재화 및 용역을 특정 개인·단체·법인에게 법령에서 정하는 가격 또는 정상적인 거래관행에서 벗어나 매각·교환·사용·수익·점유하도록 하는 행위(제9호)

- 각급 학교의 입학·성적·수행평가 등의 업무에 관하여 법령을 위반하여 처리·조작하도록 하는 행위(제10호)

- 병역판정검사, 부대 배속, 보직 부여 등 병역 관련 업무에 관하여 법령을 위반하여 처리하도록 하는 행위(제11호)

- 공공기관이 실시하는 각종 평가·판정 업무에 관하여 법령을 위반하여 평가 또는 판정하게 하거나 결과를 조작하도록 하는 행위(제12호)

- 법령을 위반하여 행정지도·단속·감사·조사 대상에서 특정 개인·단체·법인이 선정·배제되도록 하거나 행정지도·단속·감사·조사의 결과를 조작하거나 또는 그 위법사항을 묵인하게 하는 행위(제13호)

- 사건의 수사·재판·심판·결정·조정·중재·화해 또는 이에 준하는 업무를 법령을 위반하여 처리하도록 하는 행위(제14호)

- 제1호부터 제14호까지의 부정청탁의 대상이 되는 업무에 관하여 공직자등이 법령에 따라 부여 받은 지위·권한을 벗어나 행사하거나 권한에 속하지 아니한 사항을 행사하도록 하는 행위(제15호)

법 제5조 제1항 제1호 내지 제14호에서 규정한 "인가", "허가", "채용", "심의",

"수사", "재판" 등 부정청탁 대상이 되는 공직자등의 각종 직무 형태의 구체적 의미에 대하여는 의문의 소지가 거의 없으므로 이에 대한 설명이나 실례(實例) 제시는 생략하고, 실제의 청탁행위에 접목하여 한 번쯤 짚어 볼 필요가 있다고 생각하는 몇 가지 쟁점만 살펴보기로 한다.

(2) 쟁점별 검토

제4, 5, 7, 13호는 법령에 위반하여 선정해 달라는 청탁뿐만 아니라 법령에 위반하여 탈락 또는 배제시켜 달라는 청탁도 부정청탁행위로 규정한다. 그렇다면 만약 경쟁 관계에 있는 업체나 개인이 객관적인 탈락 요건에 해당함이 명백한 상황에서 그 업체나 개인을 탈락시켜 달라는 청탁은 부정청탁행위에 해당한다고 보아야 하는가?

이 경우 탈락 요건에 해당함이 명백하여 탈락이 확실한 상황이라면 탈락의 청탁은 법령을 위반하여 탈락시켜 달라는 청탁으로 보기 어려워 원칙적으로는 부정청탁행위에 해당한다고 말할 수 없을 것이다. 그러나 객관적인 탈락 요건 해당 여부가 불투명한 상태에서 '가사 법령상의 탈락 요건에 해당하지 않더라도 탈락시켜 달라'는 취지로 청탁하였다면 이는 부정청탁에 해당한다고 보아야 한다.

청탁금지법 제5조 제1항 각 호의 부정청탁행위는 주로 청탁행위자 자신에게 유리하도록 직무를 처리해 달라는 취지로 청탁하는 것을 전제로 하고 있다고 볼 수 있다. 따라서 이에 해당하지 아니하는 청탁, 예컨대 제1호와 관련하여 경쟁 업체의 허가 신청을 불허해 달라는 청탁이나 제2호와 관련하여 상대방을 어떻게 해서든 입건·수사한 후 기소하여 엄한 형벌을 받도록 해 달라는 청탁 등도 부정청탁에 해당한다고 보아야 하는지 생각해볼 여지가 있다.

이 경우에는 나누어 볼 필요가 있다. 즉, 제1호와 관련하여 법령에 위반하여 경쟁 업체의 허가 신청을 불허해 달라는 청탁은 인가·허가 등 직무관련자로부터 신청을 받아 처리하는 직무에 대하여 법령을 위반하여 "처리"하도록 하는 행위에 해당한다고 볼 수 있다. 그러나 제2호와 관련하여 중형이 부과되도록 해 달라는 청탁은 형벌 부과에 관하여 법령을 위반하여 "감경·면제"하도록 하는 행위에는 해당하지 않는다. 하지만 이러한 청탁은 이미 앞에서 살펴본 바와 같은 검사 권한 남용 금지 의무를 정한 「검찰청법」이나 공무원 또는 공직자등의 친절·공정 의무, 직무관련자 차별 금지 의무 등을 정한 「국가공무원법」과 「청탁금지법」 등의 법령을 위반하여 수사·재판 등의 업무를 처리하도록 하는 제14호 소정의 부정청탁행위에 해당한다고 봄이 타당하다.

또한, 경쟁자를 승진 대상에서 제외시켜 달라는 청탁, 경쟁 업체에게 보조금을 지급하지 말아달라는 청탁, 경쟁자를 군대 내 특정 보직에 보임해 주지 말라는 청탁은 제3, 8, 11호에서 규정하고 있는 인사에 관하여 법령을 위반해 "영향"을 미치도록 하는 행위나 보조금 등의 업무에 관하여 법령을 위반해 "영향"을 미치도록 하는 행위, 병역 관련 업무에 관하여 법령을 위반해 "처리"하도록 하는 행위에 해당한다고 볼 수 있다. 제9호와 관련하여 경쟁 업체에게 부당하게 비싼 가격으로 재화를 공급해 주라는 청탁도 공공기관이 공급하는 특정 개인 등에게 "법령에서 정하는 가격 또는 정상적인 거래관행에서 벗어나 사용 또는 수익"하도록 하는 행위에 해당한다.

제15호는 제1호 내지 제14호가 정한 14가지 부정청탁행위 유형에는 해당하지 않는다 하더라도 공직자등으로 하여금 직무와 관련하여 법령에서 부여받은 지위나 권한을 일탈하여 행사하거나 남용하게 하는 행위도 공직자등의 직무의 공정성을 해하는 행위로서 이를 규제할 필요가 있기 때문에 제1호 내지 제14호를 보충하는 의미에서 마련한 규정으로 볼 수 있다. 제15호에서 말하는 "공직자등이 법령에 따라 부여받은 지위·권한"과 "지위·권한의 일탈이나 남용"의 구체적 의미와 관련하여 먼저 참고로 「형법」 소정의 직권남용 권리행사방해죄에서 말하는 '직권 남용'과 관련한 해석론을 살펴보기로 한다.

법원은 '직권남용 권리행사방해죄는 공무원이 그 일반적 직무 권한에 속하는 사항에 관하여 직권의 행사에 가탁(假託)하여 실질적, 구체적으로 위법·부당한 행위를 한 경우에 성립하는바, 여기서의 직권 남용은 공무원이 그의 일반적 권한에 속하는 사항에 관하여 그것을 불법하게 행사하는 것, 즉 형식적·외형적으로는 직무 집행으로 보이나 실질적으로는 정당한 권한 외의 행위를 하는 경우를 의미하고, 공무원이 그의 일반적 권한에 속하지 않는 행위를 하는 지위를 이용한 불법행위와는 구별된다'고 일관하여 판시하고 있다.[15]

청탁금지법에서도 이와 마찬가지로 해석할 수 있다고 본다. 청탁금지법에서 '공직자등이 법령에 따라 부여받은 지위·권한을 벗어나 행사하거나 권한에 속하는 사항을 행사'한다는 것은 결국 공직자등의 일반적 권한에 속하는 사항에 대하

---

15) 대법원 2015. 3. 26. 선고 2013도2444 판결; 대법원 2013. 11. 28. 선고 2011도5329 판결 등.

여 그것을 불법적이거나 부당하게 행사하는 것을 의미한다고 봄이 타당하기 때문이다. 이때 '공직자등이 법령에 따라 부여받은 지위·권한'이라 함은 법령이 공직자등의 지위나 권한을 구체적으로 정하고 있는 경우에 한하지 않고, 일정한 사업이나 사무를 할 수 있는 법령상 근거만 있다면 공직자등은 이와 관련한 지위·권한도 함께 부여받은 것으로 볼 수 있으므로 이러한 지위나 권한도 이에 해당하는 것으로 풀이함이 타당하다.16)

예컨대 대통령령인 「국세청과 그 소속기관 직제」는 그 소속기관의 조직과 직무 범위, 산하 각급 세무관서의 조직과 분장업무 등을 규정하고 있으므로, 직무를 수행하는 세무공무원은 법령에서 세무공무원 각자의 구체적인 지위나 권한을 일일이 규정하고 있지 않더라도 법령상 소속 부서의 분장업무를 수행하는 지위나 권한을 부여 받았다고 보아야 한다.

한편, '지위·권한의 일탈이나 남용'은 이처럼 부여받은 지위나 권한을 행사하여 직무를 수행한다는 것을 핑계로 삼아 외견상 직무수행을 가장한 채 실제로는 정당한 권한 외의 행위를 하는 것을 의미하는 것으로서, 인·허가 담당 공무원이 인·허가 신청 첨부서류가 완비되어 있음에도 불구하고 신청인에게 불필요한 서류의 추가 제출을 요구하며 신청서 접수를 반려하는 행위가 이에 해당한다고 볼 수 있다. 외견상으로 보더라도 직무수행과는 아무 관련도 없는 행위를 해달라고 청탁하는 것은 제15호 소정의 부정청탁행위에는 해당할 수 없다.17)

청탁금지법이 금지 대상인 부정청탁행위의 유형을 정하면서 "법령을 위반하여"를 요건으로 하고 있으므로, 법령이 허용하는 범위 내에서 공직자등의 재량권을 적절히 활용하여 청탁행위자에게 가급적 유리하도록 직무를 처리해 달라는 청탁을 하거나 단순히 선처나 관심 표명 등을 부탁하는 것은 부정청탁행위에 해당하지 아니한다고 볼 수밖에 없다. 예컨대 '피의자의 변명 내용과 제출 증거를 꼼꼼히 살펴봐 달라'거나 '너무 윽박지르지 말고 친절히 조사해 달라'는 내용으로만 수사 담당자에게 청탁하는 데 그쳤다면, 가사 청탁 당시 '법령에 위반하여 피의자를 입건하지 말아주었으면' 하는 내심의 의사가 청탁자에게 있었다 하더라도 부정청탁에 해당한다고 보기 어렵다.

---

16) 권익위, 앞의 매뉴얼, 52면.
17) 예를 들어 공직자등에게 공공기관에 있는 비품을 절취해 달라고 요구하는 행위는 절도교사 행위이지 제15호 소정의 부정청탁행위에는 해당할 수 없다.

우리 사회의 청탁 풍조는 오로지 불법을 눈감아 달라고 부탁해야 할 경우가 많기 때문만이 아니라 연고 관계를 중시하는 의식구조 아래에서 소위 아는 사람을 찾아 부탁을 하면 조금이나마 좋지 않을까라거나 부당하게 피해를 입는 일은 피할 수 있지 않을까라는 생각을 토대로 하는 것으로서 어찌되었거나 청탁하면 효과를 볼 수 있으리라는 기대 습관에 기인한 바 크다. 실제로도 청탁자가 공직자등에게 '법을 위반하여 선처해 달라'고 명시적으로 청탁하기보다는 '그저 잘 부탁한다'라거나 '한 번 잘 살펴봐 달라'고 읍소(泣訴) 형태로 청탁하는 경우가 많다.

그러므로 실제 사건에서 부정청탁행위 해당 여부는 청탁내용 자체뿐만 아니라 청탁 당시 청탁자가 처한 상황, 청탁 대상인 공직자등의 해당 직무에 대한 법령상의 처리 절차 및 실제 처리 과정, 청탁이 필요하였던 이유, 청탁 대상자를 물색하여 실제 청탁행위에 이르기까지의 과정과 청탁의 방법, 청탁 이후의 행적, 청탁의 결과 등 제반 사정을 종합적으로 고려하여 신중히 판단하여야 한다.

나아가 대부분 구두로만 이루어지는 부정청탁행위의 성질상 부정청탁 사실의 존부에 대하여 관련자들의 진술 이외에 객관적 증거자료가 없는 경우도 많을 것이라는 점을 고려하여 볼 때, 관련자들이 자백하지 않는 때에는 공직자등에게 '법령에 위배하여 직무를 처리해 달라'는 취지의 부정청탁행위를 하였는지를 입증하는 데 실무상 어려움이 따를 수밖에 없으므로, 법 집행기관의 입장에서는 부정청탁 관련 사건을 조사하는 과정에 부정청탁행위에 대한 자백 강권 등 적법절차에 어긋나는 일이 없도록 각별한 주의가 필요할 것이다. 그 반면 기업 등 조직 내부자의 신고가 있는 경우에는 그 신고 자체가 일응 증거가 될 수 있겠으나 사감(私感)에 따른 허위 신고 등 신고 내용의 신빙성에 문제가 있는 경우도 충분히 예상할 수 있으므로 이를 가려내는 데도 많은 노력을 기울여야 할 것으로 생각한다.

한편, 공직자등이나 공무수행사인은 동일한 부정청탁을 거듭 받았을 때에는 청탁금지법 제7조 제2항에 따라 반드시 소속기관장에게 서면으로 신고하여야 할 의무가 있으므로, 사업마다 관여자가 많을 수밖에 없는 기업에서는 소속 임직원들에 의하여 동일한 부정청탁행위가 재차 이루어지지 않도록 더욱 주의할 필요가 있다.

② 제1항에도 불구하고 다음 각 호의 어느 하나에 해당하는 경우에는 이 법을 적용하지 아니한다.

1. 「청원법」, 「민원사무 처리에 관한 법률」, 「행정절차법」, 「국회법」 및 그 밖의 다른 법령·기준(제2조제1호나목부터 마목까지의 공공기관의 규정·사규·기준을 포함한다. 이하 같다)에서 정하는 절차·방법에 따라 권리침해의 구제·해결을 요구하거나 그와 관련된 법령·기준의 제정·개정·폐지를 제안·건의하는 등 특정한 행위를 요구하는 행위

2. 공개적으로 공직자등에게 특정한 행위를 요구하는 행위

3. 선출직 공직자, 정당, 시민단체 등이 공익적인 목적으로 제3자의 고충민원을 전달하거나 법령·기준의 제정·개정·폐지 또는 정책·사업·제도 및 그 운영 등의 개선에 관하여 제안·건의하는 행위

4. 공공기관에 직무를 법정기한 안에 처리하여 줄 것을 신청·요구하거나 그 진행상황·조치결과 등에 대하여 확인·문의 등을 하는 행위

5. 직무 또는 법률관계에 관한 확인·증명 등을 신청·요구하는 행위

6. 질의 또는 상담형식을 통하여 직무에 관한 법령·제도·절차 등에 대하여 설명이나 해석을 요구하는 행위

7. 그 밖에 사회상규(社會常規)에 위배되지 아니하는 것으로 인정되는 행위

3. 부정청탁 예외사유

청탁금지법은 제5조 제1항 각 호에서 부정청탁의 유형을 15개로 정하여 열거하는 한편, 제2항에서는 규제 대상인 부정청탁행위로 보지 않는 7개의 예외사유를 정하여 열거하고 있다. 이처럼 금지규정과 예외규정을 모두 한정적으로 열거하여 규정한 것은 대단히 특이한 입법 방식이라고 할 만하다. 이에 대하여는 '모든 발생 가능한 행위 유형을 상정한 다음 이를 2분화하여 금지규정과 예외규정으로 나눈다는 것은 입법기술상 불가능한 시도를 하는 것이므로 청탁금지법 제5조의 규정 방식은 재검토되어야 한다'는 의견이 있다.[18]

---

18) 이천현, 앞의 토론문, 72~73면. 당초의 정부법안은 제5조 제1항에 "누구든지 직접 또는 제3자를 통

그러므로 후술하는 바와 같이 청탁금지법은 공직자등으로 하여금 법령을 위반한 직무수행을 하도록 부탁하는 내용의 부정청탁이라 하더라도 동법 제5조 제2항 각 호에서 정한 형식적 요건에 해당한다면 청탁금지법을 적용하지 않는 것으로 규정하고 있다. 현실적으로 공직자등이나 공무수행사인이 받은 청탁이 부정청탁에 해당하는지 여부를 명확히 구분하기 어려울 때가 많을 수 있다는 점을 고려하여 볼 때, 실무상으로는 공직자등이 청탁을 받는 경우 부정청탁 해당 여부를 판단하기에 앞서 예외규정 해당 여부를 먼저 살펴보고 예외사유 중 어느 하나에 해당한다고 판단하면 당해 청탁은 청탁금지법 적용 대상이 아닌 정상적 민원 제기 등의 행위로 인식하여 그에 따라 업무를 수행하고, 예외사유 중 어디에도 해당하지 않는다고 판단하면 그 후속절차로 부정청탁 해당 여부를 추가로 검토하여 필요한 조치를 취하는 방식이 통용될 것이라고도 예상해 볼 수 있다.

청탁금지법 제5조 제2항 각 호가 정하고 있는 7개의 청탁금지법 적용 배제 행위를 차례로 살펴본다.

가. 「청원법」, 「민원사무 처리에 관한 법률」(2015.8.11. 「민원처리에 관한 법률」로 전면개정되었음), 「행정절차법」, 「국회법」 및 그 밖의 다른 법령·기준(제2조 제1호 나목부터 마목까지의 공공기관의 규정·사규·기준을 포함함)에서 정하는 절차·방법에 따라 권리 침해의 구제·해결을 요구하거나 그와 관련된 법령·기준의 제정·개정·폐지를 제안·건의하는 등 특정한 행위를 요구하는 행위(법 제5조 제2항 제1호)

헌법 제26조는 국민의 청원권과 국민의 청원에 대한 국가의 심사 의무를 명시하고 있다. 따라서 「청원법」, 「민원사무 처리에 관한 법률」, 「행정절차법」, 「국회법」 및 그 밖의 다른 법령·기준(제2조 제1호 나목부터 마목까지의 공공기관의 규정·사규·기준을 포함함)에서 정하는 절차·방법에 따라 권리침해의 구제·해결을 요구하거나 그와 관련된 법령·기준의 제정·개정·폐지를 제안·건의하는 등 특정한 행위를 요구하는 민원인의 민원 제기 행위는 허용되어야 함이 마땅하므로, 청

하여 공직자에게 부정청탁을 해서는 아니 된다"는 일반적 금지규정을 두고, 제2항에서 4개의 예외사항을 규정하고 있었으나, 국회 심의 과정에서 금지규정이 열거 방식으로 변형됨에 따라 금지규정과 예외규정 모두 열거주의를 취하게 되었다.

탁금지법 제5조 제2항 제1호는 이 법령 등이 정한 형식적 요건을 구비하기만 하면 가사 그 제기한 민원 등의 내용에 공직자등으로 하여금 법령의 범위를 벗어난 직무수행을 하도록 촉구하는 내용이 포함되어 동조 제1항 소정의 부정청탁행위에 해당할 여지가 있다 하더라도 이러한 청탁행위에 대하여는 청탁금지법을 적용하지 않는 것으로 규정하고 있다.

나. 공개적으로 공직자등에게 특정한 행위를 요구하는 행위(법 제5조 제2항 제2호)

공직자등을 상대로 한 공개적 요구는 은밀한 청탁과는 달리 부정이나 비리의 소지가 거의 없다고 볼 수 있으므로, 동항 제2호는 공개적으로 공직자등에게 특정한 행위를 요구하는 행위 역시 그 요구 내용을 불문하고 청탁금지법 적용 배제 사유로 규정한다.

여기에서 "공개적으로"라 함은 '불특정 다수인이 인식 가능한 상태로'라는 의미이므로, 장소와 방법을 불문하고 불특정 다수인이 인식 가능하다고 볼 수 있기만 하면 "공개"의 요건을 충족한다.[19] 그러나 외부적으로는 공익을 표방하지만 실제로는 자신들의 사익을 추구하기 위한 집단 행동이 만연하는 풍토 속에서, 요구 내용을 불문하고 공개적으로 공직자등에게 특정한 행위를 요구하는 행위를 청탁금지법 적용 배제 사유라고 일률적으로 규정함이 바람직한 것인지에 대하여는 이견이 있을 수 있다.

다. 선출직 공직자, 정당, 시민단체 등이 공익적인 목적으로 제3자의 고충민원을 전달하거나 법령·기준의 제정·개정·폐지 또는 정책·사업·제도 및 그 운영 등의 개선에 관하여 제안·건의하는 행위(법 제5조 제2항 제3호)

선출직 공직자, 정당, 시민단체 등이 공익적인 목적으로 제3자의 고충민원[20]

---

19) 공개 장소에서의 시위, 현수막 게시, 전단지 배포뿐 아니라 언론 광고, 토론회 등 언론 매체를 이용한 요구, 인터넷이나 SNS를 이용한 요구 등도 모두 공개적 요구에 해당하나 공문 발송은 공개적 행위라고 보기 어렵다.
20) 「부패방지 및 국민권익위원회의 설치와 운영에 관한 법률」

을 전달하거나 법령·기준의 제정·개정·폐지 또는 정책·사업·제도 및 그 운영 등의 개선에 관하여 제안·건의하는 행위는 동항 제3호 소정의 청탁금지법 적용 배제 사유에 해당한다.[21]

법문상 "선출직 공직자, 정당, 시민단체 등"으로 명시하고 있으므로, 선출직 공직자, 정당, 시민단체에 준하는 공익성을 갖고 다수인의 의견을 수렴하고 있다고 볼 수 있다면 일부 계층이나 집단의 이익 보호를 목적으로 하는 각종 협회 등 직능단체나 이익단체, 학회 등이라도 이에 해당할 수 있다.[22] "공익적인 목적"은 국가, 사회, 일반 다수인의 이익에 관한 것뿐 아니라 특정 사회 집단이나 그 구성원 전체의 이익에 관한 것도 포함하며, 공익적 목적이 주된 목적이면 족하고 오로지 공익적 목적에 국한할 필요는 없다고 보는 것이 일반적 해석론이다.[23] 다만 이렇게 해석하는 경우 실제로는 사익 추구를 목적으로 하면서도 공익 목적을 표방하는 부정청탁행위에 대한 규제에 공백이 생길 수도 있다는 점이 우려된다.

시민단체 등이 제기하는 고충민원이라 하더라도 단체의 전체 의사에 따른 고충민원이 아니라 그 단체 소속 구성원이 개인적으로 제기하는 고충민원은 이에 해당한다고 볼 수 없다.

한편, '시민단체 등'의 개념이 모호[24]하고, 비록 '공익적인 목적'이라는 요건이 법문상 명시되어 있더라도 실무적으로 공익 목적의 인정 여부에 대하여 다툼의 여지가 있을 뿐만 아니라, 허용되는 행위가 '제3자의 고충민원을 전달[25]하는

제2조(정의)　5. "고충민원"이란 행정기관등의 위법·부당하거나 소극적인 처분(사실행위 및 부작위를 포함한다) 및 불합리한 행정제도로 인하여 국민의 권리를 침해하거나 국민에게 불편 또는 부담을 주는 사항에 관한 민원(현역장병 및 군 관련 의무복무자의 고충민원을 포함한다)을 말한다.

21) 당초의 정부안에는 '선출직 공직자·정당·시민단체 등이 공익적인 목적으로 공직자에게 법령·조례·규칙 등의 제정·개정·폐지 등을 요구하는 행위'만을 예외사유로 규정하였으나, 국회 법안 심사 과정에서 의원들의 지역구 민원 해소 필요 주장 등을 반영하여 예외사유의 범위가 확대되었다. 이 예외사유 규정을 놓고 국회의원들의 부정청탁행위를 합법화해 주는 독소조항이라는 비판이 있다.

22) 권익위, 앞의 Q&A 사례집, 50면.

23) 권익위, 앞의 해설집, 74면; 홍성칠, 앞의 책, 102~103면.

24) '시민단체 등'이 「비영리민간단체지원법」에 의해 등록된 단체에 국한되는 것인지 2인 이상의 시민만 모이면 성립하는지 그 개념이 모호할 뿐만 아니라 동 조항은 공직자나 정당을 제외하고는 시민단체만이 법령 등의 개정을 요구할 수 있는 규정으로 오인될 수 있는 등 문제점이 많다는 견해가 있다. 권익위는 공익적 목적, 민원 전달 등 요건상 제한이 있으므로 시민단체의 범위를 지나치게 엄격하게 해석할 필요는 없다는 입장을 취하고 있다. 권익위, 앞의 해설집, 74면.

25) 고충민원의 전달은 받은 것을 그대로 전달하는 것이 원칙이나 전체적인 의미나 본질적 내용의 변경 없이 보충하여 전달하는 행위도 이에 해당한다. 그러나 단순한 전달·보충의 범위를 넘어 내용의 본질적 변경·전달은 별개의 청탁행위로 보아야 할 것이다.

행위, 법령·기준의 제정·개정·폐지 또는 정책·사업·제도 및 그 운영 등의 개선에 관하여 제안·건의하는 행위' 등 대단히 광범위하게 규정되어 있어, 문제된 행위가 이에 해당하는 행위인지 여부를 실제로 판단함에 있어서도 논란의 소지가 있을 수 있다.

> **라. 공공기관에 직무를 법정기한 안에 처리하여 줄 것을 신청·요구하거나 그 진행상황·조치결과 등에 대하여 확인·문의 등을 하는 행위**(법 제5조 제2항 제4호)

> **마. 직무 또는 법률관계에 관한 확인·증명 등을 신청·요구하는 행위**(법 제5조 제2항 제5호)

> **바. 질의 또는 상담형식을 통하여 직무에 관한 법령·제도·절차 등에 대하여 설명이나 해석을 요구하는 행위**(법 제5조 제2항 제6호)

공공기관에게 법정기한 내 처리하여 줄 것을 신청하거나 요구하는 행위, 진행상황이나 처리결과를 확인하거나 문의 등을 하는 행위, 확인·증명 등을 신청하거나 요구하는 행위, 법령·제도·절차 등에 대하여 질의하거나 설명을 요구하는 행위도 국민의 청원권 행사와 유사하다고 볼 수 있으므로 청탁금지법은 제5조 제2항 제4호, 제5호, 제6호에서 이를 청탁금지법 적용 배제 사유로 규정한다.[26]

그러나 법정기한 내 신속한 처리를 요구하는 것이라 하더라도 예컨대 현장확인절차를 거쳐 처리하도록 법령상 규정되어 있거나 일정한 숙려(熟慮)기간을 거친 후 처리하도록 법령상 규정되어 있음에도 이를 생략한 채 신속 처리를 청탁하는 행위, 등기일자에 따라 권리의 우선 순위가 결정되는 부동산등기에서 등기 신청 시 법령이 정하는 첨부서류를 제대로 갖추지 않고서도 신속한 접수 및 등기를 청탁하는 행위 등은 부정청탁에 해당할 수 있다.

---

26) 그러나 이 경우에도 공직자등에 대한 사전 청탁 여부에 따라 문의·질의·신청 등에 대한 공직자등의 응대 태도나 응대 수준이 달라질 수 있으므로 부정청탁행위의 유인 동기는 상존한다고 볼 수 있다.

사. 그 밖에 사회상규(社會常規)에 위배되지 아니하는 것으로 인정되는 행위(법 제5조 제2항 제7호)

우리 사회에 만연되어 있는 연고·온정주의 문화와 연고를 이용한 알선·청탁 관행을 고려하여 볼 때, 사회상규의 인정 범위를 놓고 심지어 알선·청탁 관행이 오히려 사회상규에 부합한다는 역설적 주장도 가능하므로, "그 밖에 사회상규에 위배되지 아니하는 것으로 인정되는 행위"라는 예외사유는 청탁금지법의 입법 목적 실현을 위하여 가급적 엄격하게 해석하여야 할 필요가 있다. 그러므로 사회상규 해당 여부를 판단함에 있어서는 청탁금지법의 입법 목적을 염두에 두고 청탁 필요 이유 등 청탁의 동기와 목적, 청탁 대상인 공직자등의 해당 직무에 대한 적법 처리 절차, 청탁 대상자 물색 이래 실제 청탁행위에 이르기까지의 과정과 청탁 방법 등을 면밀히 살펴보고 당해 청탁행위가 일반적 윤리 의식이나 통념에 부합한다고 볼 수 있는지와 직무수행의 공정성을 손상할 위험이 있는지 등을 종합적으로 고려하여 판단함이 바람직할 것이다.

제6조(부정청탁에 따른 직무수행 금지)   부정청탁을 받은 공직자등은 그에 따라 직무를 수행해서는 아니 된다.

제7조(부정청탁의 신고 및 처리)   ① 공직자등은 부정청탁을 받았을 때에는 부정청탁을 한 자에게 부정청탁임을 알리고 이를 거절하는 의사를 명확히 표시하여야 한다.

② 공직자등은 제1항에 따른 조치를 하였음에도 불구하고 동일한 부정청탁을 다시 받은 경우에는 이를 소속기관장에게 서면(전자문서를 포함한다. 이하 같다)으로 신고하여야 한다.

③ 제2항에 따른 신고를 받은 소속기관장은 신고의 경위·취지·내용·증거자료 등을 조사하여 신고 내용이 부정청탁에 해당하는지를 신속하게 확인하여야 한다.

④ 소속기관장은 부정청탁이 있었던 사실을 알게 된 경우 또는 제2항 및 제3항의 부정청탁에 관한 신고·확인 과정에서 해당 직무의 수행에 지장이 있다고 인정하는 경우에는 부정청탁을 받은 공직자등에 대하여 다음 각 호의 조치를 할 수 있다.

  1. 직무 참여 일시중지
  2. 직무 대리자의 지정
  3. 전보
  4. 그 밖에 국회규칙, 대법원규칙, 헌법재판소규칙, 중앙선거관리위원회규칙 또는 대통령령으로 정하는 조치

⑤ 소속기관장은 공직자등이 다음 각 호의 어느 하나에 해당하는 경우에는 제4항에도 불구하고 그 공직자등에게 직무를 수행하게 할 수 있다. 이 경우 제20조에 따른 소속기관의 담당관 또는 다른 공직자등으로 하여금 그 공직자등의 공정한 직무수행 여부를 주기적으로 확인·점검하도록 하여야 한다.

  1. 직무를 수행하는 공직자등을 대체하기 지극히 어려운 경우
  2. 공직자등의 직무수행에 미치는 영향이 크지 아니한 경우
  3. 국가의 안전보장 및 경제발전 등 공익증진을 이유로 직무수행의 필요성이 더 큰 경우

⑥ 공직자등은 제2항에 따른 신고를 감독기관·감사원·수사기관 또는 국민권익위원회에도 할 수 있다.

⑦ 소속기관장은 다른 법령에 위반되지 아니하는 범위에서 부정청탁의 내용 및 조치사항을 해당 공공기관의 인터넷 홈페이지 등에 공개할 수 있다.

⑧ 제1항부터 제7항까지에서 규정한 사항 외에 부정청탁의 신고·확인·처리 및 기록·관리·공개 등에 필요한 사항은 대통령령으로 정한다.

4. 부정청탁의 신고 및 처리 절차

청탁금지법은 제6조에 "부정청탁을 받은 공직자등은 그에 따라 직무를 수행해서는 아니 된다"는 원칙적 금지규정을 두고, 법 제7조와 동법 시행령 제3조 내지 제16조에서 부정청탁을 받은 공직자등 및 공무수행사인과 그들로부터 부정청탁행위에 대한 신고를 받은 소속기관장 등이 취해야 할 조치와 절차 등을 규정하고 있는바, 이를 정리하면 아래와 같다.

가. 공직자등과 공무수행사인(법 제7조 제1항, 제2항, 제6항, 시행령 제3조)

○ 부정청탁을 받은 경우 청탁자에게 부정청탁임을 알리고 거절의 의사를 명확히 표시

○ 동일한 부정청탁[27]을 다시 받은 경우 소속기관장에게 서면(전자문서 포함) 신고[28]

○ 감독기관·감사원·수사기관 또는 권익위에도 신고 가능

---

27) 신고 의무가 부과되는 공직자등을 기준으로 부정청탁 내용이 본질적으로 동일하다고 볼 수 있는지 여부에 따라 청탁의 동일성 여부를 판단해야 할 것이나 실제로는 애매한 경우가 있을 수 있다. 공직자 A에게 자연인 B가 직접 1회의 부정청탁행위를 하고 제3자인 C를 통하여 재차 동일한 내용의 부정청탁행위를 한 경우에는 이를 통산하여 A가 동일한 부정청탁을 2회 받은 것으로 봄이 타당하므로, 그 청탁을 받은 공직자 A에게 신고의무가 발생한다고 보아야 한다. 회사의 임직원 여러 명으로부터 일시를 달리하여 같은 내용의 부정청탁을 받은 경우에도 동일한 부정청탁을 수회 받은 것으로 보아야 하므로 그 청탁을 받은 공직자등에게 신고의무가 발생한다.

28) 신고서에는 신고자의 인적사항, 신고의 경위 및 이유, 부정청탁을 한 자의 인적사항(부정청탁을 한 자가 법인·단체의 대표자나 법인·단체 또는 개인의 대리인, 사용인, 그 밖의 종업원인 경우 그 법인·단체 또는 개인의 명칭, 소재지 및 대표자의 이름 등 포함), 부정청탁의 일시, 장소, 내용을 기재해야 하고, 신고 내용을 입증할 수 있는 증거를 확보한 경우에는 이를 함께 제출하여야 한다(청탁금지법 시행령 제3조).

나. 소속기관장(법 제7조 제3항~제5항, 제7항, 제8항, 시행령 제4조~제7조, 제15조, 제16조)

(1) 신고 확인 및 조사

○ 신고 내용 특정에 필요한 사항, 신고 내용 입증에 필요한 참고인이나 증거자료 등의 확보 여부, 다른 기관에 동일한 내용으로 신고하였는지 여부를 확인

○ 신고 내용 특정에 필요한 사항이 미비된 신고에 대하여는 적정한 기간을 정하여 신고자에게 보완 요구

○ 신고의 경위·취지·내용·증거자료 등을 조사하여 신고 내용이 부정청탁에 해당하는지를 신속하게 확인

(2) 처 리

○ 신고 내용 처리
- 범죄혐의가 있거나 수사 필요성이 있는 사안: 수사기관에 통보
- 과태료 부과 대상 사안: 과태료 관할법원에 통보
- 징계대상 사안: 징계절차 진행

○ 조사 결과 통보
- 조사종료일로부터 10일 이내에 신고자에게 조사 결과 서면 통보[29]

○ 조치사항
- 부정청탁을 받은 공직자등이나 공무수행사인에 대한 조치
  - 직무 참여 일시중지
  - 직무 대리자 지정
  - 직무 공동수행자 지정
  - 사무분장 변경
  - 전보[30]

---

29) 처리결과, 처리이유, 신고사항과 관련하여 신고자가 알아야 할 필요가 있는 사항을 통보서에 기재하여야 한다(청탁금지법 시행령 제6조 제2항).

30) 전보 조치는 오히려 일반적으로 징벌 성격의 조치(「근로기준법」 제23조 제1항 참조)로 인식되고 있으므로, 부정청탁을 받고 이를 정직하게 신고한 공직자등에 대한 조치로는 부적절하다는 견해가 있다. 청탁금지법 시행령은 이러한 비판론을 반영하여, 전보 조치는 다른 조치들을 통해 목적을 달

- 그 밖에 「국회규칙」, 「대법원규칙」, 「헌법재판소규칙」, 「중앙선거관리위원회규칙」으로 정하는 조치
- 다만 공직자를 대체하기 지극히 어려운 경우, 직무수행에 미치는 영향이 크지 않은 경우, 국가 안전보장 및 경제발전 등 공익증진을 위하여 직무수행의 필요성이 더 큰 경우에는 부정청탁을 받은 공직자등이나 공무수행사인으로 하여금 계속 직무를 수행하도록 할 수 있으나, 공정한 직무수행 여부를 주기적으로 확인·점검하여야 함

- 위반행위의 기록·관리
  - 신고 내용, 확인 사항, 처리 내역 등을 기록하고, 그 기록을 전자매체, 마이크로필름 등 전자적 처리가 가능한 방법을 사용하여 관리하여야 함
  - 관리기간은 「공공기록물 관리에 관한 법률 시행령」 제26조에 따라 영구, 준영구, 30년, 10년, 5년, 3년, 1년 등으로 구분함

- 부정청탁의 내용 및 조치사항 공개
  - 소속기관장은 부정청탁행위자에게 과태료가 부과된 경우, 부정청탁을 받은 공직자등이나 공무수행사인이 부정청탁에 따라 직무를 수행한 데 대하여 유죄 판결이나 기소유예 처분이 확정된 경우, 그 밖에 부정청탁 예방을 위하여 공개할 필요가 있다고 인정하는 경우 이러한 사정들을 고려하여 부정청탁의 일시·목적·유형 및 세부내용과 부정청탁을 받은 공직자등이나 공무수행사인에 대한 직무 참여 일시 중지, 직무 대리자 지정 등 청탁금지법 제7조 제4항 소정의 조치사항, 청탁금지법을 위반한 직무수행자에 대한 직무 중지·취소 등 동법 제16조 소정의 조치사항, 법 제21조 소정의 징계처분사항, 벌칙 또는 과태료 부과 등 제재 내용을 해당 공공기관의 인터넷 홈페이지 등에 공개할 수 있음

성할 수 없는 경우에 할 수 있는 것으로 규정하였다(청탁금지법 시행령 제7조 제1항).

다. 감독기관, 감사원, 수사기관(시행령 제8조~제10조)

(1) 신고 확인 및 조사

○ 소속기관장이 신고를 접수하였을 때와 동일한 방법으로 신고를 확인하고
  필요한 조사·감사·수사를 함

(2) 처 리

○ 감독기관·감사원
  - 범죄혐의가 있거나 수사 필요 사안: 수사기관에 통보
  - 과태료 부과 대상 사안 또는 징계 필요 사안: 소속기관에 통보
○ 수사기관
  - 범죄의 혐의가 있거나 수사 필요 사안: 수사절차의 진행
  - 과태료 부과 대상 사안 또는 징계 필요 사안: 소속기관에 통보
○ 조사 결과 통보
  - 조사종료일로부터 10일 이내에 신고자에게 조사·감사·수사 결과 서
    면 통보

라. 권익위(시행령 제11조~제13조)

(1) 신고 확인 및 이첩, 송부

○ 소속기관장이 신고를 접수하였을 때와 동일한 방법으로 신고 접수일(신고
  내용의 보완이 필요하여 신고자에게 보완 요청을 한 경우에는 보완된 날)로부
  터 60일 이내에 소속기관장이 신고를 접수하였을 때와 동일한 방법으로
  신고를 확인함
○ 확인 결과에 따라 각 해당기관에 아래와 같이 신고를 이첩함, 다만 이첩
  대상기관이 여러 개인 경우 주관기관을 시정하여 이첩할 수 있고, 주관기
  관은 유관기관간 상호 협조를 통해 신고사항이 일괄 처리되도록 하여야 함
  - 범죄혐의가 있거나 수사 필요 사안: 수사기관에 이첩
  - 감사 필요 사안: 감사원에 이첩

─ 기타 사안: 소속기관 또는 감독기관에 이첩

○ 이첩 대상 여부가 불분명하고 명백한 허위신고 등에 해당하여 종결처리
해야 할 사안인지 여부가 불분명한 사건은 소속기관장, 감독기관, 감사원,
수사기관에 송부 가능

○ 이첩 또는 송부사실을 신고자에게 통보함

(2) 이첩 또는 송부된 신고의 처리

○ 이첩·송부 받은 소속기관장, 감독기관, 감사원 또는 수사기관은 신고사항
에 대하여 조사·감사·수사 후 자신들이 직접 신고받았을 때와 마찬가지
로 수사기관에 통보, 과태료 관할법원에 통보, 징계절차의 진행, 소속기관
에 통보 등 청탁금지법 시행령 제5조, 제9조에 따른 조치를 하고 조사·감
사·수사 종료일로부터 10일 이내 신고자와 권익위에 결과를 서면 통보함

마. 종결처리(시행령 제14조)

○ 소속기관장, 감독기관, 감사원, 수사기관 또는 권익위는 직접 접수하거나
이첩·송부받은 신고가 아래 사유에 해당하는 경우에는 종결처리를 한 후
종결 사실과 그 사유를 신고자에게 통보함
─ 신고 내용이 명백히 거짓인 경우
─ 신고자가 보완 요구를 받고도 보완 기한 내에 보완하지 아니한 경우
─ 신고에 대한 처리결과를 통보 받은 사항에 대하여 정당한 사유 없이
다시 신고한 경우로서 새로운 증거가 없는 경우
─ 신고 내용이 언론매체 등을 통하여 공개된 내용에 해당하고 조사·
감사·수사 중에 있거나 이미 끝난 경우로서 새로운 증거가 없는 경우
─ 동일한 내용의 신고가 접수되어 먼저 접수된 신고에 관하여 조사·
감사·수사 중에 있거나 이미 끝난 경우로서 새로운 증거가 없는 경우
─ 그 밖에 청탁금지법 위반행위를 확인할 수 없는 등 조사·감사·수사가 필
요하지 아니하다고 인정되어 종결하는 것이 합리적이라고 인정되는 경우
○ 종결통보를 받은 신고자는 새로운 증거자료의 제출 등 합리적인 이유를
들어 재신고가 가능함

제21조(징계)   공공기관의 장 등은 공직자등이 이 법 또는 이 법에 따른 명령을 위반한 경우에는 징계처분을 하여야 한다.

제22조(벌칙)   ② 다음 각 호의 어느 하나에 해당하는 자는 2년 이하의 징역 또는 2천만 원 이하의 벌금에 처한다.

1. 제6조를 위반하여 부정청탁을 받고 그에 따라 직무를 수행한 공직자등(제11조에 따라 준용되는 공무수행사인을 포함한다)

제23조(과태료 부과)   ① 다음 각 호의 어느 하나에 해당하는 자에게는 3천만 원 이하의 과태료를 부과한다.

1. 제5조제1항을 위반하여 제3자를 위하여 다른 공직자등(제11조에 따라 준용되는 공무수행사인을 포함한다)에게 부정청탁을 한 공직자등(제11조에 따라 준용되는 공무수행사인을 포함한다). 다만, 「형법」 등 다른 법률에 따라 형사처벌을 받은 경우에는 과태료를 부과하지 아니하며, 과태료를 부과한 후 형사처벌을 받은 경우에는 그 과태료 부과를 취소한다.

② 제5조제1항을 위반하여 제3자를 위하여 공직자등(제11조에 따라 준용되는 공무수행사인을 포함한다)에게 부정청탁을 한 자(제1항제1호에 해당하는 자는 제외한다)에게는 2천만 원 이하의 과태료를 부과한다. 다만, 「형법」 등 다른 법률에 따라 형사처벌을 받은 경우에는 과태료를 부과하지 아니하며, 과태료를 부과한 후 형사처벌을 받은 경우에는 그 과태료 부과를 취소한다.

③ 제5조제1항을 위반하여 제3자를 통하여 공직자등(제11조에 따라 준용되는 공무수행사인을 포함한다)에게 부정청탁을 한 자(제1항제1호 및 제2항에 해당하는 자는 제외한다)에게는 1천만 원 이하의 과태료를 부과한다. 다만, 「형법」 등 다른 법률에 따라 형사처벌을 받은 경우에는 과태료를 부과하지 아니하며, 과태료를 부과한 후 형사처벌을 받은 경우에는 그 과태료 부과를 취소한다.

⑥ 제1항부터 제5항까지의 규정에도 불구하고 「국가공무원법」, 「지방공무원법」 등 다른 법률에 따라 징계부가금 부과의 의결이 있은 후에는 과태료를 부과하지 아니하며, 과태료가 부과된 후에는 징계부가금 부과의 의결을 하지 아니한다.

⑦ 소속기관장은 제1항부터 제5항까지의 과태료 부과 대상자에 대해서는 그 위반 사실을 「비송사건절차법」에 따른 과태료 재판 관할법원에 통보하여야 한다.

제24조(양벌규정) 법인 또는 단체의 대표자나 법인·단체 또는 개인의 대리인, 사용인, 그 밖의 종업원이 그 법인·단체 또는 개인의 업무에 관하여 제22조제1항제3호[금품등의 제공자가 공직자등(제11조에 따라 제8조가 준용되는 공무수행사

> 인을 포함한다)인 경우는 제외한다], 제23조제2항, 제23조제3항 또는 제23조제5
> 항제3호[금품등의 제공자가 공직자등(제11조에 따라 제8조가 준용되는 공무수행
> 사인을 포함한다)인 경우는 제외한다]의 위반행위를 하면 그 행위자를 벌하는 외
> 에 그 법인·단체 또는 개인에게도 해당 조문의 벌금 또는 과태료를 과한다. 다
> 만, 법인·단체 또는 개인이 그 위반행위를 방지하기 위하여 해당 업무에 관하여
> 상당한 주의와 감독을 게을리하지 아니한 경우에는 그러하지 아니하다.

5. 징계 및 벌칙

가. 부정청탁에 따른 직무수행 공직자등에 대한 징계 및 처벌

(1) 징 계

청탁금지법 제21조는 동법 및 동법에 따른 명령을 위반하는 공직자등에 대
하여 형사처벌이나 과태료 부과와는 별도로 소속기관이 징계처분을 하도록 규정
하고 있다. 따라서 부정청탁 금지규정과 관련하여 청탁금지법 제5조(부정청탁의
금지), 제6조(부정청탁에 따른 직무수행 금지), 제7조 제1항(부정청탁의 거절 의사표
시 의무), 제7조 제2항(부정청탁 신고 의무)을 위반한 공직자등은 소속기관의 징계
처분 대상이 된다.

청탁금지법 제7조 제1항과 제2항은 부정청탁을 받은 공직자등의 거절 의사
표시 의무와 신고 의무를 규정하고 있으나 이러한 의무 위반자에 대한 벌칙은 따
로 규정하고 있지 않으므로, 만약 부정청탁을 받은 공직자등이 이 규정을 위반하
여 부정청탁을 하는 자에게 부정청탁임을 알리고 거절 의사를 명확히 표시하지
아니하거나 동일한 부정청탁을 재차 받고서도 이를 신고하지 아니한 경우에는
동법 제21조에 의한 징계처분 이외에 다른 제재는 받지 아니한다.

징계처분은 그 소속기관에 적용되는 법령과 소속기관 자체의 징계 관련 규
정이 정한 징계절차 및 기준에 따라 이루어져야 함은 당연하다.

법문상 징계처분의 대상은 "공직자등"으로만 명시되어 있을 뿐 공무수행사인을 포함하고 있지 않으므로, 공무수행사인은 이 조항에 의한 징계처분의 대상에 해당하지 않는다. 그러나 다른 법령이나 그들이 원래 소속되어 있는 직장의 내부규정 등에 의한 징계사유에 해당하는 경우에는 그에 따른 징계처분을 받을 수 있다.

(2) 형사처벌

부정청탁을 받고 그에 따라 직무를 수행한 공직자등이나 공무수행사인은 2년 이하의 징역 또는 2,000만 원 이하의 벌금에 처한다(법 제22조 제2항 제1호).

이는 공직자등이나 공무수행사인 부정청탁을 받고 그에 따라 직무를 수행한 경우에 국한되는 것이므로, 만약 그들이 부정청탁을 받았으나 부정청탁 내용에 따르지 아니하고 적법하게 직무를 수행한 경우에는 이 조항에 의한 처벌 대상에 해당하지 아니한다.

또한 부정청탁을 받은 공직자등이나 공무수행사인이 부정청탁 내용에 따라 부정하게 직무를 수행한 행위가 문서위조, 직무유기, 직권남용 권리행사방해, 수뢰 후 부정처사, 변호사법위반 등 다른 범죄의 구성요건에도 해당한다면 청탁금지법위반죄와는 별도로 이러한 범죄로도 처벌받게 됨은 물론이다.

이미 앞에서 본 바와 같이 청탁의 상대방인 공직자등은 해당 직무를 직접 처리하는 공직자등과 그 결재선상에 있는 상급자를 말하나 내부 위임전결규정에 따라 전결권을 위임하여 실제 결재선상에 있지 않는 상급자라 하더라도 해당 업무에 대하여 지휘감독권이 있는 기관장 등 상급자는 청탁 상대방인 공직자등에 해당한다. 따라서 만약 해당 직무를 직접 처리하는 공직자등의 결재선상에 있는 상급자가 부정청탁을 받고 그 청탁 취지를 해당 직무를 직접 처리하는 부하 공직자등에게 전달하였다면 그 전달 행위 자체가 부정청탁에 따라 직무를 수행한 행위에 해당하므로, 전달 행위를 한 상급자는 2년 이하의 징역 또는 2,000만 원 이하의 벌금에 처해질 수 있다.

이와는 반대로 해당 직무를 직접 처리하는 공직자등이 부정청탁을 받고 그에 따라 직무를 수행하다가 상급자의 결재를 받기 위하여 청탁취지를 상급자에게 전하며 결재를 요청한 경우 이는 해당 직무를 직접 처리하는 공직자등이 부정청탁에 따른 직무수행의 일환으로 한 행위이므로, 부정청탁에 따른 직무수행에

흡수되어 2년 이하의 징역 또는 2,000만 원 이하의 벌금에 처해질 뿐 제3자를 위한 별도의 청탁행위를 구성하지는 않는다고 봄이 타당하다고 생각한다.

상급자에게 결재를 요청하였으나 결재를 거부당한 경우에도 해당 직무를 직접 처리하는 공직자등은 이미 부정청탁에 따라 직무를 수행하였으므로 2년 이하의 징역 또는 2,000만 원 이하의 벌금에 처해질 수 있다.

나. 부정청탁행위자에 대한 제재

(1) 기본원칙

자기 자신을 위하여 직무를 수행하는 공직자등이나 공무수행사인에게 직접 부정청탁행위를 한 때에는 형사처벌이나 과태료 부과 등 제재처분을 받지 아니한다. 이는 부정청탁행위 주체가 공직자등이나 공무수행사인이라 하더라도 마찬가지이다.31)

그러나 공직자등이 자기 자신을 위하여 직접 부정청탁행위를 한 경우 비록 과태료 처분은 받지 아니한다 하더라도 누구든지 직접 또는 제3자를 통하여 직무수행 공직자등에게 부정청탁행위를 해서는 아니 된다는 청탁금지법 제5조를 위반한 것이므로 앞에서 본 대로 동법 제21조에 의한 징계처분을 받게 된다.

자기 자신이 아니라 제3자를 위하여 직무를 수행하는 공직자등이나 공무수행사인에게 부정청탁행위를 한 때에는 과태료에 처해지게 되는바, 과태료의 상한액은 제3자를 위하여 부정청탁행위를 한 행위 주체가 공직자등이나 공무수행사인인 때에는 3,000만 원이고, 공직자등이나 공무수행사인이 아닌 자인 때에는 2,000만 원이다(법 제23조 제1항 제1호, 제2항).

자기 자신을 위한 경우라 하더라도 제3자를 통하여 공직자등이나 공무수행사인에게 부정청탁행위를 한 경우에는 1,000만 원 이하의 과태료를 부과받게 된다(법 제23조 제3항).

---

31) 이처럼 자기 자신을 위하여 공직자등이나 공무수행사인에게 직접 부정청탁행위를 한 경우에는 일체의 제재처분을 하지 아니하는 데 대하여, 부정청탁에 따라 직무수행을 한 공직자등을 처벌하면서 그 원인을 제공한 이해 당사자를 처벌 대상에서 제외하는 것은 불합리한 차별이며, 온정·연고주의와 결부된 청탁 관행을 차단하려는 청탁금지법의 입법 취지에 반한다는 견해도 있다. 임익상, "부정청탁금지 및 공직자의 이해충돌방지법안 [의안번호 6272, 정부발의], [의안번호 7360, 김기식의원 대표발의] 검토보고서", 국회 정무위원회(2013. 12.), 25면.

과태료 부과 대상에 해당하더라도 「형법」 등 다른 법률에 의하여 형사처벌을 받은 경우에는 과태료를 부과하지 아니하고, 이미 과태료를 부과한 후 형사처벌을 받은 경우에는 과태료 부과를 취소한다.

또한, 「국가공무원법」, 「지방공무원법」 등 다른 법률에 따라 징계부가금[32] 부과의 의결이 있은 후에도 마찬가지로 과태료를 부과하지 아니하며, 과태료가 부과된 후에는 징계부가금 부과의 의결을 하지 아니한다.

과태료는 소속기관장이 과태료 부과 대상자의 위반사실을 「비송사건절차법」에 따른 과태료 재판 관할법원에 통보하면 법원이 이유를 붙인 결정으로 재판하고, 과태료 결정에 불복이 있는 경우 즉시항고를 할 수 있다.

---

32) 징계부가금 부과는 공무원이 금품이나 향응 수수, 공금 횡령 등의 비행을 저질러 징계 대상이 된 경우 징계처분과는 별도로 이익의 박탈, 손해의 보전, 비리행위에 대한 제재 등의 의미로 수수한 금액이나 취득 금액의 5배 이내의 금액을 납부토록 하는 것으로서 아래와 같이 「국가공무원법」과 「지방공무원법」에 근거규정을 두고 있다.
　　「국가공무원법」(「지방공무원법」 제69조의2도 대동소이한 내용으로 규정하고 있다)
　　제78조의2(징계부가금)　① 제78조에 따라 공무원의 징계 의결을 요구하는 경우 그 징계 사유가 다음 각 호의 어느 하나에 해당하는 경우에는 해당 징계 외에 다음 각 호의 행위로 취득하거나 제공한 금전 또는 재산상 이득(금전이 아닌 재산상 이득의 경우에는 금전으로 환산한 금액을 말한다)의 5배 내의 징계부가금 부과 의결을 징계위원회에 요구하여야 한다.
　1. 금전, 물품, 부동산, 향응 또는 그 밖에 대통령령으로 정하는 재산상 이익을 취득하거나 제공한 경우
　2. 다음 각 목에 해당하는 것을 횡령, 배임, 절도, 사기 또는 유용한 경우
　　가. 「국가재정법」에 따른 예산 및 기금
　　나. 「지방재정법」에 따른 예산 및 「지방자치단체 기금관리기본법」에 따른 기금
　　다. 「국고금 관리법」 제2조제1호에 따른 국고금
　　라. 「보조금 관리에 관한 법률」 제2조제1호에 따른 보조금
　　마. 「국유재산법」 제2조 제1호에 따른 국유재산 및 「물품관리법」 제2조제1항에 따른 물품
　　바. 「공유재산 및 물품 관리법」 제2조제1호 및 제2호에 따른 공유재산 및 물품
　　사. 그 밖에 가목부터 바목까지에 준하는 것으로서 대통령령으로 정하는 것
　② 징계위원회는 징계부가금 부과 의결을 하기 전에 징계부가금 부과 대상자가 제1항 각 호의 어느 하나에 해당하는 사유로 다른 법률에 따라 형사처벌을 받거나 변상책임 등을 이행한 경우(몰수나 추징을 당한 경우를 포함한다) 또는 다른 법령에 따른 환수나 가산징수 절차에 따라 환수금이나 가산징수금을 납부한 경우에는 대통령령으로 정하는 바에 따라 조정된 범위에서 징계부가금 부과를 의결하여야 한다.
　③ 징계위원회는 징계부가금 부과 의결을 한 후에 징계부가금 부과 대상자가 형사처벌을 받거나 변상책임 등을 이행한 경우(몰수나 추징을 당한 경우를 포함한다) 또는 환수금이나 가산징수금을 납부한 경우에는 대통령령으로 정하는 바에 따라 이미 의결된 징계부가금의 감면 등의 조치를 하여야 한다.
　다만 징계위원회에서 징계부가금 부과 의결을 하기 전에 징계등 혐의자가 법 제78조의2제1항 각 호의 어느 하나에 해당하는 행위로 다른 법률에 따라 형사처벌을 받거나 변상책임 등을 이행(몰수나 추징을 당한 경우를 포함) 또는 다른 법령에 따른 환수나 가산징수 절차에 따라 환수금이나 가산징수금을 납부한 경우로서 같은 조 제2항에 따라 징계위원회가 징계부가금을 조정하여 의결할 때에는 벌금, 변상금, 몰수, 추징금, 환수금 또는 가산징수금에 해당하는 금액과 징계부가금의 합계액이 금품비위금액등의 5배를 초과해서는 아니 된다(공무원징계령 제17조의2 제3항 참조).

과태료 부과, 면제, 취소 등 과태료와 관련한 문제들에 대하여는 뒤에서 상세히 살펴보기로 한다.

부정청탁행위는 미수에 대한 제재규정이 없으므로, 제3자를 통하여 부정청탁을 한 경우 제3자가 공직자등이나 공무수행사인에게 그 청탁을 전달하는 등 부정청탁행위를 하지 아니하였다면 제3자에게 청탁을 한 사람은 아무런 제재를 받지 아니한다.

이상의 부정청탁행위 관련 제재규정을 도표로 정리하면 아래와 같다.

구성요건		제재기준
행위주체	유 형	
이해당사자(일반인, 공직자등, 공무수행사인을 모두 포함함)	이해당사자가 직접 부정청탁하는 경우	과태료나 형사처벌 없음 다만 공직자등은 직접 자신을 위하여 청탁하였다 하더라도 징계처분을 받음
	제3자를 통하여 부정청탁하는 경우	1,000만 원 이하 과태료
제3자를 위하여 일반인	부정청탁하는 경우	2,000만 원 이하 과태료
제3자를 위하여 • 공직자등 • 공무수행사인	부정청탁하는 경우	3,000만 원 이하 과태료
• 공직자등 • 공무수행사인	부정청탁에 따라 직무 처리	2년 이하의 징역 2,000만 원 이하 벌금
	부정청탁자에게 부정청탁임을 알리고 거절의사를 명확히 표시하지 아니 하거나 이를 신고하지 아니한 경우	징계처분(공직자등)

㈎ '직접 자신을 위한 부정청탁'과 '제3자를 위한 부정청탁'의 판단 기준

'직접 자신을 위하여 하는 부정청탁'과 '제3자를 위하여 하는 부정청탁'을 구분하는 기준을 어떻게 설정해야 할 것인지에 대하여 견해가 갈릴 수 있다.

우선, '직접 자신을 위하여 하는 청탁'은 청탁행위로 인한 법적효과(이익·불이익)가 청탁행위자 자신에게 직접 귀속하는 경우를 말하는 것으로서 청탁으로

청탁행위자 자신에게 귀속되는 이익이 간접적이거나 사실적·반사적 이익에 불과한 경우에는 제3자를 위한 청탁'이라고 보는 견해가 있다.[33]

그러나 청탁행위로 인한 불이익이 청탁행위자 자신에게 직접 귀속되도록 하기 위하여 부정청탁을 한다는 것은 예상하기 어렵다. 또한 아래 예에서 보는 바와 같이 현실적으로 청탁의 동기나 목적은 다양할 수밖에 없고 그에 따른 이해관계 역시 복잡하게 얽혀 있는 경우가 많을 것이므로, 실제로 '직접 자신을 위하여 하는 부정청탁'과 '제3자를 위하여 하는 부정청탁'을 구별하기가 항상 수월하리라고는 말하기 어렵다.

예컨대, ① A가 평소 원한 관계에 있던 B에게 단지 복수하고자, B의 특허 출원에 대한 심사 업무를 담당하는 공직자등에게 '법령을 위반하여 B의 출원에 대하여 거절 결정을 해 달라'고 청탁한 경우, ② 또는 A가 오로지 자신의 이익만을 위한 것이 아니라 B의 이익과도 관련이 있어 일부 B를 위하여 청탁한 경우, ③ 이와는 반대로 A가 B의 이익을 위하여 청탁하였으나 A 자신의 이익과도 관련이 있는 경우 A의 청탁이 과연 자기 자신을 위한 청탁인지 제3자를 위한 청탁인지 일률적 기준에 따라 판단하기는 어렵다.[34]

이에 대하여는 각 경우별로 나누어 보아야 한다.

생각건대 ①의 경우는 비록 A가 자신의 경제적 이익을 위하여 청탁한 것이 아니라 하더라도 A 자신의 복수심 만족을 위하여 청탁한 것이므로 이는 결국 직접 자신을 위하여 청탁한 경우에 해당한다고 보아야 한다고 생각한다.[35]

②의 경우, 예컨대 발전기 제작·납품사업을 하는 A가 공공기관에 발전기를 납품하더라도 예상 이익이 적어 납품계약 입찰에 참가할 생각이 없었으나 발전기 제작에 필요한 부품 판매업을 하는 친구 B의 부품 매출 실적을 올려 주고자 공공기관의 발전기 입찰에 참여한 후 공직자등에게 부정청탁을 하여 계약자로

---

33) 권익위, 앞의 해설집, 39면.
34) A와 B는 모두 개인사업자임을 전제로 한다.
35) 권익위는 자신에게 귀속되는 이익이나 불이익이 간접적이거나 사실적 반사적인 경우에는 제3자를 위한 청탁에 해당한다고 하면서, 계약 관련 법령을 위반하여 특정인을 계약 당사자에서 탈락하도록 하는 청탁은 그 효과(불이익)가 청탁사에게 귀속하는 것이 아니므로 제3자를 위한 청탁에 해당한다고 한다. 권익위, 앞의 해설집, 40면. 하지만 청탁행위자도 당해 계약 체결을 희망하고 있는 자로서 경합하는 경쟁자를 탈락시켜 자신의 계약 체결 가능성을 높이기 위하여 이러한 청탁을 한 경우에도 과연 제3자를 위한 청탁에 해당하는지 의문의 소지가 있다. 더구나 청탁금지법 제5조 제1항 제7호는 "계약 관련 법령을 위반하여 특정 개인·단체·법인이 계약의 당사자로 선정 또는 탈락되도록 하는 행위"를 부정청탁행위로 규정하는바, 위 사례의 청탁은 '탈락되도록 하는' 청탁에 해당하므로 결국 청탁행위자 자신을 위한 청탁으로 보는 것이 타당하다고 생각한다.

선정되어 공공기관에 납품할 발전기를 제작하면서 B로부터 필요 부품을 공급받았다면 비록 A의 내심의 의사는 B를 위한 것이었다 하더라도 A 자신이 입찰에 참여하여 낙찰받기 위해 부정청탁을 한 것이므로, 이는 A가 제3자인 B를 위한 것이 아니라 A 자신을 위하여 부정청탁을 한 것으로 봄이 타당하다.

이와는 달리 ③의 경우, 예컨대 전기공사업자인 A가 발전소 건설업자 B로부터 전기공사를 하수급할 생각에서 우선 B로 하여금 공공기관이 발주한 발전소 공사를 수주하도록 해 주려고 B를 위하여 공직자등에게 부정청탁을 하였다면, 비록 A의 내심의 의사는 자신의 이익을 도모하는 데 있었다 하더라도 제3자인 B로 하여금 발전소 공사를 수주할 수 있도록 부정청탁을 한 것이므로, 이는 A 자신이 아니라 제3자인 B를 위하여 부정청탁을 한 것으로 보아야 할 것이다.

이처럼 청탁행위자 자신을 위한 청탁인가 제3자를 위한 청탁인가는 획일적 기준에 의하여 판별할 문제가 아니라 청탁의 동기와 목적, 청탁 관계자 상호간의 관계, 청탁에 이르게 된 경위, 이해의 귀속처 및 이해 귀속의 정도 등 제반 사정을 종합적으로 고려하여 사안별로 판단함이 바람직하다고 생각한다.

⑷ 법인 임직원의 법인을 위한 부정청탁행위의 법적 성격

법인의 대표이사를 비롯한 임직원이 법인을 위하여 하는 부정청탁행위가 제3자를 위한 청탁에 해당하는지에 대하여도 생각해 볼 필요가 있다. 이와 관련하여 법인의 대표기관이 법인의 업무에 관하여 공직자등이나 공무수행사인에게 부정청탁을 하면 이는 법인의 행위로 되기 때문에 직접 청탁으로 되지만 그 이외에 법인의 임직원 또는 보조자가 법인의 업무로 공직자등이나 공무수행사인에게 부정청탁을 하면 제3자를 위한 부정청탁으로 보아야 한다는 견해가 있다.[36]

이 견해는 법인의 범죄능력 부정설의 입장에서 법인이 타인을 위한 사무 처리자의 지위에 있는 경우 법인이 배임죄의 주체가 될 수 없으므로 그 법인을 대표하여 사무를 처리하는 법인의 대표기관인 대표이사가 배임죄의 죄책을 져야 한다고 판시한 대법원 판결을 근거로 한 것으로 보인다.[37]

그런데 이 판결은 배임죄가 범죄구성요건상 그 범행 주체가 타인의 사무를 처리하는 지위에 있을 것을 요구하는 범죄로서 만약 그러한 지위에 있는 자가 법

---

36) 홍성칠, 앞의 책, 42~43면.
37) 홍성칠, 앞의 책, 22~24면. 대법원 1984. 10. 10. 선고 82도2595 전원합의체 판결.

인 자체인 때에는 법인의 범죄능력을 부정하는 통설에 따르면 법인을 범죄행위의 주체로 처벌할 수 없고, 「형법」이 실제로 배임 행위를 한 자연인인 법인의 대표이사나 임직원을 처벌할 수 있는 규정을 따로 두고 있지도 않아 결국 아무도 처벌할 수 없는 불합리한 결과에 이를 수밖에 없으므로, 법원이 이처럼 불합리한 처벌의 공백을 해소하기 위해서라도 범죄능력을 갖는 법인의 대표기관의 행위를 법인의 행위와 동일시하여 법인의 대표자에게 죄책을 물어야 한다고 판단한 데 따른 것이라고 볼 수 있다.

그러나 청탁금지법은 자연인이 부정청탁행위 주체임을 전제로 누구든지 부정청탁행위를 하는 것을 금지하는 한편, 제3자를 위하거나 제3자를 통하여 부정청탁행위를 한 자에 대한 과태료 부과 규정을 두고 있어 부정청탁행위와 관련해서는 법인 자체가 위반행위의 주체가 될 여지가 없고, 이미 앞에서 살펴본 바와 같이 법인의 임직원들에 의한 부정청탁행위가 있는 경우 그 행위자와 법인을 처벌할 수 있는 양벌규정까지 두고 있으므로, 원칙적으로는 배임죄의 경우와 같은 불합리한 처벌의 공백이 생길 수 없다.

더구나 법인 대표기관의 법인을 위한 부정청탁행위가 제3자를 위한 행위로 보아야 하는가 청탁행위자 자신을 위한 행위로 보아야 하는가라는 문제는 주로 사실관계에 대한 판단의 문제일 뿐 법인의 범죄능력과 관련한 법리적 논란과는 직접적인 관련성이 있다고도 보기 어렵다. 그리고 법인의 임직원들의 부정청탁행위를 놓고 대표자의 행위는 청탁행위자 자신을 위한 행위로, 그 밖의 임직원들에 의한 행위는 제3자를 위한 행위로 구분하여 평가한다면 이는 대단히 부자연스럽고 작위적인 판단이라고 할 수밖에 없다.

따라서 자연인과 법인은 별개의 권리·의무의 주체임이 명백하므로 대표자를 비롯한 법인 임직원들의 부정청탁행위는 제3자를 위한 행위로 봄이 타당하다고 생각한다.[38] 부모의 자식을 위한 부정청탁행위나 자식의 부모를 위한 부정청탁행위 등도 모두 제3자를 위한 행위에 해당함은 물론이다.

⑷ **부정청탁행위와 착오**

만약 청탁행위자가 상대방이 직무를 수행하는 공직자등이나 공무수행사인으로 알고 부정청탁을 하였는데 사실은 착오를 일으켜 직무수행 공직자등이나 공

---

38) 권익위, 앞의 해설집, 43면.

무수행사인이 아닌 제3의 공직자등이나 공무수행사인에게 부정청탁을 한 것이라면, 직무를 수행하는 공직자등이나 공무수행사인에게 부정청탁을 한 것으로 볼수 없으므로, 직무수행 공직자등이나 공무수행사인에게 그 청탁 내용이 전달되지않았다면 청탁행위자를 제재할 수 없을 것이다. 그 반면 만약 부정청탁을 받은제3의 공직자등이나 공무수행사인이 직무를 수행하는 공직자등이나 공무수행사인에게 그 청탁 내용을 전달하였다면 청탁행위자의 청탁행위는 제3자를 통하여부정청탁을 한 행위에 해당한다고 보는 것이 타당하다고 생각한다. 과실로 인하여 과태료 부과 대상이 되는 질서위반행위를 한 경우에는「질서위반행위규제법」제7조에 따라 과태료에 처해지기 때문이다.

이와는 반대로 제3자인 줄 알고 부정청탁을 하였는데 실은 직무수행 공직자등이나 공무수행사인에게 부정청탁을 한 것이라면, 제3자를 통한 부정청탁행위자체가 존재하지 않는 것이므로 이는 직무를 수행하는 공직자등이나 공무수행사인에게 직접 부정청탁을 한 것으로 보아야 할 것이다.

(2) 공직자등이나 공무수행사인인 부정청탁행위자에 대한 제재

공직자등이나 공무수행사인이 제3자를 위하여 다른 공직자등이나 공무수행사인에게 부정청탁행위를 한 때에는 3,000만 원 이하의 과태료를 부과한다(법 제23조 제1항 제1호).

상술한 바와 같이, 부정청탁행위 자체가 제3자를 위하여 이루어진 때에 국한되므로, 예컨대 폭행 사건으로 수사기관에서 조사를 받고 있는 공직자등이나 공무수행사인이 조사 담당 공직자등에게 직접 부정한 청탁을 하는 것처럼 자신을위하여 직무를 수행하는 다른 공직자등이나 공무수행사인에게 직접 부정한 청탁을 한 때에는 과태료 부과 대상에 해당하지 않는다.

그러나 이때에도 직접 부정청탁을 한 공직자등은 "누구든지 직접 또는 제3자를 통하여 직무수행 공직자등에게 부정청탁행위를 해서는 아니 된다"는 청탁금지법 제5조를 위반한 것이므로 동법 제21조에 의하여 징계처분을 받게 된다.

한편, 공직자등이나 공무수행사인이 자기 자신을 위하여 직무를 수행하는 다른 공직자등이나 공무수행사인에게 직접 부정청탁행위를 하지 않고 제3자를 통하여 부정청탁행위를 한 때에는 일반인과 마찬가지로 1,000만 원 이하의 과태료가 부과된다(법 제23조 제3항).

또한 공직자등이나 공무수행사인이 제3자를 위하여 또 다른 제3자를 통해 공직자등이나 공무수행사인에게 부정한 청탁을 함으로써 '제3자를 위하여'와 '제3자를 통하여'가 중첩된 경우, 예컨대 공직자등이 행정기관에 허가 신청을 한 형을 위하여 자신의 친구를 통해 허가 담당 공직자등에게 부정한 청탁을 한 때에는 "제23조 제1항 제1호와 제2항에 해당하는 자를 제외한다"는 청탁금지법 제23조 제3항의 규정에 의하여 '제3자를 위한 부정청탁행위'에 대한 과태료 부과 규정인 동법 제23조 제1항 제1호가 적용되어 3,000만 원 이하의 과태료가 부과된다.

(3) 일반인인 부정청탁행위자에 대한 제재

공직자등이나 공무수행사인이 아닌 일반인이 제3자를 위하여 공직자등이나 공무수행사인에게 부정청탁행위를 한 때에는 2,000만 원 이하의 과태료를 부과한다(법 제23조 제2항).

일반인의 부정청탁행위에 있어서도 부정청탁행위 자체가 제3자를 위하여 이루어진 때에 국한되므로, 예컨대 뇌물공여죄로 수사기관에서 조사를 받게 된 일반인이 자신을 위하여 조사 담당 공직자등에게 직접 부정한 청탁을 하는 것처럼 자기 자신을 위하여 공직자등이나 공무수행사인에게 직접 부정한 청탁을 한 때에는 과태료 부과 대상에 해당하지 아니한다. 그러나 만약 일반인이 자기 자신을 위하여 제3자를 통해 공직자등이나 공무수행사인에게 부정청탁행위를 한 때에는 1,000만 원 이하의 과태료가 부과된다(제23조 제3항).

또한 일반인이 제3자를 위하여 제3자를 통해 공직자등이나 공무수행사인에게 부정한 청탁을 함으로써 '제3자를 위하여'와 '제3자를 통하여'가 중첩된 경우, 예컨대 일반인이 소속 기관으로부터 징계처분을 당하게 된 동생을 위하여 자신의 친구를 통해 동생의 소속기관장에게 부정한 청탁을 한 때에는 상술한 바와 같이 "제23조 제1항 제1호와 제2항에 해당하는 자를 제외한다"는 청탁금지법 제23조 제3항의 규정에 따라 '제3자를 위한 부정청탁행위'에 대한 과태료 부과 규정인 동법 제23조 제2항이 적용된다.

다. 과태료 부과, 불(不) 부과, 부과 취소

(1) 개 관

행정법상의 질서벌인 과태료의 부과와 형사처벌은 그 성질이나 목적을 달리
하는 별개의 것이므로 행정법상의 질서벌인 과태료를 부과한 후에 형사처벌을
한다고 하여 이를 일사부재리의 원칙에 반하는 것이라고 할 수는 없으며, 행정질.
서벌에 지나지 않는 과태료의 부과 처분은 "확정판결"의 범주에 속하지 않는
다.[39] 따라서 과태료 부과 처분을 하고서도 형사처벌을 할 수 있고 이와는 반대
로 형사처벌을 하고서도 과태료 부과 처분을 할 수도 있다.

과태료는 행정질서 유지를 위한 의무의 위반이라는 객관적 사실에 대하여
과하는 제재이므로, 형벌의 일종인 "과료(科料)"와 그 성질을 달리한다. 그리고 과
태료는 직접 행적 목적 달성에 장애가 되는 법률상의 의무를 위반하는 행위를 실
제로 한 사람이 아니더라도 법령상 의무 이행 책임자로 규정되어 있기만 하면 그
책임자에게 부과된다는 점에서 실제 행위를 한 자에게 부과되는 "범칙금"과도 차
이가 있다. 따라서 과태료는 일반적으로 위반자의 고의·과실을 요하지 아니하나,
위반자가 그 의무를 알지 못하는 것이 무리가 아니었다고 할 수 있어 그것을 정
당시할 수 있는 사정이 있을 때 또는 그 의무의 이행을 당사자에게 기대하는 것
이 무리라고 하는 사정이 있을 때 등 의무 해태를 탓할 수 없는 정당한 사유가
있는 때에 한하여 이를 부과할 수 없는 것으로 풀이되어 왔다.[40]

이러한 점에 비추어 볼 때 청탁금지법이 부정청탁 금지조항 위반행위와 관
련하여 제23조 제2항, 제3항에 "「형법」 등 다른 법률에 따라 형사처벌을 받은 경
우에는 과태료를 부과하지 아니하며, 과태료를 부과한 후 형사처벌을 받은 경우
에는 그 과태료 부과를 취소한다"는 규정을 두고 있는 것은 주목할 만하다.

이 규정은 위반행위자가 법령상의 의무 위반행위와 관련한 사실로 과태료보
다 훨씬 중한 형사처벌을 받았음에도 그에게 과태료를 부과한다거나 과태료를
부과한 후 형사처벌을 한다면 제재의 필요성이나 효과 측면에서 볼 때 과태료 부
과가 사실상 무의미하게 된다는 판단에 따른 규정이라고 볼 수 있다.

---

39) 대법원 1996. 4. 12. 선고 96도158 판결; 대법원 1992. 2. 11. 선고 91도2536 판결; 헌재 1994. 6. 30.
   92헌바38 전원재판부.
40) 대법원 2000. 5. 26. 선고 98두5972 판결; 대법원 2006. 4. 28.자 2003마715 결정.

(2) 위반행위의 통보

대부분의 행정법률들은 행정청이 질서위반행위에 대하여 과태료를 부과하는 것으로 규정하고 있다. 그러나 청탁금지법 제23조 제7항은 소속기관장이 과태료 부과 대상자에 대해서는 그 위반사실을 「비송사건절차법」에 따른 과태료 재판 관할법원에 통보하도록 규정하고 있으므로, 청탁금지법 소정의 과태료 부과 대상 위반행위에 대하여 소속기관장은 위반사실을 「비송사건절차법」 제247조가 정한 관할법원인 과태료를 부과받을 자의 주소지 지방법원에 통보하기만 하고, 법원이 직접 과태료 부과 결정을 하게 된다.[41]

행정청이 질서위반행위에 대하여 먼저 과태료를 부과한 후 당사자가 이의제기를 하여 행정청이 위반행위를 법원에 통보함으로써 법원이 과태료 재판을 하는 통상적인 과태료 재판절차에서는 법원이 원래 과태료에 처하여야 할 사실이 있다고 판단하면 「비송사건절차법」에 의하여 직권으로 그 절차를 개시하는 것으로서 관할 행정청의 위반행위자에 대한 위반사실의 통고나 통지는 법원의 직권 발동을 촉구하는 데 지나지 않으므로, 후에 관할 행정청으로부터 이미 행한 통고 또는 통지의 취하나 철회가 있다고 하더라도 그 취하·철회는 「비송사건절차법」에 의한 법원의 과태료 재판을 개시·진행하는 데 장애가 되지 않는다고 보는 것이 원칙이다.[42]

청탁금지법상 과태료 부과 대상자의 위반사실을 법원에 통보하여야 하는 소속기관장이 누구를 말하는 것인지 살펴보기로 한다.

제3자를 위하여 또는 제3자를 통하여 부정청탁을 한 행위자가 공직자등이나 공무수행사인이라면 소속기관장은 청탁금지법 제2조 제4호 또는 제11조 제2항 소정의 당해 공직자등이나 공무수행사인의 소속기관장을 말하는 것임이 분명하다. 그러나 위반행위자가 일반인인 때에는 소속기관장이 존재할 수 없다. 그러므로 이 경우 소속기관의 장은 일반인으로부터 부정청탁을 받은 공직자등이나 공무수행사인의 소속기관장을 의미한다고 볼 수밖에 없다.

하지만 청탁금지법은 부정청탁을 받은 공직자등이나 공무수행사인이 동일한

---

41) 「공직자윤리법」 제30조 제4항도 행정청이 과태료를 부과하지 않고 「비송사건절차법」상의 과태료 재판 관할법원에 위반사실을 통보하여 법원이 과태료를 부과하도록 규정하고 있다.
42) 대법원 1998. 12. 23.자 98마2866 결정; 대법원 1995. 7. 21.자 94마1415 결정.

부정청탁을 거듭 받은 경우에 소속기관장에게 서면 신고하도록 규정[43]하고 있으므로, 그들이 한 차례만 부정청탁을 받은 때에는 부정청탁을 받은 공직자등이나 공무수행사인의 신고 의무가 없어 소속기관장은 일반인에 의한 부정청탁행위가 있었다는 사실을 알기 어려울 것이기 때문에 과태료 부과 대상자의 위반사실을 법원에 통보하는 것이 사실상 불가능할 수도 있다.

한편, 청탁금지법은 신고자 보호조치 의무를 위반하여 권익위로부터 자료 제출 요구를 받은 자의 자료 제출 거부 행위 등에 대하여도 과태료를 부과하도록 규정하고 있는바,[44] 이때에도 자료 제출 거부자가 일반인이라면 소속기관장이 존재하지 않고, 자료 제출을 거부한 사람이 공직자등이나 공무수행사인이라 하더라도 그들이 자료 제출 거부 사실을 소속기관장에게 알리지 않는다면 소속기관장은 이를 알 수 없을 것이므로 관할법원에 과태료 부과 대상이 되는 위반사실 통보를 제대로 할 수 없으리라고 생각한다.[45]

(3) 적용법률

청탁금지법은 「비송사건절차법」에 따른 과태료 재판 관할법원 통보 규정인 제23조 제7항 이외에 과태료 부과·징수·재판·취소 등에 대하여 달리 특별한 규정을 두지 않으므로, 이러한 절차를 진행함에 있어 「비송사건절차법」을 적용하여야 하는지 아니면 질서위반행위의 성립요건과 과태료의 부과·징수 및 재판 등에 관한 전반적인 사항을 규정하여 과태료 부과에 대한 기본법률이라고 할 수 있는 「질서위반행위규제법」을 적용하여야 하는지에 대하여 의문이 있다.[46]

원래 「질서위반행위규제법」은 행정청이 과태료의 일차적인 부과·징수 권한을 갖는 경우에 적용하는 법률로 제정된 것이지 청탁금지법처럼 법원이 처음부터 과태료를 재판의 형식으로 결정·부과하는 경우에도 적용하도록 제정한 법률이라고는 보기 어렵다. 이는 행정청의 과태료 부과·징수절차에 대한 규정을 시발

---

43) 청탁금지법 제7조 제2항.
44) 청탁금지법 제23조 제1항 제2호.
45) 자료 제출을 거부당한 권익위가 법원에 통보하는 방안을 생각해 볼 수 있으나 청탁금지법이 통보 권자를 소속기관장이라고 명시하고 있고, 공직자등의 소속기관장은 동법 제2조 제4호가 규정하는 "공직자등이 소속된 공공기관의 장"이며 공무수행사인의 소속기관장은 동법 제11조 제2항 각 호 소 정의 사람이므로, 이에 해당하지 않는 권익위가 법원에 과태료 부과 대상자의 위반사실을 통보할 수는 없다고 보아야 한다.
46) 「질서위반행위규제법」은 제5조에서 "과태료의 부과·징수, 재판 및 집행 등의 절차에 관한 다른 법 률의 규정 중 이 법의 규정에 저촉되는 것은 이 법으로 정하는 바에 따른다"고 규정하고 있다.

로 하여 일련의 절차를 규정하고 있는 「질서위반행위규제법」의 규정 형식과 내용 자체만 보더라도 알 수 있고 법 제정 당시 국회 법제사법위원회의 법안 심사 보고서에도 분명히 드러나 있다.[47]

뿐만 아니라 「질서위반행위규제법」 제25조에 "과태료 사건의 관할법원은 당사자의 주소지의 지방법원 또는 그 지원의 관할로 한다"는 규정을 두고 있음에도 청탁금지법 제23조 제7항이 위반행위를 통보할 법원을 「질서위반행위규제법」에 따른 과태료 재판 관할법원이라고 하지 않고 굳이 「비송사건절차법」에 따른 과태료 재판 관할법원이라고 명시한 것은 입법자의 착오라기보다는 청탁금지법의 과태료와 관련한 일체의 절차는 「비송사건절차법」를 적용한다는 입법자의 의지가 반영된 것으로 볼 수 있다.

그러나 청탁금지법에는 과태료와 관련하여 위반행위를 통보할 법원에 대한 규정 이외에 다른 규정을 찾아볼 수 없고, 「질서위반행위규제법」도 '법원이 일차적인 부과권을 갖는 과태료에 대하여는 동법을 적용하지 않는다'는 명시적 규정을 두지 않았다. 오히려 「질서위반행위규제법」은 행정청이 부과하는 과태료와는 성질이 다른 사법(私法)상 의무나 소송법상 의무를 위반하여 과태료를 부과하는 행위, 즉 「민법」, 「상법」 등 사인(私人) 간의 법률관계를 규율하는 법률이나 「민사소송법」, 「가사소송법」, 「민사집행법」, 「형사소송법」, 「민사조정법」 등 분쟁 해결에 관한 절차를 규율하는 법률상의 의무를 위반하여 과태료를 부과하는 행위와 징계사유에 해당하여 과태료를 부과하는 행위, 즉 「공증인법」・「법무사법」・「변리사법」・「변호사법」 등 기관・단체 등이 질서 유지를 목적으로 구성원의 의무 위반에 대하여 제재를 할 수 있도록 규정한 법률에 따른 징계사유에 해당하여 과태료를 부과하는 행위를 제외하고는 "과태료의 부과・징수, 재판 및 집행 등의 절차에 관한 다른 법률의 규정 중 동법에 저촉되는 것은 동법으로 정하는 바에 따른다"고 규정하고 있다.[48]

따라서 「공직선거법」 제261조 제11항처럼 「질서위반행위규제법」의 일부 조항의 적용 배제 규정을 두고 있지 아니하는 한, 현재로서는 청탁금지법 위반 행위에 대한 과태료 부과, 재판, 집행 등의 절차에 대하여는 「질서위반행위규제법」

---

47) 김대현, "질서위반행위 규제법안(정부제출) 검토보고서", 국회 법제사법위원회(2005. 11.), 13면, 임중호, "질서위반행위 규제법안 심사보고서", 국회 법제사법위원회(2007. 11.), 14면.
48) 「질서위반행위규제법」 제2조 제1호, 제5조.

을 적용할 수밖에 없을 것으로 본다.

(4) 재판절차

상술한 바와 같이, 「질서위반행위규제법」은 행정청이 일차로 과태료를 부과한 후 이에 불복하는 당사자가 이의신청을 하면 행정청이 법원에 이를 통보함으로써 비로소 과태료 재판절차가 개시되는 것으로 규정하고 있을 뿐 청탁금지법처럼 소속기관장이 당초부터 위반사실을 법원에 통보해야 하는 경우에 대하여는 달리 규정을 두지 않고 있다. 따라서 청탁금지법 위반행위에 대한 법원의 과태료 부과 절차는 「질서위반행위규제법」상 당사자의 이의신청에 따른 재판 절차에 준하여 처리할 수밖에 없을 것이다. 「질서위반행위규제법」이 규정하고 있는 법원의 과태료 부과 재판 등의 절차를 살펴보면 아래와 같다.[49]

법원이 소속기관장으로부터 과태료 부과 대상인 청탁금지법 위반사실을 통보 받으면 이를 즉시 검사에게 통지하여야 한다. 법원은 당사자 및 검사에게 심문(審問)기일을 통지하고, 심문기일에서 당사자의 진술을 듣고 검사의 의견을 구하여야 한다. 검사는 심문에 참여하여 의견을 진술하거나 서면으로 의견을 제출하여야 한다.[50] 법원은 행정청의 참여가 필요하다고 인정하는 때에는 행정청으로 하여금 심문기일에 출석하여 의견을 진술하게 할 수 있고,[51] 직권으로 사실탐지와 증거조사도 할 수 있다. 과태료 재판은 이유를 붙인 결정으로 하여 당사자와 검사에게 고지함으로써 효력이 생긴다.

당사자와 검사는 과태료 재판에 대하여 즉시항고를 할 수 있는바, 항고는 집행정지의 효력이 있다. 즉시항고기간은 「질서위반행위규제법」 제40조에 의하여 준용되는 민사소송법 제444조 제1항에 따라 재판이 고지된 날(실무상 과태료 재판의 결정서가 당사자에게 송달된 날)로부터 1주일로서 이 기간은 불변기간이다. 검사는 필요한 경우에는 즉시항고 여부에 대한 행정청의 의견을 청취할 수 있다.

---

49) 「질서위반행위규제법」 제21조 내지 제50조.

50) 이처럼 청탁금지법 위반행위에 따른 과태료 부과 절차에 검사가 관여하므로, 과태료 부과 대상에 불과한 비교적 중하지 않은 청탁금지법 위반행위가 수사 개시 단서의 역할을 하여 보다 큰 사건으로 비화할 수 있다.

51) 과태료 재판의 심문은 비공개를 원칙으로 하되, 다만 법원이 심문을 공개함이 적정하다고 인정하는 자에게는 방청을 허가할 수 있다는 규정을 둔 「비송사건절차법」과는 달리 「질서위반행위규제법」에는 이에 대한 규정이 없다. 현재까지 과태료 재판 실무상으로는 이해관계인이나 제3자의 방청을 특별히 제한하지 않고 있다. 청탁금지법 위반행위에 대한 과태료 재판을 굳이 비공개로 해야만 할 이유는 없다고 생각한다.

항고법원의 과태료 재판에는 이유를 적어야 한다.

항고법원의 결정에 대하여는 재판에 영향을 미친 헌법·법률·명령 또는 규칙의 위반을 이유로 드는 때에만 재항고할 수 있다. 그러므로 항고법원이 결정한 과태료 액수가 법이 정한 범위 내에서 이루어졌다면 그것이 현저히 부당하여 재량권 남용에 해당하지 않는 한 단지 그 액수가 많다고 다투는 것은 적법한 재항고이유가 될 수 없다.[52] 재항고 역시 즉시항고에 해당하므로 항고심의 재판 고지가 있은 날로부터 1주일 내에 제기하여야 한다.[53] 한편 「민사소송법」 제461조는 즉시항고로 불복할 수 있는 결정이 확정된 경우에 동법 제451조 제1항에 규정된 재심사유가 있는 때에는 확정판결에 대한 재심규정에 준하여 재심을 제기할 수 있는 것으로 정하고 있으므로, 과태료 재판이 확정된 때에도 이 규정에 따라 재심 제기 사유가 있으면 재심 제기가 가능하다고 본다.

법원은 타당하다고 인정할 때에는 심문 없이 약식재판을 할 수도 있다. 이러한 약식절차에 따라 과태료 부과에 대한 법원의 결정이 이루어진 경우 당사자와 검사는 재판의 고지를 받은 날부터 1주일 내에 이의신청을 할 수 있다. 법원이 이의신청이 적법하다고 인정하는 때에는 약식재판은 그 효력을 잃게 되고, 법원은 심문을 거쳐 다시 재판하여야 한다.[54]

과태료 재판의 주문은 과태료 부과 결정을 하는 경우에는 "위반자를 과태료 ○원에 처한다"로 기재하고, 불처벌 결정을 하는 경우에는 "위반자를 과태료에 처하지 아니한다" 또는 "위반자를 벌하지 아니한다"로 기재할 것으로 보인다.[55]

앞에서 살펴본 것처럼 원래 과태료와 같은 행정질서벌은 행정질서 유지를 위한 의무의 위반이라는 객관적 사실에 대하여 과하는 제재이므로 원칙적으로 위반자의 고의·과실을 요하지 아니하고, 다만 위반자가 그 의무를 알지 못하는 것이 무리가 아니었다고 할 수 있어 그것을 정당시할 수 있는 사정이 있을 때 또는 그 의무의 이행을 그 당사자에게 기대하는 것이 무리라고 하는 사정이 있을

---

52) 대법원 2008. 2. 29.자 2005마94 결정.

53) 이 기간 역시 불변기간이다(대법원 2002. 8. 16.자 2002마362 결정).

54) 원래 과태료 재판에 있어서는 위반사실이 객관적으로 명백하여 당사자의 반증 여지가 없거나 객관적으로 위반사실이 증명되고 정당한 사유의 부존재가 강하게 추정되는 등 상당하다고 인정할 때에 약식재판을 하는 것이나, 그간 법원은 과태료 재판 절차의 신속성과 효율성을 확보하기 위하여 실무상으로는 일단 약식절차에 의하여 과태료에 대한 결정을 한 후 이의신청이 있는 사건만을 대상으로 심문기일을 열어 재판하여 오고 있다. 『법원실무제요(비송)』, 법원행정처(2014), 247~248면.

55) 앞의 법원실무제요(비송), 266~267면.

때 등 의무 해태를 탓할 수 없는 정당한 사유가 있는 때에 한하여 부과할 수 없는 것으로 해석되어 왔다.[56]

그런데 「질서위반행위규제법」 제7조는 "고의 또는 과실이 없는 질서위반행위는 과태료를 부과하지 않는다"고 규정하였으므로, 부정청탁행위에 있어서는 고의에 한하지 않고 과실로 인한 행위에 대하여도 과태료를 부과할 수 있다고 볼 수 있다. 다만 동법 제8조는 "자신의 행위가 위법하지 아니한 것으로 오인하고 그 오인에 정당한 이유가 있는 때에는 과태료를 부과하지 아니한다"고 규정하고 있으므로 이에 해당한다면 과태료 부과를 면할 수 있다.

동법 제9조는 "14세가 되지 아니한 자의 질서위반행위는 다른 법률에 특별한 규정이 없는 한 과태료를 부과하지 아니한다"고 규정하며, 동법 제10조는 '심신장애로 인한 사리분별력 상실자에 대하여는 과태료를 부과하지 않고, 심신미약자에 대하여는 과태료를 감경한다'고 규정한다.

한편 동법 제12조 제1항은 "2인 이상이 질서위반행위에 가담한 때에는 각자가 질서위반행위를 한 것으로 본다"고 규정하고 있다. 따라서 과태료 부과 대상이 되는 부정청탁행위를 2명이 공모하여 실행행위는 1명만이 담당하였다 하더라도 나머지 1명도 질서위반행위에 가담한 것으로 보아야 할 것이므로 과태료 처분 대상자가 될 것이다.

동조 제2항은 "신분에 의하여 성립하는 질서위반행위에 신분이 없는 자가 가담한 때에는 신분이 없는 자에 대하여도 질서위반행위가 성립한다"고 규정하고 제3항은 "신분에 의하여 과태료를 감경 또는 가중하거나 과태료를 부과하지 아니하는 때에는 그 신분의 효과는 신분이 없는 자에게는 미치지 아니한다"고 규정한다.

그러므로 공직자등이나 공무수행사인이 일반인과 공모하여 제3자를 위한 부정청탁행위를 한다면 공직자등이나 공무수행사인은 청탁금지법 제23조 제1항 제1호에 의하여 3,000만 원 이하의 과태료에, 일반인은 동조 제2항에 의하여 2,000만 원 이하의 과태료에 처해질 것이다.

(5) 과태료 집행·불 부과·부과 취소 절차

과태료 재판은 검사의 명령으로써 집행하는데, 그 명령은 집행력 있는 집행

---

56) 대법원 2000. 5. 26. 선고 98두5972 판결.

권원과 동일한 효력이 있다. 과태료 재판의 집행절차는 「민사집행법」에 따르거나 국세 또는 지방세 체납처분의 예에 따른다. 다만, 「민사집행법」에 따를 경우에는 집행을 하기 전에 과태료 재판의 송달은 하지 아니한다. 과태료는 확정된 후 당사자가 사망한 경우에는 그 상속재산에 대하여 집행할 수 있고, 법인이 과태료 확정 후 합병에 의하여 소멸한 경우에는 합병 후 존속한 법인이나 합병에 의하여 설립된 법인에 대하여 집행할 수 있다.

법원은 과태료를 3회 이상 체납하고 있고, 체납발생일부터 각 1년이 경과하였으며 체납금액의 합계가 1,000만 원 이상인 체납자(법인의 경우에는 그 대표자)로서 과태료 납부 능력이 있음에도 불구하고 정당한 사유 없이 체납한 자에 대하여 검사의 청구에 따라 결정으로 30일의 범위 이내에서 과태료의 납부가 있을 때까지 감치(監置)에 처할 수 있다.

과태료는 법원의 과태료 재판이 확정된 후 5년간 징수하지 아니하거나 집행하지 아니하면 시효로 인하여 소멸한다. 그런데 「질서위반행위규제법」은 집행시효와는 별도로 제19조에서 '행정청은 질서위반행위가 종료된 날부터 5년이 경과한 경우에는 해당 질서위반행위에 대하여 과태료를 부과할 수 없다'는 제척기간을 두고 있다. 따라서 행정청이 아닌 법원이 일차적 부과권을 가지고 재판으로 과태료 결정을 하는 경우에도 5년의 제척기간이 적용되는지 의문이 있다. 원래 과태료에 처해질 위반행위를 한 자는 그 과태료 부과를 면할 수 없는 것이고, 위반행위자에 대한 과태료의 부과권 자체는 국가의 금전채권과는 별개이므로 과태료에 처해질 위반행위를 하였다면 법원의 부과 결정은 언제든지 할 수 있다고 보아야 하기 때문이다.[57] 그러나 법원은 청탁금지법 위반행위에 대하여 「질서위반행위규제법」에 따라 재판할 수밖에 없을 것이므로, 행정청과 마찬가지로 질서위반행위가 종료된 날부터 5년이 경과한 경우에는 과태료 부과결정을 할 수 없을 것으로 본다.

국내에서 청탁금지법 위반행위를 한 외국인에게도 과태료를 부과할 수는 있으나 과태료 부과 대상 사안에 대한 조사나 과태료 미납 등의 사유는 「출입국관리법」 및 법무부령인 「외국인 출국정지 업무처리규칙」 소정의 외국인 출국정지 사유에는 해당하지 않아 법 집행에 현실적 어려움이 있으리라 예상한다.

상술한 바와 같이, 청탁금지법과 「질서위반행위규제법」은 「형법」 등 다른 법

---

57) 대법원 2000. 8. 24.자 2000마1350 결정.

률에 따라 형사처벌을 받은 청탁금지법 위반자에 대하여 과태료를 부과하지 아니하는 절차나 과태료를 부과한 후 형사처벌을 받은 경우 그 과태료 부과를 취소하는 절차에 대하여 아무 규정을 두지 않고 있으므로, 이러한 점들에 대하여는 입법적 보완이 바람직하다고 생각한다.[58]

과태료 취소 등의 사유가 되는 '「형법」 등 다른 법률에 따라 형사처벌을 받은 사건'의 범위를 어디까지로 보아야 할 것인가라는 점과 관련하여, 부정청탁행위로 인한 과태료 부과 사안에 있어서, 제3자를 통하거나 제3자를 위한 부정청탁행위 자체로 형사처벌을 받은 사건이 이에 해당함은 분명하다. 그러나 부정청탁행위 그 자체만으로 형사처벌을 할 수 있는 법률은 「공직자윤리법」과 「국민의 형사재판 참여에 관한 법률」 등 소수에 불과하여 '형사처벌을 받은 사건'의 범위를 이처럼 좁게 해석하는 때에는 형사처벌을 이유로 과태료를 부과하지 않거나 과태료 부과를 취소해야 할 경우는 거의 없게 된다. 그렇다고 하여 '형사처벌을 받은 사건'의 범위를 무한정 넓게 해석하는 것은 입법 취지에 반하는 일이므로 적절하지 않다.

따라서 '형사처벌을 받은 사건'이라 함은 부정청탁행위와 직간접적으로 관련된 사건으로 해석함이 타당하다고 본다. 예컨대 제3자를 통하여 부정청탁행위를 하고 공직자등에게 수수 금지 금품등도 제공하여 청탁금지법위반죄나 뇌물공여죄 등으로 행위자가 형사처벌을 받은 경우가 이에 해당할 것이다.

수개의 과태료 부과 대상 행위 중 일부의 행위와 관련해서만 형사처벌이 있는 경우에 나머지 행위에 대하여는 과태료를 취소하지 않거나 그대로 과태료를 부과하여야 할 것인가라는 문제도 생각해 볼 필요가 있다. 수 개의 과태료 부과 대상 행위가 존재할 경우 「형법」 총칙상의 경합범에 대한 규정은 적용될 수 없고, 과태료는 행정질서 유지를 위한 의무의 위반이라는 객관적 사실에 대하여 과하는 제재이므로 원칙적으로는 각각의 부과 대상 행위마다 과태료를 부과할 수 있다. 「질서위반행위규제법」 제13조는 제1항에서 「형법」의 상상적 경합 규정과 유사하게 "하나의 행위가 2 이상의 질서위반행위에 해당하는 경우에는 각 질서위

---

[58] 부정청탁행위자가 형사처벌을 받아 그에게 과태료를 부과하지 아니할 때에는 불처벌 결정을 할 때와 마찬가지로 "위반자를 과태료에 처하지 아니한다" 또는 "위반자를 벌하지 아니한다"라는 결정을 할 수 있으리라 생각한다. 그러나 현행 법령상 준재심 사유에 해당하는 경우를 제외하고는 확정된 과태료 재판을 취소할 수 있는 절차는 존재하지 않고 법적 안정성을 해할 수 있으므로, 과태료 부과 취소보다는 "과태료의 집행을 면제한다"로 개정하는 것이 바람직하다는 견해가 있는바, 타당한 견해라고 생각한다. 홍성칠, 앞의 책, 218~219면.

반행위에 대하여 정한 과태료 중 가장 중한 과태료를 부과한다"고 규정하고, 제2
항에서 "제1항의 경우를 제외하고 2 이상의 질서위반행위가 경합하는 경우 각 질
서위반행위에 대하여 과태료를 각각 부과한다"고 규정하고 있다. 따라서 일부 행
위에 국한하여 과태료를 부과하지 않거나 부과를 취소하는 것도 가능하다고 본다.

그러나 법원이 과태료 재판을 함에 있어서는 법률이 규정하는 과태료 상한
의 범위 내에서 그 동기, 위반의 정도, 결과 등 여러 인자를 고려하여 재량으로
그 액수를 정할 수 있으므로, 일부 행위에 대하여 형사처벌을 받았다는 사정은
나머지 행위에 대한 과태료 재판 시 고려 사항이 되기에 충분하다고 생각한다.[59]

라. 양벌규정

(1) 기본원칙

법인 또는 단체의 대표자나 법인·단체 또는 개인의 대리인, 사용인, 그 밖의
종업원이 그 법인·단체 또는 개인의 업무에 관하여 제3자를 위하여 또는 제3자
를 통하여 공직자등이나 공무수행사인에게 부정청탁행위를 하면 그 행위자를 벌
하는 외에 그 법인·단체 또는 개인에게도 해당 조문의 벌금 또는 과태료를 부과
한다.

법인 또는 단체의 대표자나 법인·단체 또는 개인의 대리인, 사용인, 그 밖의
종업원이 그 법인·단체 또는 개인의 업무에 관하여 법 위반행위를 한 경우에만
양벌규정이 적용되므로, 법인·단체 또는 개인의 업무와 무관한 법 위반행위에 대
하여는 양벌규정을 적용할 여지가 없다.

「질서위반행위규제법」 제11조 제1항은 "법인의 대표자, 법인 또는 개인의 대
리인·사용인 및 그 밖의 종업원이 업무에 관하여 법인 또는 그 개인에게 부과된
법률상의 의무를 위반한 때에는 법인 또는 그 개인에게 과태료를 부과한다"고 규
정하고 있으므로, 청탁금지법 위반행위에 대하여 과태료를 부과할 때에도 이 규
정에 따라 실 행위자에게는 과태료를 부과할 수 없는 것 아닌가라는 의문이 들
수 있다. 그러나 이 점에 대하여는 청탁금지법 자체가 실 행위자에게 과태료를
부과할 수 있는 양벌규정을 두었으므로 이 양벌규정에서 벌칙 부과 대상으로 삼

---

59) 대법원 2008. 2. 29.자 2005마94 결정; 대법원 2008. 1. 11.자 2007마810 결정 등.

는 행위를 한 실 행위자에게는 과태료를 부과하는 데 지장이 없다고 봄이 타당할 것이다.

부정청탁과 관련한 양벌규정 적용 대상 행위는 이미 앞에서 살펴본 바와 같이 청탁금지법 제23조 제2항의 위반행위(일반인의 제3자를 위한 부정청탁행위), 동조 제3항의 위반행위(누구든지 제3자를 통하여 공직자등이나 공무수행사인에게 부정청탁을 하는 행위)이고, 제23조 제1항 제1호의 위반행위, 즉 공직자등이나 공무수행사인이 제3자를 위하여 다른 공직자등이나 공무수행사인에게 부정청탁을 한 행위는 제외된다.

따라서 제23조 제1항 제1호의 위반행위, 즉 공직자등이나 공무수행사인이 소속 법인 또는 단체 등의 업무에 관하여 제3자를 위해 다른 공직자등이나 공무수행사인에게 부정청탁을 하는 때에는 양벌규정의 적용 대상이 아니므로 행위자 본인에게만 과태료가 부과될 뿐 그 행위자의 소속 법인 또는 단체 등은 과태료를 부과받지 아니한다. 여기에서 제3자에는 공직자등이나 공무수행사인이 소속한 법인이나 단체도 포함되므로, 이들이 법인 또는 단체 등의 업무에 관하여 소속 법인이나 단체 이외의 제3자를 위한 것이 아니라 소속 법인이나 단체 자체를 위해 부정청탁을 하는 때에도 이는 제3자를 위한 부정청탁행위에 해당하므로 행위자 본인에게만 과태료가 부과될 뿐 그 행위자의 소속 법인 또는 단체 등은 과태료를 부과받지 아니한다.

(2) 양벌규정 적용 대상 법인·단체

공직자등의 소속 법인이나 단체는 당해 공직자등이 소속한 공공기관을 말하는 것임에는 의문의 소지가 없다. 그러나 개인이 공무수행사인인 경우에는 공무수행사인이 원래 소속한 법인이나 단체를 말하는 것인지 공무수행사인이 수행하는 공무와 관련한 청탁금지법 제11조 제2항 각 호 소정의 공공기관을 의미하는 것인지 의문의 소지가 있다.

청탁금지법 제23조 제1항 제1호가 제3자를 위해 부정청탁행위를 하는 공직자등이나 공무수행사인을 일반인보다 무거운 3,000만 원 이하의 과태료에 처하도록 규정한 이유는 공직자등이나 공무수행사인에게 일반인보다 더 큰 공정성과 청렴성을 요구하기 때문이라고 생각한다. 따라서 공무수행사인이라는 신분을 가진 자가 제3자를 위한 부정청탁행위를 한 때에는 그러한 청탁행위가 공무 수행에 관한 것인지 여부를 불문하고 제23조 제1항 제1호가 적용된다고 보아야 한다.

그러므로 개인인 공무수행사인이 공무 수행에 관한 것이 아니라 원래 소속한 회사 등 법인이나 단체의 업무에 관하여 소속 법인이나 단체 이외의 제3자를 위한 부정청탁행위를 하거나 소속 법인이나 단체 자체를 위해 부정청탁을 하는 경우 일반적으로는 그 법인이나 단체가 양벌규정의 적용 대상이 되어야 할 것이나, 앞에서 본 바와 같이 청탁금지법상의 양벌규정은 공직자등이나 공무수행사인의 제3자를 위한 청탁행위에 대한 벌칙인 제23조 제1항 제1호를 적용 대상에서 제외하고 있으므로, 이때에도 공무수행사인이 원래 소속한 법인이나 단체 등은 과태료를 부과받지 않는다고 볼 수밖에 없다.

한편, 공무수행사인에 해당하는 개인이 공무 수행 업무에 관하여 제23조 제1항 제1호의 위반행위를 하는 경우 이는 그 공무수행사인이 원래 소속한 회사 등 법인이나 단체의 업무에 관한 행위가 아니라 당해 공무와 관련한 공공기관의 업무에 관한 행위이므로 그 공공기관을 양벌규정의 적용 대상으로 보아야 하나 이때에도 청탁금지법상의 양벌규정은 제23조 제1항 제1호를 적용 대상에서 제외하고 있으므로 당해 공공기관은 과태료를 부과받지 아니한다.

이와는 달리, 개인이 아니라 법인이나 단체가 공무수행사인인 경우 그 법인이나 단체에 소속하여 실제로 공무 수행을 담당하는 임직원이 공무 수행 업무에 관하여 소속 법인이나 단체 이외의 제3자를 위한 부정청탁행위를 하거나 소속 법인이나 단체 자체를 위해 부정청탁행위를 한 때라면 그 실 행위자는 공무수행사인이 아니고 그가 실제로 담당하여 수행하는 공무는 그가 소속한 공무수행사인인 법인이나 단체의 업무에 해당한다. 따라서 이 경우 양벌규정의 적용 대상이 되는 법인이나 단체는 당해 공무와 관련한 공공기관이 아니라 그가 소속한 공무수행사인인 법인이나 단체로 봄이 타당하다. 그런데 이때 실 행위자는 공무수행사인이 아니므로 실 행위자의 행위는 제23조 제1항 제1호에 해당하지 않는다. 그러므로 이때에는 실 행위자를 제23조 제1항 제1호가 아니라 제23조 제2항 위반으로 의율하여 과태료를 부과할 수 있고 그가 소속한 공무수행사인인 법인이나 단체 등에 대하여도 양벌규정에 따라 과태료를 부과할 수 있다고 생각한다. 이때 법인이나 단체인 공무수행사인은 공공기관의 공무 수탁자나 수임자의 지위에서 청탁금지법 위반에 따른 양벌규정에 의하여 과태료를 부과받는 것이므로, 그 위탁자나 위임자인 공공기관의 대리인이나 사용인의 지위에서 공공기관의 업무인 공무에 관하여 청탁금지법 위반행위를 한 것으로 볼 수 있으나, 앞에서 본 바와 같이 청탁금지법상의 양벌규정은 제23조 제1항 제1호를 적용 대상에서 제외하고 있으므로 당해 공공기관은 과태료 부과 대상에서 제외될 것이다.

청탁금지법 제23조 제3항은 제23조 제1항 제1호와는 달리 행위주체가 일반인 인지 공직자등이나 공무수행사인인지를 불문하고 제3자를 통하여 부정청탁행위 를 한 자를 대상으로 한 벌칙규정으로서 이에 대하여는 양벌규정이 적용되므로, 행위자가 국가공무원이나 지방공무원으로서 그 공무원의 업무 수행과 관련하여 제23조 제3항의 위반행위를 하면 양벌규정에 의하여 국가나 지방자치단체도 과 태료 부과 대상이 될 수 있다.

하지만 대한민국은 과태료 부과·집행의 주체이므로 대한민국 자체는 물론 대한민국의 행정각부 등 국가기관은 양벌규정에 의한 과태료 부과 대상에서 제 외된다고 보아야 한다. 그러나 지방자치단체의 경우에는 일률적으로 말하기 어 렵다.

국가가 본래 그의 사무의 일부를 지방자치단체의 장에게 위임하여 그 사무 를 처리하게 하는 기관위임사무의 경우에는 지방자치단체를 국가기관의 일부로 볼 수 있으나, 지방자치단체가 그 고유의 자치사무를 처리하는 경우 지방자치단 체는 국가기관의 일부가 아니라 국가기관과는 별도의 독립한 공법인으로서 양벌 규정에 의한 처벌 대상이 되는 법인에 해당한다고 봄이 타당하다. 이때 법령상 지방자치단체의 장이 처리하도록 하고 있는 사무가 자치사무인지 기관위임사무 에 해당하는지 여부를 판단함에 있어서는 그에 관한 법령의 규정 형식과 취지를 우선 고려하여야 할 것이지만 그 외에도 그 사무의 성질이 전국적으로 통일적인 처리가 요구되는 사무인지 여부나 그에 관한 경비 부담과 최종적인 책임 귀속의 주체 등도 아울러 고려하여 판단하여야 할 것이다.[60]

따라서 지방자치단체 소속 공무원이 지방자치단체의 업무를 수행하는 과정 에서 제3자를 통한 부정청탁행위를 한 경우 그 업무 수행이 지방자치단체 고유의 자치사무를 수행한 것으로 인정된다면 지방자치단체에 대하여 양벌규정에 따른 과태료 부과가 가능하다고 볼 수 있다.

공무수행사인의 제3자를 통한 부정청탁행위에 있어서, 개인인 공무수행사인 이 공무 수행과는 무관하게 원래 소속한 법인이나 단체의 업무 수행과 관련하여

---

60) 대법원 2009. 6. 11. 선고 2008도6530 판결; 대법원 2003. 4. 22. 선고 2002두10483 판결 등.

제3자를 통한 부정청탁행위를 한 때에는 양벌규정에 따라 그 법인이나 단체에게 과태료를 부과할 수 있을 것이다. 이와는 달리 공무 수행과 관련하여 제3자를 통한 부정청탁행위를 한 경우에 개인이 공무수행사인이라면 이는 그 공무수행사인이 원래 소속한 회사 등 법인이나 단체의 업무에 관한 행위가 아니라 당해 공무와 관련한 공공기관의 공무인 업무에 관한 행위이므로 그 공공기관을 양벌규정의 적용 대상으로 보고 그 공공기관에게 과태료를 부과함이 타당하다고 본다.

만약 개인이 아니라 법인이나 단체가 공무수행사인인 경우 실 행위자가 소속한 공무수행사인인 법인이나 단체의 업무인 공무 수행에 관하여 제3자를 통한 부정청탁행위를 하였다면 양벌규정에 의하여 그 소속 법인이나 단체와 함께 모두 과태료를 부과받게 될 것이다. 또 이 경우 법인이나 단체인 공무수행사인은 공공기관의 공무 수탁자나 수임자의 지위에서 청탁금지법 위반에 따른 양벌규정에 의하여 과태료를 부과받는 것이므로, 그 위탁자나 위임자인 공공기관의 대리인 또는 사용인의 지위에서 공공기관의 업무인 공무에 관하여 청탁금지법 위반행위를 한 것으로 볼 수 있어 그 위탁자나 위임자인 공공기관에게도 양벌규정에 의하여 과태료를 부과할 수 있다고 본다.

그런데 공직자등이나 공무수행사인이 제3자를 통하여 부정청탁을 하는 경우에 그들이 소속한 공공기관이나 법인 또는 단체를 위하여 할 때도 많을 것으로 예상된다. 이때에는 앞에서 본 바와 같이 제3자를 "위하여"와 "통하여"가 중첩되어 제3자를 위한 부정청탁행위로 제재를 받게 될 것인데, 공직자등이나 공무수행사인의 제3자를 위한 부정청탁행위와 관련한 양벌규정 적용에 대하여는 이미 앞에서 설명하였으므로 여기에서는 재차 설명하지 않는다.

일반인인 법인이나 단체의 임직원이 소속 법인이나 단체를 위하여 직접 또는 제3자를 통하여 공직자등이나 공무수행사인에게 부정청탁을 한다면 이는 임직원이 제3자인 소속 법인이나 단체를 위하여 부정청탁행위를 한 것이므로 행위자인 임직원 개인에게 과태료가 부과될 뿐 아니라 그 소속 법인·단체에게도 양벌규정에 따라 과태료가 부과된다.

앞에서 본 바와 같이 2 이상의 질서위반행위가 경합하는 경우 각 질서위반행위에 대하여 과태료를 각각 부과하므로, 양벌규정에 따라 법인이나 단체 등에게 과태료를 부과하는 때에도 각 위반행위에 대하여 각각 양벌규정에 따른 과태료를 부과할 수 있다.

일반적인 행정법률들의 벌칙 중 양벌규정은 대표자나 대리인, 사용인 그 밖의 종업원을 두고 있는 법인이나 개인을 적용 대상으로 하고 있을 뿐만 아니라 그 법인이나 개인에게 형벌인 벌금만을 부과할 수 있도록 정하고 있다. 「질서위반행위규제법」도 제11조에서 자연인 이외에는 법인만을 과태료 부과 대상으로 삼고 있다. 그런데 청탁금지법의 양벌규정은 이와는 달리 법인이나 개인뿐 아니라 "단체"도 적용 대상으로 하고 있으며 형벌인 벌금 이외에 과태료도 부과할 수 있도록 정하고 있다. 그러므로 청탁금지법의 양벌규정의 적용 대상인 "단체"를 놓고 어떠한 형태의 조직체를 "단체"로 보아야 할 것인가를 포함하여 여러가지 의문이 들 수밖에 없다.

「민법」은 권리능력의 주체를 자연인과 법인에 한정하고 있으며 「형법」은 자연인만을 처벌 대상으로 삼고 있다. 또한 상술한 바와 같이 행정법률들도 법인이나 개인만을 양벌규정의 적용 대상자로 규정하고, 「민사소송법」은 자연인이나 법인이 아닌 경우에는 제52조에서 대표자나 관리인이 있는 비법인사단이나 비법인재단에 한하여 소송행위에 필요한 당사자능력을 부여하고 있을 뿐이다. 종중의 경우에는 목적, 조직, 구성원 등 사회적 실체로서 규정짓는 요소를 갖추었는지 여부를 따져보고 그와 같은 실체가 실재한다고 인정되는 종중만을 소송상 당사자능력이 있는 것으로 인정하고 있으며, 조합의 경우에는 고유의 목적을 가지고 사단적 성격을 가지는 규약을 만들어 이에 근거하여 의사결정기관 및 집행기관인 대표자를 두는 등의 조직을 갖추고 있고, 기관의 의결이나 업무집행방법이 다수결의 원칙에 의하여 행하여지며 구성원의 가입·탈퇴 등으로 인한 변경에 관계없이 단체 그 자체가 존속되고, 그 조직에 의하여 대표의 방법, 총회나 이사회 등의 운영, 자본의 구성, 재산의 관리 기타 단체로서의 주요사항이 확정되어 있는 때에만 소송상 당사자능력이 있는 것으로 보고 있다. 또한 「민법」 제271조는 조합재산을 합유 관계로 규정하므로, 비법인사단으로 볼 수 없는 조합의 경우 그 재산에 대한 강제집행을 위해서는 조합원 전원을 상대로 하여 채무의 이행을 구하여 전원에 대한 집행권원을 부여받아야 하고, 각 조합원 개인 재산에 대해 강제집행하려는 경우에는 각 조합원을 상대로 소를 제기하여 집행권원을 얻어 강제집행을 할 수 있으며, 조합원 전원에 대한 집행권원에 의해서 각 조합원의 개인 재산에 대한 강제집행이 가능하게 된다.[61]

---

61) 김능환·민일영(집필대표), 『주석 민사소송법(1)』 제7판, 한국사법행정학회(2012. 3.), 367~373면.

그렇다면 청탁금지법이 "단체"를 양벌규정의 적용 대상으로 정하였다 하더라도 법인이 아닌 "단체"가 어떤 법리에 따라 형벌이나 과태료 부과 대상이 되는 것인지, 비법인사단이나 비법인재단에 해당하지 않아 「민사소송법」상 당사자능력조차 인정될 수 없는 향우회나 동창회 등 일반적 결사체도 양벌규정의 적용 대상이 되는 것인지, "단체"가 벌금이나 과태료를 부과받게 되는 경우 그 집행은 어떠한 방법과 절차에 의할 것이며 누구 명의의 재산을 대상으로 집행할 것인지 등에 대하여 논란이 따를 수밖에 없다.

청탁금지법의 양벌규정에 따라 단체에게 부과할 수 있는 벌금은 「형사소송법」 제477조 제3항, 제4항에 의하여 「민사집행법」과 「국세징수법」에 따라, 과태료는 「질서위반행위규제법」 제42조 제2항에 의하여 「민사집행법」이나 국세 또는 지방세 체납처분의 예에 따라 집행하는 점을 고려하여 볼 때, 결국 청탁금지법에서 말하는 "단체"는 적어도 「민사소송법」상 당사자능력이 인정될 수 있는 대표자나 관리인을 둔 비법인사단이나 비법인재단에 해당하는 단체를 의미하는 것으로 봄이 타당할 것으로 생각한다.

그러나 "단체"를 벌칙의 적용 대상자로 명시하고 있으므로 "단체"가 무엇을 말하는지는 대단히 중요한 문제로서 이를 전적으로 해석론에 맡길 수는 없다. 따라서 "단체"에 대한 정의와 "단체"에 대한 벌금이나 과태료 부과절차, 집행절차 등 필요한 사항들을 입법적으로 명확히 규정함이 필요하다고 본다.

(3) 양벌규정상의 면책

법인·단체 또는 개인이 그 위반행위를 방지하기 위하여 해당 업무에 관하여 상당한 주의와 감독을 게을리하지 아니한 경우에는 과태료 부과를 면할 수 있다.

상당한 주의와 감독을 게을리하지 않은 때에 해당하는지 여부를 판단하는 기준에 대하여, 법원은 "양벌규정의 취지는 법인 등 업무주의 처벌을 통하여 벌칙 조항의 실효성을 확보하는 데 있는 것이므로, 이 경우 법인은 위반행위가 발생한 그 업무와 관련하여 상당한 주의 또는 관리·감독 의무를 게을리한 과실로 인하여 처벌되는 것이라 할 것인데, 구체적인 사안에서 법인이 상당한 주의 또는 감독을 게을리하였는지 여부는 당해 위반행위와 관련된 모든 사정, 즉 당해 법률의 입법 취지, 처벌조항 위반으로 예상되는 법익 침해의 정도, 위반행위에 관하여 양벌규정을 마련한 취지 등은 물론 위반행위의 구체적인 모습과 그로 인하여 실제 야기된 피해 또는 결과의 정도, 법인의 영업 규모 및 행위자에 대한 감독 가능성이나 구체적인 지휘·감독 관계, 법인이 위반행위 방지를 위하여 실제 행한 조치 등을 전체적으로 종합하여 판단하여야 한다"고 판시하고 있다.[62]

법원이 제시하는 판단 기준을 고려하여 볼 때, 청탁금지법과 관련해서는 예컨대 윤리기준 등 필요한 내부규정의 제정·시행, 위반사실 발견을 위한 자체 신고·보상 등 제도의 수립·시행, 예방을 위한 주기적 교육·점검·감독 제도 확립, 전담 조직 편성과 전담 직원 지정, 권익위 등 법 집행기관의 가이드라인과 권유사항 등의 적극 이행, 위반행위자에 대한 제재 제도 시행 등을 예상해 볼 수 있다.

이와 관련하여, 대법원 2011. 3. 24. 선고 2010도14817 판결 등을 근거로 법인의 대표자가 청탁금지법 위반행위를 하였을 경우에는 법인이 상당한 주의와 감독을 게을리하지 않았다 하더라도 양벌규정의 법인에 대한 면책 대상에서 제외된다고 보는 견해가 있다.[63] 그러나 이 대법원 판결은 양벌규정에 근거하여 법인을 형사처벌하는 것이 형벌의 자기책임 원칙에 반하여 헌법에 위반된다는 피고 법인의 주장에 대하여, "법인은 기관을 통하여 행위하므로 법인 대표자의 행위로 인한 법률효과는 법인에게 귀속되어야 하고, 법인 대표자의 범죄행위에 대하여는 법인 자신이 책임을 져야 하는바, 법인 대표자의 법규위반 행위에 대한 법인의 책임은 법인 자신의 법규위반 행위로 평가될 수 있는 행위에 대한 법인의 직접책임으로서, 대표자의 고의에 의한 위반행위에 대하여는 법인 자신의 고의에 의한 책임을, 대표자의 과실에 의한 위반행위에 대하여는 법인 자신의 과실에 의한 책임을 지는 것이므로 법인에 대한 처벌이 형벌의 자기책임 원칙에 반하지 않는다"고 판시한 것으로서 양벌규정 자체의 당부에 대한 판결이다. 따라서 이 판례를 근거로 법인의 대표이사가 청탁금지법 위반 행위를 하는 경우 법인이 상당한 주의와 감독을 게을리하지 않았다 하더라도 법인을 처벌할 수 있다고 풀이하는 견해에는 의문의 여지가 있다.

법인이 상당한 주의와 감독을 게을리하지 아니하였음에도 불구하고 양벌규정에 의하여 과태료가 부과된 경우에는 법원에 즉시항고할 수 있으며, 즉시항고의 경우 이미 부과된 과태료의 집행은 정지된다(「질서위반행위규제법」 제38조).

---

62) 대법원 2012. 5. 9. 선고 2011도11264 판결; 대법원 2010. 4. 15. 선고 2009도9624 판결; 대법원 2010. 12. 9. 선고 2010도12069 판결 등.

63) 권익위, 앞의 Q&A 사례집, 62면.

IV

금품등 수수 금지

1. 적용 대상
2. 수수 금지 금품등
3. 예외적 허용 금품등
4. 수수 금지 금품등의 신고 및 처리 절차
5. 징계 및 벌칙
6. 외부강의등의 사례금 수수 제한

IV 금품등 수수 금지

제2조(정의)

3. "금품등"이란 다음 각 목의 어느 하나에 해당하는 것을 말한다.

　　가. 금전, 유가증권, 부동산, 물품, 숙박권, 회원권, 입장권, 할인권, 초대권, 관람권, 부동산 등의 사용권 등 일체의 재산적 이익

　　나. 음식물·주류·골프 등의 접대·향응 또는 교통·숙박 등의 편의 제공

　　다. 채무 면제, 취업 제공, 이권(利權) 부여 등 그 밖의 유형·무형의 경제적 이익

제8조(금품등의 수수 금지)　① 공직자등은 직무 관련 여부 및 기부·후원·증여 등 그 명목에 관계없이 동일인으로부터 1회에 100만 원 또는 매 회계연도에 300만 원을 초과하는 금품등을 받거나 요구 또는 약속해서는 아니 된다.

② 공직자등은 직무와 관련하여 대가성 여부를 불문하고 제1항에서 정한 금액 이하의 금품등을 받거나 요구 또는 약속해서는 아니 된다.

④ 공직자등의 배우자는 공직자등의 직무와 관련하여 제1항 또는 제2항에 따라 공직자등이 받는 것이 금지되는 금품등(이하 "수수 금지 금품등"이라 한다)을 받거나 요구하거나 제공받기로 약속해서는 아니 된다.

⑤ 누구든지 공직자등에게 또는 그 공직자등의 배우자에게 수수 금지 금품등을 제공하거나 그 제공의 약속 또는 의사표시를 해서는 아니 된다.

1. 적용 대상

금품등의 수수 금지규정의 적용 대상자로서 수수자 측은 공직자등과 공무수행사인 그리고 그들의 배우자이다. 공직자등이나 공무수행사인과 사실혼 관계에 있는 자는 그들의 배우자에 해당하지 아니하므로 동법의 적용 대상이 아니다.

법인이나 단체 자체가 공무수행사인일 수도 있는 반면, 공직자등은 자연인만을 의미하므로 공직자등이 아닌 공공기관 자체가 부정금품등을 수수하는 경우 누구를 제재할 수 있는지 생각해 볼 필요가 있다.

청탁금지법은 공직자등이 금품등을 수수하는 행위를 규제하고 있다. 따라서 공직자등이 아니라 공공기관이 금품등을 수수하는 때에는 공직자등의 금품등 수수행위 자체가 존재하지 아니한다. 만약 공직자등이 자신이 소속한 공공기관에 협찬해 달라고 상대방에게 요구하여 상대방이 협찬금을 공직자등에게 주어 공직자등이 이를 공공기관에 입금했다 하더라도 공직자등이 상대방의 금품등을 공공기관에게 전달해 준 것일 뿐 공직자등이 이를 수수하였다고는 볼 수 없다.

이 문제는 법인의 범죄능력 부정설에 입각하여 법인의 범죄행위에 대하여 그 대표자를 처벌할 수 있다는 법리와는 전혀 다른 문제이다. 대표자 처벌 법리는 법인을 범죄 주체로 명시한 법률 규정이 있거나 배임죄에서 법인이 타인의 사무 처리자에 해당할 때처럼 법인이 범죄 주체라고 인정되는 때에 한하여 적용할 수 있는 법리이기 때문이다. 만약 청탁금지법에 '공공기관은 금품등을 수수해서는 안 된다'고 규정하면서 위반행위에 대한 벌칙을 두었다면 공공기관이 금품등을 수수하였다고 인정되는 사안에서 앞의 법리에 따라 그 대표자를 벌할 수 있을 것이나 청탁금지법에는 공직자등에 대한 금품등 수수 금지규정만을 두었을 뿐 공공기관에 대한 금품등 수수 금지규정은 두고 있지 아니하므로 실 행위자는 물론 대표자도 벌할 수 없다고 보아야 한다.

이렇게 되는 이유는 공무원이 직무와 관련하여 부정한 청탁을 받고 제3자에게 뇌물을 공여하게 한 때에도 처벌할 수 있도록 제3자 뇌물제공죄를 두고 있는 「형법」[1]과는 달리 청탁금지법은 공직자등이나 공무수행사인 또는 그들의 배우자

---

1) 「형법」 제130조(제삼자뇌물제공) 공무원 또는 중재인이 그 직무에 관하여 부정한 청탁을 받고 제3

의 금품등 수수만을 금지하고 있기 때문이라고 볼 수밖에 없다.

만약 공공기관의 대표자나 임직원이 민간 기업으로부터 공공기관 내 체육행사 등에 대한 협찬 명목의 금품등을 받아 소속 공직자등에게 나누어 주었다면 이는 공공기관 자체가 협찬 금품등을 받았다고 보기보다는 그 대표자나 임직원이 금품등을 받은 행위로 보아야 할 것이다. 이러한 때에는 공공기관의 대표자나 임직원 개인이 체육 행사에 참가한 소속 공직자등에게 나누어 주고자 제3자로부터 협찬 명목의 금품등을 받은 것이고, 수수한 금품등을 소속 공직자등에게 체육 행사 상품 등의 명목으로 나누어 주었다 하더라도 이는 수수한 금품등의 소비 방법에 불과할 뿐 공공기관 자체가 금품등을 받은 것이라고는 볼 수 없기 때문이다. 그러나 공공기관이 공공기관의 예산으로 주최하는 행사에 대한 자금 협찬을 민간 기업에게 요구하여 그 협찬 자금이 공공기관에 입금되어 공공기관의 예산과 함께 실제로 행사에 사용된 경우에는 협찬을 요구한 공직자등 개인이 이를 수수한 것이라고는 도저히 볼 수 없다. 이에 대하여는 벌칙 등 관련 부분에서 다시 살펴보기로 한다.

금품등의 수수행위 금지규정의 적용 대상자로서 제공자 측은 이 법의 적용을 받는 모든 사람이다. 이에 대하여는 이미 앞에서 살펴본 바 있으므로 여기에서는 설명을 생략한다.

공직자등의 신분과 일반인의 신분을 겸유한 사람은 공직자등의 직무와 관련하여 일체의 금품등을 받을 수 없고, 직무 관련 여부나 명목과 관계없이 동일인으로부터 1회에 100만 원(이하 "1회 한도액"이라고 한다), 매 회계연도 300만 원(이하 "연간 한도액"이라고 한다)을 초과하는 금품등도 받을 수 없다. 따라서 만일 일반 기업의 대표이사가 학교법인의 이사장을 겸임한다면 학교법인 이사장의 직무와 관련한 금품등은 전혀 수수할 수 없음은 물론이고, 학교법인 이사장의 직무와는 아무 관련이 없는 금품등이라 하더라도 1회 한도액이나 연간 한도액을 초과한 금품등은 수수할 수 없다.

청탁금지법은 제8조 제1항에서 "공직자등은 직무 관련 여부 및 기부·후원·증여 등 그 명목에 관계없이 동일인으로부터 1회 한도액이나 연간 한도액을 초과하는 금품등을 받거나 요구 또는 약속해서는 아니 된다"라고 규정한다. 그러면서

자에게 뇌물을 공여하게 하거나 공여를 요구 또는 약속한 때에는 5년 이하의 징역 또는 10년 이하의 자격정지에 처한다.

동조 제2항은 "공직자등은 직무와 관련하여 대가성 여부를 불문하고 제1항에서 정한 금액 이하의 금품등을 받거나 요구 또는 약속해서는 아니 된다"라고 규정한다.

따라서 제1항과 제2항을 종합하면 '공직자등은 직무와 관련성이 있는 금품등은 일체 수수할 수 없고, 직무와 관련성이 없는 금품등이라 하더라도 1회 한도액이나 연간 한도액을 초과하면 이를 받거나 요구 또는 약속할 수 없다'는 의미임을 알 수 있다.

그러나 청탁금지법 제8조 제1항만을 놓고 보면, 마치 공직자등은 직무와 관련한 금품등이라 하더라도 동일인으로부터 1회 한도액이나 연간 한도액 이하의 금품등은 수수 금지 금품등에 해당하지 아니하여 적법하게 수령할 수 있는 것처럼 오해를 불러올 여지가 있다. 또한 동조 제2항만을 놓고 보면, 제1항에서 정한 금액 이하의 금품등, 즉 동일인으로부터 1회 한도액이나 연간 한도액 이하의 금품등만 수수 금지 금품등에 해당하는 것처럼 보일 수 있다.

따라서 입법론적으로는 "공직자등은 직무와 관련해서는 일체의 금품등을 수수할 수 없다"는 규정을 제1항으로 두고, 제2항에 "직무와 관련하지 않더라도 동일인으로부터 1회 한도액이나 연간 한도액을 초과하는 금품등을 받거나 요구 또는 약속할 수 없다"는 규정을 두는 것이 바람직하다고 생각한다. 이 경우 관련 벌칙조항인 제22조 제1항 제1호의 "제8조 제1항을 위반한 공직자등"을 "제8조 제1항을 위반하여 제2항의 가액에 해당하는 금품등을 받거나 제8조 제2항을 위반한 공직자등"으로 적절히 수정하는 것도 가능하므로 이렇게 조문을 변경하더라도 조문 구성상 큰 무리는 없으리라 생각한다.

「형법」은 공무원이 그 직무에 관하여 뇌물을 수수, 요구 또는 약속한 때 뇌물수수죄가 성립하는 것으로 규정하고 있으므로, 뇌물의 가액이 얼마가 되었든 공무원이 직무와 관련하여 금품을 수수하기만 하면 뇌물죄가 성립한다. 뿐만 아니라 「특가법」 제4조, 「지방공기업법」, 「정부투자기관관리법」 등 개별 법령에 의하여 공무원이 아닌 공공기관의 임직원들도 직무와 관련하여 금품등을 수수하면 공무원으로 의제되어 뇌물죄로 처벌받을 뿐만 아니라 「공공기관의 운영에 관한 법률」 제50조에 따라 기획재정부장관이 지정하는 청탁금지법 제2조 제1호 다목 소정의 모든 공공기관의 임직원, 운영위원회의 위원과 임원추천위원회의 위원으로서 공무원이 아닌 사람은 물론 단순히 일반인에 불과한 도시개발사업의 감리원의 경우에도 「도시개발법」 제84조에 의하여 뇌물 범죄에서는 공무원으로 의제되어 감리원의 직무와 관련하여 금품을 수수하면 형법상의 뇌물죄로 처벌된다.

그런데 청탁금지법 제8조 제2항은 "직무와 관련하여 대가성 여부를 불문하고"라고 규정하고 있으므로, 뇌물죄는 직무관련성과 대가성이라는 별개의 구성요건이 모두 존재해야만 성립한다는 전제하에 청탁금지법은 직무관련성만 있어도 금품등의 수수행위를 규제한다는 입장을 취하고 있는 것으로 보여진다. 하지만 뒤에서 살펴보는 바와 같이 「형법」상의 뇌물죄는 공무원의 직무와 수수 금품등 사이에 관련성만 존재하면 성립하는 범죄로서 대가성을 별개의 범죄구성요건으로 삼지 않는다.

이러한 점을 종합하여 볼 때 청탁금지법 제8조 제1항이 "공직자등은 직무 관련 여부 및 기부·후원·증여 등 그 명목에 관계없이"라고 규정하고 있더라도, 뇌물죄 적용 대상이 되는 공무원이나 공무원으로 의제되는 사람(도시개발사업 감리원 등 일부 공무수행사인도 이에 해당함)은 원래부터 「형법」 및 개별 법령에 따라 직무와 관련하여 가액을 불문하고 일체의 금품등을 수수할 수 없는 사람이고, 뇌물죄 적용 대상자가 아닌 공직자등이나 공무수행사인이라 하더라도 동법 제8조 제2항에 의하여 직무관련성이 있는 금품등은 가액을 불문하고 일체 받을 수 없으므로, 결국 제1항은 뇌물죄 적용 대상자인 공직자등이나 뇌물죄 적용 대상자가 아닌 공직자등이 직무와 관련성 없는 금품등을 수수하는 때에 큰 의미를 갖는 규정이라고 할 수 있다.

다만 청탁금지법에 의하면 뇌물죄 적용 대상자나 뇌물죄 적용 대상자가 아닌 공무수행사인의 직무와 관련한 금품등 수수의 경우에도 동일인으로부터 1회 한도액이나 연간 한도액을 초과하여 금품등을 수수하는 때에는 징역 3년 이하의 징역 등 형사처벌을 받게 되는 반면, 수수 금품등의 가액이 그 이하 금액에 해당할 때에는 과태료를 부과받게 되어 양자간 제재의 정도가 크게 다르므로, 이런 점에서 본다면 제8조 제1항은 이러한 사람들의 직무관련성 있는 금품등의 수수에도 의미가 있는 규정이라고 말할 수 있다.

그러나 직무관련성 있는 금품등을 수수하여 「형법」상 뇌물죄로 처벌을 받게 되는 공직자등은 5년 이하의 징역에 처해지고, 뇌물의 가액이 3,000만 원 이상이면 「특가법」에 의하여 형이 가중되므로, 뇌물죄 적용 대상자인 공직자등에게는 청탁금지법 제8조 제1항 소정의 가액 기준에 따라 형사처벌과 과태료로 제재 수위가 달라지는 것이 그다지 의미 있는 것으로 보이지는 않으리라 생각한다.

한편, 제8조 제2항은 그간 뇌물죄 적용 대상자에 해당하지 않아 직무관련성이 있는 금품등을 수수해도 처벌할 수 없었던 일부 공직자등이나 공무수행사인의 직무관련성 있는 금품등의 수수를 규제한다는 데 더 큰 존재 의의가 있는 규정이라고 볼 수 있다.

2. 수수 금지 금품등

가. "금품등"

수수가 금지되는 금품등은 금전, 유가증권, 부동산, 물품, 숙박권, 회원권, 입장권, 할인권, 초대권, 관람권 등 유가유형물(有價有形物)에 국한되지 아니하고, 부동산 등 사용, 음식물·주류·골프 등 접대·향응, 교통·숙박 등 편의, 채무 면제, 취업 제공, 이권 부여 등 경제적 이익이 있다고 인정되기만 하면 유무형을 불문하고 모두 이에 해당한다(법 제2조 제3호).

이러한 경제적 이익은 금전, 물품 기타 재산적 이익뿐만 아니라 사람의 수요, 욕망을 충족시키기에 족한 일체의 유형, 무형의 이익을 포함하며, 투기적 사업에 참여할 기회를 얻는 것도 이에 해당한다. 또한 이익은 수수 약속 당시에 현존할 필요는 없고 약속 당시에 예기할 수 있는 것이라도 무방하다. 예컨대 공직자등이 특정 토지를 매수하여 그 토지 개발을 통한 건축 등 투자 기회를 제공받은 경우 비록 매수한 토지의 객관적 시가를 합리적 의심이 없을 정도로 산정하기 어렵더라도 투자 기회를 제공받은 것 자체가 경제적 이익 취득에 해당한다.[2]

투기적 사업에 참여할 기회도 경제적 이익에 해당한다. 예컨대 공직자등이 금품 제공자 측의 전기공사사업에 참여할 기회를 제공받아 함께 회사를 설립한 행위는 금품등을 수수한 행위에 해당한다.[3][4]

---

2) 대법원 2012. 8. 23. 선고 2010도6504 판결.
3) 대법원 2011. 7. 28. 선고 2009도9122 판결.
4) 법원은 경찰공무원이 슬롯머신 영업에 5,000만 원을 투자하여 매월 300만 원을 배당받기로 약속한 후 35회에 걸쳐 1억 500만 원을 교부받은 사건에서, "5,000만 원을 투자함으로써 바로 이익을 얻었다고는 볼 수 없고 매월 300만 원을 지급받기로 하는 약속, 즉 뇌물의 수수를 약속한 것에 불과하

공무원으로 의제되는 「도시 및 주거환경정비법」 소정의 재건축정비사업조합 조합장이 보험설계사로 일하면서 보험사로부터 보험계약 모집 수수료를 받고자 시공업자로 하여금 자신이 권유하는 보험상품에 대한 보험계약을 체결하게 한 행위도 그 수수료 상당의 경제적 이익을 얻은 행위에 해당한다.[5]

공직자가 보유하던 토지를 제3자의 토지와 맞바꾼 사안에서, 공직자의 보유 토지 시가가 교환 취득한 토지 시가보다 높다 하더라도 공직자의 입장에서 오랫동안 처분을 하지 못하고 있던 부동산을 처분한 것이고, 나아가 교환 취득한 토지가 평소 매수를 희망하였던 전원주택지로 향후 개발되는 경우 가격이 많이 상승할 것으로 볼 수 있다면 이 역시 경제적 이익에 해당할 수 있다.[6]

체비지 가격의 상승이 예상되는 상황에서 체비지 지분을 낙찰 원가에 매수한 경우 설사 그 매수 당시의 체비지 시세가 낙찰 원가에 불과하다고 하더라도 직무와 관련하여 경제적 이익에 해당하는 투기적 사업에 참여할 기회를 제공받았다고 볼 수 있다.[7]

나. "동일인"

청탁금지법 제8조 제1항, 제2항은 동일인으로부터 받는 금품등의 1회 한도액과 연간 한도액을 기준으로 하여 규정 내용을 달리하고 있다.

청탁금지법 제8조는 공직자등을 상대로 한 금품등의 제공, 약속, 제공의 의사표시 및 공직자등의 금품등의 수수, 요구, 약속을 금지하는 규정이므로 개인인 자연인이 행위자임을 전제로 하고 있는 규정이다. 그러므로 우선 동일인에 자연

여 현실적으로 매월 300만 원씩을 지급받은 것이 뇌물을 수수한 것이라고 보아야 하므로 1억 500만 원은 그 자체가 뇌물이 되는데, 다만 실제의 뇌물의 액수는 5,000만 원을 투자함으로써 얻을 수 있는 통상적인 이익을 초과한 금액이라고 보아야 하며, 여기서 통상적인 이익이라 함은 다른 특별한 사정이 없는 한 그 경찰공무원의 직무와 관계없이 투자하였더라면 얻을 수 있었을 이익을 말하는데, 구체적으로는 위 투자의 형태가 실질에 있어서는 금원을 대여하고 그에 대하여 이자를 받은 것과 다를 바 없으므로 슬롯머신 업소 경영자와 같은 사람에게 5,000만 원을 직무와 관계없이 대여하였더라면 받았을 이자 상당이 통상적인 이익이 되고 그 이율은 양 당사자의 자금사정과 신용도 및 해당 업계의 금리체계에 따라 심리판단해야 하며, 그 경찰공무원이 다른 방법으로 그 돈을 투자하였더라면 어느 정도의 이익을 얻을 수 있었을 것인지는 원칙적으로 고려할 필요가 없다"고 판시한 바 있다(대법원 1995. 6. 30. 선고 94도993 판결).

5) 대법원 2014. 10. 15. 선고 2014도8113 판결.
6) 대법원 2001. 9. 18. 선고 2000도5438 판결.
7) 대법원 1994. 11. 4. 선고 94도129 판결.

인이 포함되어 있다는 점에는 의문의 여지가 없다.

따라서 한 사람이 특정 공직자에게 1회 한도액이나 연간 한도액을 초과하여 금품등을 제공한 경우 그 제공하는 금품등의 자금 출처를 물을 필요도 없이 청탁금지법 제8조 제1항에 위반함은 명백하다. 예컨대 제공자가 특정 공직자에게 연간 제공한 금품의 총액이 500만 원이고 그 중 300만 원은 제공자 개인의 자금, 나머지 200만 원은 제공자가 재직 중인 회사의 자금이라 하더라도 청탁금지법 제8조 제1항 위반에 해당한다.

제공행위자가 1인의 자연인이라 하더라도 동일인 해당 여부를 판단함에 있어서는 금품등을 제공하는 사실행위를 한 사람만을 기준으로 삼을 수는 없고, 실제로 금품등의 제공을 하였다고 법률적으로 인정되는 사람을 기준으로 삼아야 한다.8)

예컨대 A주식회사 대표이사 X가 공직자 B에게 1,000만 원을 제공하기 위하여 회사 직원 10명에게 각기 100만 원씩 나누어주며 전달 지시를 하여 결국 B가 총 1,000만 원을 수령한 경우, 금품등을 제공하는 사실행위를 한 사람은 A주식회사 직원 10명이지만 실제로 금품등의 제공을 하였다고 법률적으로 인정되는 사람은 대표이사 X로 보아야 한다. 따라서 X는 B에게 1,000만 원을 제공하였으므로 청탁금지법 제8조 제1항을 위반하였고, 직원 10명도 이에 공모 가담하였다면 이들 역시 청탁금지법 제8조 제1항을 위반한 것이다. 만약 직원 10명은 이런 사실을 전혀 모른 채 각기 자신만이 대표이사 X로부터 100만 원의 전달 지시를 받은 줄 알고 이를 제공한 것이라면 이들을 청탁금지법 제8조 제1항 위반으로 의율할 수는 없다.

만일 공직자 B와 각자 친분이 있는 A주식회사 임원 Y, Z가 상호간에 아무런 의사 연락 없이 각기 B에게 연간 300만 원 상당의 접대를 하고 그 비용을 모두 A주식회사의 법인 신용카드로 결제하여 법인 접대비로 회계처리한 때에는, 각 300만 원의 출처가 A주식회사로 동일하기 때문에 공직자 B가 연간 한도액을 초과하여 동일인인 A주식회사로부터 600만 원을 수수하였다거나 Y와 Z가 연간 한도액을 초과한 금품을 B에게 제공한 것으로 볼 수 있을까? 연간 한도액을 초과하여 제공한 것으로 보는 경우에도 Y와 Z가 연간 한도액 초과 금품등을 제공한 것인가 아니면 A주식회사가 연간 한도액 초과 금품등을 제공한 것인가, A주식회사는

---

8) 권익위, 앞의 해설집, 103면.

범죄능력이 없는 법인인데 어떻게 동일인인 A주식회사가 제공하였다고 볼 수 있을 것인가라는 의문이 이어질 수 있다.[9]

청탁금지법 제8조 제1항의 해석과 관련하여 동일인에 법인도 포함되는가라는 질문은 바로 이러한 의문들과 직결되는 문제이다. 특히 직무관련성이 없는 금품등이라 하더라도 특정 공직자등이 특정 회사 등 법인이나 단체로부터 장기간 접대나 금품등을 받아온다면 그들 사이에 강력한 유착 관계가 형성될 수밖에 없고, 비록 지금 당장은 직무관련성 없이 이루어진 금품등의 제공과 수수행위라 하더라도 장기적으로 볼 때에는 이러한 유착 관계로 인하여 어느 시점에 이르러 공직자등의 직무 공정성과 청렴성에 심대한 손상이 가해질 것이라는 사실은 분명하므로 이를 방지할 필요가 있음에는 이론의 여지가 없다.

그런데 동일인에 법인도 포함되는가라는 의문은 대단히 중요한 문제이다. 만약 자금 출처가 동일인인 A주식회사이므로 무조건 합산해야 하는 것으로 보아야 한다면 비록 금품등을 제공하는 사실행위를 한 사람이 여러 명이고 그들 사이에는 금품등의 제공과 관련하여 아무런 의사 소통이 없었다 하더라도 자금의 출처가 동일하기만 하면 그들이 각기 제공한 금품등의 가액을 합산하여 1회 한도액이나 연간 한도액을 초과할 때에는 공직자등은 청탁금지법 제8조 제1항 위반으로 처벌받을 수 있고 제공한 사람들도 모두 마찬가지로 처벌을 받을 수 있기 때문이다.

이러한 문제는 비용의 출처가 법인이나 단체가 아닌 개인인 경우에도 마찬가지로 생길 수 있다. 즉 앞의 사례에서 비용의 출처가 법인인 A주식회사가 아니라 개인 사업자인 C이고 C의 종업원 Y, Z가 각자 친분이 있는 공직자 B를 접대하고 C의 비용으로 처리하였을 때도 똑같은 문제가 생긴다.

그러나 자금의 출처가 동일하다는 이유만으로 제공 금품등의 가액을 합산해 이를 동일인으로부터 받은 것이라고 일률적으로 단정할 수는 없다. 앞의 A주식회사의 사례에서 Y와 Z의 접대행위가 각자의 판단하에 개별적으로 이루어진 것이라면 B의 청탁금지법 위반 여부 판단 대상 사실은 "B가 동일인인 A주식회사로부터 연간 600만 원 상당의 접대를 받았다"가 아니라 "Y로부터 300만 원, Z로부터

---

9) 앞의 1,000만 원 제공 사례에서도 똑같은 의문이 제기될 수 있다. 즉, A주식회사 대표이사 X가 회사 자금 1,000만 원을 직원 10명을 통해 공직자 B에게 제공한 경우, B가 동일인인 대표이사 X로부터 1,000만 원을 받은 것으로 보아야 하는가 동일인인 A주식회사로부터 1,000만 원을 받은 것으로 보아야 하는가. B에게 제공한 동일인은 대표이사 X인가 아니면 A주식회사인가라는 의문이다.

300만 원의 접대를 받았다"로 보아야 한다. 법인은 범죄능력이 없어 범죄의 실행 행위는 Y와 Z에 의하여 이루어진 것이고 A주식회사는 양벌규정에 의하여 비로소 처벌될 뿐이기 때문이다. 또 Y와 Z가 상호 아무런 의사 연락 없이 각자 300만 원 상당의 접대행위를 한 것이므로 단지 자금의 출처가 A주식회사라는 이유만으로 Y와 Z가 연간 한도액을 초과하여 합계 600만 원을 B에게 제공하였다고 평가할 수는 없다. 이는 공범에 관한 형사 법리에 정면으로 반하기 때문이다.

따라서 청탁금지법 제8조 제1항의 해석과 관련하여 동일인에 법인도 포함되는가라는 질문은 결국 어떤 경우에 수수 금품등의 가액을 동일인 제공 금품등으로 합산하여야 할 것인가라는 가액 합산 기준의 설정 문제에 대한 질문에 다름 아니라고 본다.

자금의 출처가 동일하다는 이유만으로 제공 금품등의 가액을 합산해 이를 동일인으로부터 받은 것이라고 보아야 한다면, 가령 앞의 A주식회사의 예에서 Y와 Z로부터 접대를 받은 공직자 B는 연간 수수한 접대 가액인 600만 원의 자금 출처가 동일인인 A주식회사라는 사실을 알지 못하는데도 청탁금지법 제8조 제1항 위반으로 형사처벌을 받을 수밖에 없을 것이다.

그러나 이러한 결론은 형사 법리를 차치하고 건전한 상식과 경험칙에 비추어만 보더라도 수긍하기 곤란하다. 구체적 사안에 따라서는 제공 금품등의 출처와 제공행위자를 달리한다 하더라도 제공 동기나 제공 경위 등 제반 사정을 종합하여 동일성이 인정된다면 동일인에 해당할 수 있고, 이와는 반대로 금품등의 출처가 동일하다 하더라도 동일인에 해당하지 않는 경우도 있다고 보는 것이 청탁금지법 제8조 제1항에 대한 합리적 해석론으로서 형사 법리에도 부합하는 것이라고 본다.

따라서 금품등의 제공이라는 사실행위를 한 사람이 누구인가라는 형식적 기준이나 금품등의 출처만을 기준으로 판단하는 것으로는 부족하고, 금품등 제공행위 관련자 상호간의 관계 및 공모 여부, 금품등 제공의 동기와 목적, 실행행위 분담 상황, 금품 등의 출처, 제공 결정에서부터 제공행위에 이르기까지의 전체 경위와 구체적 과정 등 제반 사정을 종합적으로 고려하여 실제로 금품등의 제공을 하였다고 법률적으로 인정되는 사람이 누구인지를 확정해 이를 토대로 합산 여부를 판단해야 할 것이다.

앞의 A주식회사의 사례에서 공직자 B를 각자 접대한 A주식회사 임원 Y와 Z

가 연간 한도액 회피를 위해 각자 나누어 B에게 연간 총 600만 원 상당의 접대를 하기로 통모한 경우라면 Y와 Z가 공모하여 연간 한도액을 초과해 금품등을 제공하였다고 볼 수 있으나, 만약 Y와 Z가 각자 상대방이 B를 접대한다는 사실을 알기만 하였을 뿐 상호 의사 소통이 전혀 없었다면 이러한 경우까지도 연간 한도액 초과 금품등의 제공에 해당한다고 평가할 수는 없다. 단지 Y나 Z가 서로 상대방이 공직자 B를 접대한다는 사실을 알았다는 것만으로는 공모 관계에 있다고 볼 수 없기 때문이다. 뇌물죄에서도 두 사람이 각자 필요에 의하여 제각기 동일한 공무원에게 뇌물을 공여하면서 서로 상대방의 뇌물공여 사실을 알고 있었다는 이유만으로 두 사람의 뇌물공여액을 합산해 두 사람 모두에게 그 합산 금액에 대한 공여의 죄책을 물을 수는 없다. 앞에서 말한 대로 이는 공범의 법리에 반하는 것이다.

만약 앞의 예에서 공직자 B가 Y와 Z의 접대가 모두 A주식회사의 비용으로 이루어지는 것이라는 사실을 알았다면 어떻게 될 것인가? 이 경우 B는 연간 한도액 300만 원을 초과한 600만 원 상당의 접대를 Y와 Z를 통해 A주식회사로부터 수령하여 청탁금지법 제8조 제1항을 위반한 것으로 볼 여지가 있다. 이 경우 공직자 B는 형사처벌을 받을 수 있는 반면, 상호 아무런 의사 연락 없이 각자 접대 행위를 한 Y와 Z의 접대가 B의 직무와 관련하지 않은 접대라면 Y와 Z는 각자 연간 한도액을 초과하지 아니하여 아무런 처벌을 받지 않을 수 있다. 청탁금지법상의 금품등의 수수 제한 위반죄는 형법상의 뇌물죄와 마찬가지로 범죄 성립에 상대방을 요하는 대향범(對向犯)의 성격을 가지고 있으나 반드시 제공자와 수수자 모두에게 범죄가 성립되어야만 하는 것은 아니다. 그러므로 공직자등이 금품등의 요구행위를 하기만 해도 공직자등에게는 범죄가 성립하나 그 요구 대상자가 요구를 거절하였다면 그 대상자는 처벌할 수 없고, 이와는 반대로 공직자등에게 금품등의 제공의 의사표시를 하기만 해도 의사표시자에게는 범죄가 성립하나 그 의사표시를 받은 공직자등이 거절하면 공직자등에게는 범죄가 성립하지 않는다.

만약 앞의 예에서 A주식회사 대표이사 X가 임원 Y와 Z로부터 항상 미리 보고를 받아 Y와 Z의 공직자 B에 대한 제공 금품등의 가액이 연간 한도액을 초과한다는 사실을 알면서도 이를 계속 승인해 주거나 접대비 사용 승인 신청을 결재해 주었다면 X의 행위가 연간 한도액 초과 금품등의 제공에 해당하는가?

이 경우 X, Y, Z 사이에는 아무런 의사 연락이 없었기 때문에 X와 Y, Z 사이에 공범 관계는 성립하지 않는다. 그러나 X에게는 간접정범의 법리에 의하여 청탁금지법 위반의 죄책을 물을 수도 있으리라고 본다. 「형법」 제34조는 "어느 행위로 인하여 처벌되지 아니하는 자나 과실범으로 처벌되는 자를 교사 또는 방조하여 범죄행위의 결과를 발생하게 한 자는 교사 또는 방조의 예에 의하여 처벌한다"고 규정하는 한편, "자기의 지휘, 감독을 받는 자를 교사 또는 방조하여 범죄행위의 결과를 발생하게 한 자는 교사인 때에는 정범에 정한 형의 장기 또는 다액에 그 2분의 1까지 가중하고 방조인 때에는 정범의 형으로 처벌한다"고 규정하고 있다.

따라서 만약 대표이사 X가 직접 Y와 Z에게 연간 각 300만 원씩 공직자 B를 접대하라고 지시하려고 해도 X 자신이 연간 한도액 초과로 처벌을 받을 수 있으므로 고심하던 중, 때마침 이러한 사정을 알지 못하는 Y와 Z가 각기 대표이사에게 접대비 사용 승인 신청을 하자 X가 모르는 체 가장하며 계속 그 승인 결재를 해 주었다면, X는 각자 연간 한도금액을 초과하지 않아 처벌되지 아니하는 Y와 Z를 방조하여 연간 한도금액을 초과하는 청탁금지법 위반이라는 범죄행위의 결과를 발생하도록 한 것으로 볼 수 있기 때문이다.

만약 대표이사 X가 Y와 Z의 접대비 사용 승인 신청을 사전에 결재하는 등 구체적 행위를 한 바는 없고 단지 사후 결재를 통하여 이러한 사실을 알게 된 이후에도 계속 방치하였다면 이때에도 X에게 간접정범의 죄책을 물을 수 있을 것인가?

「형법」상 방조행위는 정범의 실행행위를 용이하게 하는 직접, 간접의 모든 행위를 가리키는 것으로서 작위에 의한 경우뿐만 아니라 부작위에 의하여도 성립되고, 「형법」상 부작위범이 인정되기 위하여는 「형법」이 금지하고 있는 법익 침해의 결과 발생을 방지할 법적인 작위 의무를 지고 있는 자가 그 의무를 이행함으로써 결과 발생을 쉽게 방지할 수 있었음에도 불구하고 그 결과의 발생을 용인하고 이를 방관한 채 그 의무를 이행하지 아니한 경우 그 부작위가 작위에 의한 법익 침해와 동등한 형법적 가치가 있는 것이어서 그 범죄의 실행행위로 평가될 만한 것이라면 작위에 의한 실행행위와 동일하게 부작위범으로 처벌할 수 있다고 보아야 한다.[10] 그러므로 X의 방치행위 역시 부작위에 의한 방조행위라고

---

10) 대법원 1984. 11. 27. 선고 84도1906 판결; 대법원 1985. 11. 26. 선고 85도1906 판결; 대법원 1992. 2. 11. 선고 91도2951 판결; 대법원 1995. 9. 29. 선고 95도456 판결; 대법원 1996. 9. 6. 선고 95도2551

볼 여지가 있고 이렇게 볼 수 있는 때에는 간접정범에 해당할 것이다.

제공할 금품등을 여러 명이 갹출하여 공직자나 공무수행사인 한 사람에게 제공한 때에는 그 제공 금품등의 가액은 합산해야 하고, 갹출한 사람 전원이 공모하여 그 합산한 가액의 금품등을 제공한 것으로 인정할 수 있다.

다. "1회"

"1회"는 일단 금품등 제공행위의 일시, 장소를 기준으로 판단하되 이에 국한하지 않고, 시간적·장소적으로 근접성·계속성이 인정되는 경우는 물론 그렇지 않은 경우라도 제공 동기나 제공 의사의 동일성, 견련성(牽連性) 등이 인정되어 법률적으로 단일행위로 평가할 수 있다면 "1회"에 해당한다고 보아야 한다.

따라서 직원 10명을 동원하여 공직자 B에게 1,000만 원을 제공한 앞의 A주식회사 사례에서 직원 10명이 각기 B에게 100만 원을 제공한 일시나 장소가 모두 다르다 하더라도 이는 A주식회사 대표이사 X의 1회 1,000만 원 제공행위로 봄이 타당하다. 또한 A 주식회사 대표이사 X가 평소 친분을 유지해 둘 필요가 있다고 생각한 공직자 B에게 직무와 관련 없는 50만 원 상당의 식사를 회사 비용으로 제공한 후 먼저 귀가하면서 상무이사 Y에게 술 접대를 지시하여 Y가 자비(自費)로 B에게 150만 원 상당의 향응을 제공한 경우, 비록 식사 제공행위자와 향응 제공행위자가 다르고 그 비용의 출처도 다르다 하더라도 X가 B에게 1회에 합계 200만 원 상당의 식사와 향응을 제공하여 청탁금지법 제8조 제1항을 위반하였다고 볼 수 있다. 그러나 대표이사 X가 공직자 B에게 50만 원 상당의 식사를 제공하고 식대를 회사 비용으로 처리한 후 다음 날 상무이사 Y가 B에게 100만 원 상당의 향응을 제공하고 그 대금 역시 회사 비용으로 처리한 경우, 비록 이러한 식사와 향응 제공이 A주식회사의 자금으로 이루어졌다 하더라도 X와 Y 사이에 지시나 상호 공모 등 아무런 의사 연락 없이 각자 개별적으로 한 행위라면 B가 1회 한도액을 초과한 금품등을 수수하였다거나 X나 Y가 1회 한도액을 초과한 금품등을 B에게 제공했다고 볼 수 없다.

상술한 바와 같이 청탁금지법 제8조 제1항은 공직자등이 직무와 관련하지 않더라도 수수할 수 있는 금품등 가액의 상한을 정한 조항이라는 점에 가장 큰

판결; 대법원 1997. 3. 14. 선고 96도1639 판결 등.

의미가 있으므로, "1회" 여부를 판단함에 있어 형법상의 포괄일죄 해당 여부에 대한 판단기준[11]을 그대로 적용하기는 곤란하다.

예컨대 공직자등에게 직무와 관련 없이 1~2개월에 한 번 50만 원씩 6회에 걸쳐 총 300만 원을 제공한 경우에는 청탁금지법 적용을 회피하고자 편법을 동원한 것 아닌가라는 의심을 할 여지가 있다 하더라도 오히려 제공자가 청탁금지법 제8조 제1항이 정하는 1회 한도액 기준을 준수하려는 생각에서 위와 같은 행위를 하였다고 볼 수 있으므로, 무조건 제공 금품 가액을 통산하여 이 행위가 1회 300만 원을 제공하여 청탁금지법을 위반한 행위라고 단정하는 것은 곤란하다고 생각한다.

라. "직무관련성"

앞에서도 잠시 언급한 바와 같이 청탁금지법 제8조 제2항은 "직무와 관련하여 대가성 여부를 불문하고"라고 규정하고 있다. 그런데 「형법」상의 뇌물죄에 있어서는 그 성립에 금품등을 수수한 공무원의 직무와 수수 금품등 사이에 직무관련성만을 요하는가, 아니면 직무관련성과는 별도로 대가성도 요하는가에 대하여 학설 대립이 있다. 후설(後說)을 취한다면 청탁금지법은 금품등을 수수한 공직자등이나 공무수행사인의 직무와 수수 금품등 사이에 직무관련성만 존재하더라도 금품등의 수수자를 처벌할 수 있다는 데 「형법」상의 뇌물죄와 차이가 있다고 볼 수 있다. 그 반면 전설(前說)을 지지하는 입장이라면 청탁금지법 제8조 제2항과 「형법」상 뇌물죄는 그 구성요건에 본질적 차이가 없다고 생각할 수 있다. 이 점에 대하여 좀 더 살펴보기로 한다.

현행 「형법」 제129조는 공무원이 그 직무에 관하여 뇌물을 수수, 요구 또는 약속한 때 뇌물수수죄가 성립하는 것으로 규정하고 있을 뿐 대가성을 별도의 구성요건으로 명시하지 않고 있다. 법원도 "뇌물죄가 공무원의 직무집행의 공정과 이에 대한 사회의 신뢰 및 직무행위의 불가매수성을 그 보호법익으로 하고 있고, 직무에 관한 청탁이나 부정한 행위를 필요로 하는 것은 아니기 때문에 수수된 금

---

11) 동일 죄명에 해당하는 수 개의 행위를 단일하고 계속된 범의로 일정기간 계속하여 행하고 그 피해법익도 동일한 경우에는 이들 각 행위를 통틀어 포괄일죄로 처단한다(대법원 2013. 11. 28. 선고 2013도10467 판결 등).

품의 뇌물성을 인정하는 데 특별한 청탁이 있어야만 하는 것은 아니며, 또한 금품이 직무에 관하여 수수된 것으로 족하고 개개의 직무행위와 대가적 관계에 있을 필요는 없고, 공무원이 그 직무의 대상이 되는 사람으로부터 금품 기타 이익을 받은 때에는, 사회상규에 비추어 볼 때에 의례상의 대가에 불과한 것이라고 여겨지거나 개인적인 친분관계가 있어서 교분상의 필요에 의한 것이라고 명백하게 인정할 수 있는 경우 등 특별한 사정이 없는 한 직무와의 관련성이 없는 것으로 볼 수 없으며, 공무원이 직무와 관련하여 금품을 수수하였다면 비록 사교적 의례의 형식을 빌려 금품을 주고받았다고 하더라도 그 수수한 금품은 뇌물이 되고, 나아가 뇌물죄가 직무집행의 공정과 이에 대한 사회의 신뢰를 그 보호법익으로 하고 있음에 비추어 볼 때 공무원이 금원을 수수하는 것으로 인하여 사회 일반으로부터 직무집행의 공정성을 의심받게 되는지의 여부도 하나의 판단 기준이 된다"는 일관된 입장을 취하고 있다.[12] 즉, 뇌물죄에 있어 공무원이 직무의 대상이 되는 사람으로부터 금품을 받기만 하면 원칙적으로 직무와 관련한 금품 수수로 볼 수밖에 없어 뇌물죄가 성립하는 것이고, 예외적으로 공무원의 직무와 금품 수수 사이에 대가성이 있다고 볼 수 없는 개인적 친분관계 등 특별한 사정이 인정되는 경우에 한하여 직무와 관련한 금품 수수행위로 볼 수 없다는 것이다.[13]

　　이처럼 법원도 금품이 직무에 관하여 수수된 것으로 족하고 개개의 직무 행

---

12) 대법원 2009. 9. 10. 선고 2009도5657 판결; 대법원 2008. 2. 1. 선고 2007도5190 판결 등.

13) 일부 사람들은 세칭 '벤츠 여검사 사건(부산고법 2012. 12. 13. 선고 2012노65「특가법」위반(알선수재) 판결)'을 공직자가 금품을 수수하였음에도 불구하고 직무관련성이나 대가성이 없다는 이유로 형사처벌을 면한 대표적 사례로 거론하며, 이러한 뇌물죄 처벌의 공백을 방지하기 위하여 직무관련성이나 대가성 여부를 불문하고 공직자등의 금품등의 수수를 금하는 법률 제정이 필요하다고 보고 있다. 그러나 이 사건은 검사인 피고인이 자신의 직무와 관련하여 금품을 수수하였다는 뇌물수수죄로 기소된 사건이 아니라 다른 검사의 직무에 속한 사항의 알선에 관하여 금품이나 이익을 수수하였다는「특가법」제3조 소정의 알선수재죄로 기소된 사건이다.
즉, 알선수재죄는「변호사법」위반죄와 마찬가지로 누구든지 공무원의 직무에 속한 사항에 대하여 알선한다는 명목으로 금품등을 수수하면 성립하는 범죄이므로, 행위자가 공무원의 신분에 있어야 하는 것이 아니며, 누구든지 금품등을 수수하는 행위와 공무원의 직무에 속한 사항의 알선 명목 사이에 대가 관계가 있어야만 성립하는 범죄이다.
그런데 이 사건의 피고인은 내연 관계에 있던 변호사로부터 신용카드와 벤츠 승용차를 교부받아 사용하여 오던 중 다른 검사의 취급 사건과 관련한 청탁을 받은 것이므로, 청탁 시점 이후에도 그 신용카드와 벤츠 승용차를 계속 사용하였다 하더라도 이는 내연 관계에 기한 경제적 지원의 일환으로 계속 사용한 것에 불과하여, 사건 청탁 이후 신용카드와 벤츠 승용차를 계속 사용하거나 보관·사용한 행위와 청탁 사이에는 대가 관계가 있다고 볼 수 없다는 이유로 무죄를 선고받은 것이다. 따라서 이 사건은 뇌물죄 처벌의 공백을 방지하기 위하여 직무관련성이나 대가성 여부를 불문하고 공직자등의 금품등 수수를 금하는 법률 제정이 필요하다는 주장의 직접적 논거로는 삼기 어렵다고 생각한다.

위와 대가적 관계에 있을 필요는 없다고 해석함으로써 대가성을 직무관련성과는 별개의 독립적 구성요건으로 엄격하게 보고 있지 아니한다. 그러므로 직무와 수수 금품등 사이에 대가성이 없다고 인정할 만한 특별한 사정이 없다면 직무와 관련한 금품등에 해당하는 것이고 그러한 사정이 있다면 직무와 관련한 금품등으로 볼 수 없는 것이지 직무와 관련한 금품등에 해당하기는 하나 대가성이 없다는 것은 뇌물죄의 법리 관점에서 볼 때에는 모순이라고 하지 아니할 수 없다. 대가성은 뇌물죄 성립의 독립적 구성요건이 아니라 공무원의 직무와 수수한 금품등 사이의 관련성의 존부를 판단하는 데 고려하여야 할 요소의 하나로 봄이 타당하다.

그런데 문제는 청탁금지법 제8조 제2항이 뇌물죄의 구성요건과 똑같이 "직무와 관련하여"를 구성요건으로 하고 있으면서도 "대가성 여부를 불문하고"를 덧붙이고 있다는 데 있다. 이 때문에 청탁금지법상의 "직무와 관련하여"는 뇌물죄의 "직무와 관련하여"의 의미와는 달리 금품등의 제공자와 그 상대방인 공직자등이나 공무수행사인의 직업이나 업종, 직장 등만을 놓고 볼 때 인정되는 유관성을 의미하는 것이라는 견해가 있을 수 있다. 그러나 직무관련성이라 함은 「형법」이나 청탁금지법 모두 공무원 또는 공직자등이나 공무수행사인의 직무와 수수 금품등 사이의 관련성을 의미하는 것이지 금품등의 제공자 측과 수수자 측인 공무원·공직자등·공무수행사인 사이의 직업·업종·직장 등에 대한 유관성을 의미하는 것이 아니다. 청탁금지법의 "직무와 관련하여"라는 구성요건을 놓고 많은 사람이 혼란스러워 하고 있는 이유는 바로 "직무와 관련하여"라는 구성요건의 의미를 이러한 직업 등의 유관성이라는 의미로 오해하고 있기 때문이라고 볼 수 있다.

만약 직업이나 업종, 직장 자체만으로 금품등의 직무관련성 여부가 결정되어야 한다면, 이는 마치 국민 누구나 평생 한 번쯤은 법률적 시비 또는 송사에 휘말리거나 교통사고를 야기할 수도 있으므로 경찰관이나 검사, 법관의 경우에는 가족이나 친구, 친지로부터 주고받은 금품등이라 하더라도 그 수수 이유나 경위를 일체 묻지도 않고 그들의 직무와 관련하여 수수한 금품등에 해당한다고 보아야 하고, 모든 사람이 일평생 살면서 집을 짓거나 증개축, 대수선을 할 일이 한 번쯤은 있을 수 있으니 전국의 모든 행정기관의 건축인허가 부서에 근무하는 공무원 역시 타인과 주고받은 금품등은 누구로부터 무슨 이유로 주고받은 것인지를 묻지 않고 모두 그들의 직무와 관련하여 수수한 금품등에 해당한다고 보아야 하므

로 결국 대한민국의 모든 공직자등은 전 국민과 직무관련성을 갖게 될 수밖에 없
다. 그러나 청탁금지법의 "직무와 관련하여 대가성 여부를 불문하고"라는 구성요
건의 해당 범위를 도저히 이처럼 무한히 확대하여 인정할 수는 없다.[14] 바로 이
때문에 법원도 증뢰죄에 있어서 '죄로 될 사실의 적시는 공무원의 직무 중 개개
의 직무행위에 대한 대가 관계에 있는 사실까지를 판시할 필요는 없다 할지라도
적어도 공무원의 어떠한 직무권한의 범위에 관한 것인가에 대하여는 구체적으로
판시할 필요가 있다'고 보는 것이다.[15]

　　청탁금지법 제8조 제2항이 금품등의 제공자와 그 상대방인 공직자등 사이에
직업 등 유관성만 인정되면 수수자와 제공자를 무조건 처벌하기 위한 규정이라
고 한다면, "공직자등은 직무와 관련하여 대가성 여부를 불문하고"라고 규정할
것이 아니라 "공직자등은 직무관련자로부터"라거나 "공직자등은 직업상 관련성이
있는 자로부터"라고 규정했어야만 한다. 더구나 청탁금지법 제22조 제1항 제1호,
제8조 제1항은 1회 한도액이나 연간 한도액을 초과하는 금품등을 수수한 공직자
등은 그 금품등이 직무와 관련성이 있는지 없는지를 가리지 않고 3년 이하의 징
역 또는 3,000만 원 이하의 벌금이라는 동일한 법정형으로 처벌하도록 규정하고
있으므로, 1회 한도액이나 연간 한도액 이내의 금품등을 수수한 공직자등에게 과
태료를 부과할 수 있는 데 그치는 청탁금지법 제8조 제2항의 "직무와 관련하여"
의 의미를 굳이 무리하게 확대 해석해야만 할 현실적 필요성도 거의 없다고 볼
수 있다.

　　따라서 공직자등에 대한 부정청탁 및 공직자등의 금품등 수수를 금지함으로
써 공직자등의 공정한 직무수행을 보장하고 공공기관에 대한 국민의 신뢰를 확
보한다는 청탁금지법의 입법 목적에 비추어 볼 때 동법에서 말하는 "직무와 관련
하여"는 원칙적으로 「형법」 소정의 뇌물죄 인정 요건인 "직무와 관련하여"와 동

---

14) 법원이 특별한 현안도 없는 사람으로부터 금품을 수수한 경찰청장에게 수뢰죄의 유죄를 선고한 바
　　있는데, 이는 경찰청장이 소속 경찰관 및 각급 국가 경찰기관의 장에 대한 지휘·감독권을 통해 모
　　든 범죄 수사에 관하여 직무상 또는 사실상의 영향력을 행사할 수 있는 지위에 있다는 점과 금품
　　제공자와는 지방경찰청장 부임 후 비로소 친분관계를 형성하기 시작하였을 뿐만 아니라 자주 만나
　　지 않고 1년에 3~4차례 정도 전화로 안부 인사를 나눌 정도에 불과하였는데 그런 사람으로부터 느
　　닷없이 2만 달러를 받았다는 점에 비추어 결국 경찰청장의 직무와 수수한 금품등의 사이에 관련성
　　이 있다고 볼 수밖에 없는 반면 이를 부정할 만한 특별한 사정은 전혀 존재하지 않았기 때문이지
　　경찰청장이 대한민국의 전 국민과의 사이에 직무관련성을 갖는다고 인정하였기 때문이 아니다(대
　　법원 2010. 4. 29. 선고 2010도1082 판결).
15) 대법원 1982. 9. 28. 선고 80도2309 판결; 대법원 1971. 3. 9. 선고 69도693 판결.

일한 의미로 보아야 한다.[16)]

　　다만 앞의 판례에서도 본 바와 같이, 「형법」상의 뇌물죄에서는 공무원의 직무와 수수 금품등 사이의 관련성을 부정할 수 있는 사유, 즉 대가적 성격의 뇌물성을 부정할 수 있는 사유인 '사회상규에 비추어 볼 때에 의례상의 대가에 불과한 것이라고 여겨지거나 개인적인 친분관계가 있어서 교분상의 필요에 의한 것이라고 명백하게 인정할 수 있는 경우 등 특별한 사정'의 존부를 법관의 판단에 일임하고 있으나, 청탁금지법은 이러한 특별한 사정을 제8조 제3항에 해당하는 사유에 국한하여 법정화(法定化)하고 있는 것으로 볼 수 있다. 다시 말해 뇌물죄에서는 공무원이 그 직무의 대상이 되는 사람으로부터 금품 기타 이익을 받은 때에는 그 금품등은 원칙적으로 직무에 관하여 수수된 금품등으로 보되, 사회상규에 비추어 볼 때에 의례상의 대가에 불과한 것이라고 여겨지거나 개인적인 친분관계가 있어서 교분상의 필요에 의한 것이라고 명백하게 인정할 수 있는 경우 등 특별한 사정이 인정된다면 직무와 관련하여 수수한 금품등에 해당하지 않는다고 하는 데 반하여, 청탁금지법에서는 이 같은 특별한 사정의 존부를 묻지 않고 일단 공직자등이 그 직무의 대상이 되는 사람으로부터 금품등을 수수하기만 하면 제8조 제2항 위반행위에 해당하고, 단지 제8조 제3항 각 호 소정의 예외사항에 해당하는 경우에만 직무와 관련하여 수수한 금품등으로서의 성격을 부정한다는 데 양자간에 차이가 있는 것이라고 말할 수 있다. 그러나 금품등의 수수와 관련한 구체적 사안을 놓고, 금품등의 제공자가 수수자인 공직자등의 직무의 대상이 된 사람에 해당하는지 여부와 그 수수한 금품등이 청탁금지법 제8조 제3항에 의하여 수수가 허용되는 금품등에 해당하는지 여부에 대한 최종 판단은 어차피 법관의 몫으로 돌아갈 수밖에는 없으므로 결국 양자간에 큰 차이는 없다고 생각한다.

　　금품등 제공자와 공직자등의 직업이나 업종, 직장 등만을 보고서도 제공자가 그 상대방인 공직자등의 직무의 대상이 되는 사람이라고 인정할 수 있을 때가 많은 것은 사실이다. 예컨대 건설사와 건축 인허가 담당 공무원, 세무사와 세무공무원, 감독기관과 감독 대상이 되는 업체 직원, 접객업소 단속 공무원과 유흥접객업자, 변호사와 검사 또는 법관, 관세사와 관세공무원 등과 같이 직업이나 업종 그 자체만 보고서도 그들 사이에 주고받은 금품등이 공직자등이나 공무수행사인의

---

16) 권익위, 앞의 해설집, 111면.

직무와 관련한 금품등에 해당한다고 생각할 만한 경우는 비교적 많다. 수시로 공공기관으로부터 허가를 받아야 하는 업체의 임원인 A와 그 허가를 담당하는 공직자 B 사이에는 비록 지금 현재 허가 심사 중인 일이 없거나 가까운 시일 내에는 허가 신청이나 심사를 할 일이 없다 하더라도 A가 B의 직무의 대상이 되어 있는 사람임은 분명하므로, 이러한 관계에 있는 두 사람 사이에 오고 간 금품등은 그 제공과 수수 경위에 납득할 만한 다른 사정이 존재하지 않는 한 B의 직무와 관련하여 수수한 금품등에 해당한다는 사실상의 추정이 가능하다.

그러나 가령 B가 인허가권을 가진 공공기관에 근무하기는 하나 인허가 업무와는 무관한 공공 청사 관리 담당부서에 근무하는 경우라면 이때에도 위와 같은 사실상의 추정 방식을 그대로 적용하기는 어렵다. 물론 이 경우에도 B가 과거 인허가 담당 부서에 근무한 적이 있거나 조만간 공공기관 내부의 인사이동으로 인허가 담당부서로 보직이 변경될 가능성이 있는 경우 등 추가 고려가 필요한 부가적 사정이 있다면 A가 B의 직무 대상이 되는 사람이라고 판단할 수 있다. 하지만 이러한 구체적 사정을 전혀 고려하지 않은 채 오로지 금품등 제공자와 공직자등의 직업이나 직종, 직장 자체만을 토대로 하여 일률적으로 A를 B의 직무 대상이 되는 사람에 해당한다고 단정할 수는 없다.

금품등의 제공자 측이 그 상대방인 공직자등이나 공무수행사인의 직무 대상자가 되는 사람에 해당하는지 여부를 판단함에 있어서는 오로지 제공자와 공직자등의 직업이나 업종, 직장 등만을 기준으로 삼을 것이 아니라 당해 공직자등의 직무의 내용, 직무와 금품등 제공자와의 관계, 쌍방간에 특수한 사적인 친분관계가 존재하는지 여부, 금품등의 다과, 금품등을 수수한 경위와 시기 등 제반 사정들도 두루 참작해 결정하여야 함이 타당하다.[17]

예컨대 서울에서 멀리 떨어진 지방 소도시 일원에서 개인 주택만을 짓는 건축업에 종사하는 A와 서울의 구청 건축과에 근무하는 공무원인 B 사이에 직업이나 업종, 직장 등의 연관성은 있다고 볼 수 있으나 이 두 사람이 오랜 세월에 걸친 지기(知己)로서 기회 있을 때마다 함께 만나 식사나 선물을 주고받은 사이이고 A와 B 사이에 건축 인허가에 대한 그 어떠한 관계도 존재한 바 없고 향후 존재할 것으로 예상할 만한 사정도 없는 상황이라면 A가 B의 직무의 대상이 되는 사람이라고 보기는 어렵다. 그러므로 B가 A로부터 식사를 제공받았다 하더라도

---

17) 대법원 2011. 11. 24. 선고 2011도9585 판결.

이를 B의 직무와 관련하여 수수한 금품등에 해당한다고는 볼 수 없다. 따라서 청탁금지법 아래에서도 B는 A로부터 1회 100만 원, 연간 300만 원 이내의 금품등은 수수할 수 있다고 봄이 타당하다고 생각한다.

그러나 앞에서 예로 든 허가를 받아야 하는 업체의 임직원 A와 그 허가 심사 업무를 담당하는 공직자 B의 사례에서 A와 B가 장기간 친분을 유지해 온 고향 친구 사이이고, 학창 시절은 물론 사회에 진출하여 허가 신청자와 허가 심사자의 관계에 있기 오래 전부터도 매년 항상 두 세 차례 만나 함께 식사를 하고 선물을 주고받아왔다 하더라도 A는 B의 직무의 대상이 되어 있는 사람이 아니라고 하기는 어렵다. 만약 A가 B의 직무의 대상이 되는 사람으로 인정된다면 A와 B의 관계에 비추어 A의 3만 원 이내 식사비 지불이 사교적·의례적 목적의 행위로서 청탁금지법 제8조 제3항 제2호 소정의 예외사유에 해당한다고 볼 때에는 동법 제8조 제2항에 위반한 행위는 아니나 예외사유에 해당하지 않는다면 A, B 모두 제8조 제2항에 위반함은 물론 그 식사비 가액이 1회 한도액이나 연간 한도액을 초과한다면 제8조 제1항 위반에도 해당하게 된다. 그러나 A와 B 사이의 위와 같은 특수한 사정에 비추어 볼 때 A의 B에 대한 식사 접대는 사교·의례의 목적으로 제공한 식사에 해당할 가능성이 있으므로 그 가액이 3만 원 이내 범위라면 청탁금지법 제8조 제3항 제2호에 의하여 청탁금지법 위반행위에 해당하지 않는다고 볼 수 있을 것이다.

결국 공직자등의 직무의 내용, 그 직무와 금품등 제공자와의 관계, 쌍방간에 특수한 사적인 친분관계가 존재하는지 여부, 금품의 다과, 금품을 수수한 경위와 시기 등 제반 사정은 앞에서 본 대로 금품등의 제공자 측이 그 상대방인 공직자등이나 공무수행사인의 직무 대상자가 되는 사람에 해당하는지 여부를 판단하는데 고려하여야 할 요소임과 동시에 후술하는 수수 허용 금품등의 하나인 청탁금지법 제8조 제3항 제2호 소정의 사교·의례·부조 목적의 3만 원 이내의 음식물, 5만 원 이내의 선물, 10만 원 이내의 경조사비에 해당하는지 여부를 판단하기 위하여 고려해야 할 요소라고 말할 수 있다.

청탁금지법상 "직무"에는 「형법」상의 뇌물죄에서와 마찬가지로 법령에 정하여진 직무뿐만 아니라 그와 관련 있는 직무, 과거에 담당하였거나 장래에 담당할 직무 외에 사무분장에 따라 현실적으로 담당하지 않는 직무라도 법령상 일반적인 직무 권한에 속하는 직무 등 공직자등이 그 직위에 따라 담당할 일체의 직무를 포함한다.[18] 그러므로 법령에 정하여진 직무 이외에도 사실상 또는 관례상 처리하는 직무,[19] 결정권자를 보좌하거나 결정권자의 결정이나 판단에 영향을 미칠 수 있는 직무[20] 등도 이에 해당한다.

공직자등의 직무와 수수 금품등 사이에 관련성이 존재하는지 여부를 판단하는 것은 대단히 까다로운 일이다. 이 때문에 뇌물죄의 수사나 공판 과정에서 금품등 제공·수수 사실의 존부보다 직무관련성의 존재 여부가 쟁점이 되어 치열한 공방이 벌어지는 사례가 많은 실정이다. 결국 이에 대하여는 구체적 사안마다 각기 개별적으로 판단할 수밖에는 없다. 천차만별인 수 많은 사례에 공통적으로 적용할 수 있는 판단 기준을 상세하게 설정하는 일은 사실상 불가능하기 때문이다.

청탁금지법에 의하면, 직무 관련 여부를 불문하고 제8조 제1항 소정의 1회 한도액과 연간 한도액을 초과하는 금품등을 수수한 공직자등과 공무 수행과 관련하여 이를 수수한 공무수행사인은 형사처벌을 받는 반면, 한도액 이하의 금품등을 받는다면 그 금품등과 직무 사이의 관련성이 없는 공직자등이나 그 금품등과 공무 수행 사이의 관련성이 없는 공무수행사인에게는 아무 문제가 되지 않고, 직무관련성이 있다 하더라도 과태료 처분을 받을 뿐이다(법 제22조 제1항 제1호, 제23조 제5항 제1호).

그러나 공직자등이나 공무수행사인 중 뇌물죄 적용 대상자에 해당하는 사람이 1회 한도액이나 연간 한도액 이하의 금품을 수수한 행위가 직무와 관련한 금품등의 수수로 인정되어 청탁금지법에 의한 과태료 처분에 그칠 수 있다 하더라도 「형법」상의 뇌물죄로는 처벌받을 수 있다. 그리고 뇌물죄 적용 대상자가 아닌 사람이라 하더라도 타인의 사무 처리자의 지위에서 그 임무에 관하여 부정한 청탁을 받고 그 대가로 소액이나마 금품등을 수령한 것으로 인정되는 경우에는 「형법」상의 배임수재죄로 처벌될 수도 있다.

공무수행사인의 경우에는 공무 수행에 관하여만 제8조가 적용된다. 그러나 제8조 제1항은 직무 관련 여부를 불문하고 1회 한도액이나 연간 한도액 초과 금

---

18) 권익위, 앞의 해설집, 111~112면. 대법원 2013. 11. 28. 선고 2013도9003 판결; 대법원 2003. 6. 13. 선고 2003도1060 판결 등.

19) 공직자등이 작성한 서류나 민원인으로부터 수령한 서류를 보관·관리하는 직무, 휴가를 떠난 동료 직원 대신 처리하는 직무 등이 이에 해당한다.

20) 위원회의 위원인 자신의 상사를 위하여 위원회에서 발언할 자료를 작성하는 직무, 검사를 보좌하여 수사에 참여한 수사관이 피의자 처벌 수위에 대한 의견을 검사에게 개진하는 직무 등이 이에 해당한다.

품등의 수수를 금하므로 공무수행사인의 경우 공무 수행과 관련이 없더라도 이 조항의 적용을 받는 것 아닌가라는 의문이 들 수 있다. 그러나 공무수행사인에 있어서는 공무 수행에 관한 것이 곧 직무와 관련한 것이다. 공무 수행에 관한 것 이지만 직무와 관련이 없는 것이라거나 공무 수행에 관한 것이 아니지만 직무와 관련이 있다는 것은 도저히 생각할 수 없다. 따라서 공무수행사인은 공무 수행과 관련이 없다면 1회 한도액이나 연간 한도액을 초과하는 금품등을 수수할 수 있다 고 보아야 한다.

마. "회계연도"

"회계연도"의 사전적 의미는 '회계상의 편의에 의하여 설정한 기간'으로서 이 는 주로 국가, 지방자치단체 등 정부나 공공기관에서 사용하는 용어인 데 비하여 주식회사 등 기업체에서는 "사업연도"라는 용어를 사용한다. 청탁금지법이 "회계 연도"라는 용어를 사용한 점에 비추어 볼 때 이는 수수금지 금품등을 수령한 공 직자등과 공무수행사인이 소속한 공공기관의 회계연도를 의미하는 것으로 보인 다.[21]

「국가회계법」 제5조는 회계연도를 '매년 1월 1일부터 12월 31일까지'로 규정 한다. 그러나 학교와 학교법인은 '3월 1일부터 다음 연도 2월 말일'까지로 회계연 도를 정하고 있으므로 금품등 제공자는 이 점에 유의할 필요가 있다.[22]

바. 금품등의 가액

가액은 행위 당시를 기준으로 산정한다. 각종 물품을 구입하여 공직자등에게 제공한 경우에는 시가와 구매가가 다르더라도 실제 지불한 비용인 구매가를 기

---

21) 권익위, 앞의 해설집, 107면.
22) 「초중등교육법」 제30조의3은 학교의 회계연도를 매년 3월 1일부터 익년 2월 말일까지로, 「사립학교 법」 제30조는 학교법인의 회계연도를 그 법인이 설치·경영하는 사립학교의 학년도에 따르는 것으 로, 「고등교육법」 제20조 제1항은 학교의 학년도는 3월 1일부터 다음 연도 2월 말일까지로(다만 학 칙으로 다르게 규정함도 가능) 각 규정하고 있다. 청탁금지법이 모든 국민을 적용 대상자로 하면서 국가나 지방자치단체 등의 세입·세출의 수지상황을 명확히 하고자 설정한 "회계연도"라는 용어를 굳이 사용할 필요는 없는 것으로 보이므로, 매년 1월 1일부터 12월 31일까지라고 명시하는 것이 바 람직하다고 본다.

준으로 산정함이 타당하다. 이 경우 부가가치세는 물품 취득에 실제로 투입된 금액이므로 금품등의 가액에 포함되나 배송비는 단지 물품 배달에 소요된 비용으로서 물품 취득과는 관계가 없고 공직자등이 얻는 경제적 이익과도 무관하므로 금품등의 가액에 포함되지 않는다고 봄이 옳다고 생각한다.[23]

대량 구입으로 시가보다 다소 저렴하게 구입하였다면 그 구입가를 기준으로 가액을 산정해도 무방할 것이다. 그러나 예컨대 시계 판매업에 종사하는 조카로부터 시가 500만 원 상당의 시계를 200만 원에 구입한 경우처럼 할인 구매를 하였다 하더라도 구매자와 판매자 사이에 개인적 특수 관계가 있어 통상적 할인가격에 훨씬 미치지 못하는 헐값에 구입한 경우에는 구입가가 아닌 시가에 의하여 산정함이 타당하다.

대(代)를 이어 보관 중인 고서화를 공직자등에 제공한 경우처럼 구매가를 기준으로 가액을 산정하기 어려운 물품 등은 행위 당시 통상적 거래가격인 시가를 기준으로 하되, 시가 산정에 참고할 만한 가격자료 상호간에 내용이 상이한 경우 그 중 어느 하나를 채택하여 가액으로 인정하려면 그 채택할 자료가 다른 자료보다 더 신빙성이 담보되고 객관적·합리적이라고 평가될 수 있어야 한다. 그런 자료를 찾기 어려운 경우에는 합리성이 없는 것으로 보여지지 않는 한 행위자에게 유리한 자료를 채택해야 한다.[24]

금원 무상 차용의 경우 수수한 금품등의 가액은 무상으로 차용한 금원 자체가 아니라 무상 차용에 따른 경제적 이익인 금융 이익 상당액이다. 여기에서 금융 이익 상당액이라 함은 수령자가 금융기관으로부터 대출받는 등 통상적인 방법으로 자금을 차용하였을 경우 부담하게 될 대출 이율을 기준으로 산정함이 원칙이나, 그 대출 이율을 알 수 없는 경우에는 민법 또는 상법에서 규정하고 있는 법정 이율을 기준으로 하여, 변제기나 지연손해금에 관한 약정이 가장되어 무효라고 볼 만한 사정이 없는 한 금품 수수일로부터 약정된 변제기까지의 이자 상당액이다.

그와 같이 약정된 변제기가 없는 경우에는, 실제로 차용금을 변제하였다거나 대여자의 변제 요구에 의하여 변제기가 도래하였다는 등의 특별한 사정이 없다면 수수 금지 금품등 수수행위로 인한 과태료 부과 등 제재처분 시(판결 선고 시)

---

23) 권익위, 앞의 Q&A 사례집, 95면.
24) 대법원 2002. 4. 9. 선고 2001도7056 판결.

까지의 금융 이익 상당액이다.[25]

리스 차량의 경우 수수한 금품등의 가액은 차량 가격이 아니라 리스 차량 무상 사용에 따른 경제적 이익인 사용료 상당액이다.[26]

다수인이 참석한 향응의 경우, 제공자 측이 향유한 부분은 제외하고 각각의 공직자등의 향응에 소비한 금액을 수령자별로 가려내어 각 공직자등이 수수한 금품등의 가액을 개별적으로 특정해야 하나, 각자에 요한 비용액이 불명일 때에는 이를 균분한 금액을 각자의 수수 금품등의 가액으로 보아야 한다. 만약 공직자등이 향응을 제공받는 자리에 공직자등 자신이 제3자를 초대하거나 대동하여 함께 접대를 받은 경우에는 그 제3자가 당초 향응을 제공받기로 한 공직자등과는 별도의 지위에서 접대를 받는 공직자등이라는 등의 특별한 사정이 없는 한 그 제3자의 접대에 요한 비용도 당초 향응을 제공받기로 한 공직자등의 수수 금품등의 가액에 포함된다.[27]

금품등의 제공자와 그 상대방인 공직자등이 만날 때마다 번갈아가며 식사비 등을 지불해 왔다 하더라도 이는 공직자등이 지체 없이 수수 금품등을 반환한 행위에 해당한다고 볼 수 없다. 그러나 이러한 사정은 양형이나 징계의 참작 사유로는 삼을 수 있을 것이다. 이와는 달리 제공자와 공직자등이 만난 당일 1차 식사비는 제공자가 부담하고 동액 상당 또는 그 이상의 2차 주대는 공직자등이 부담하기로 먼저 약속하고 그 약속에 따라 식사비와 주대 부담이 이루어진 경우처럼 특별한 사정이 있다면 공직자등이 지체 없이 수수 금품등을 반환한 행위에 해당한다고 볼 여지가 있다.[28]

취업 제공의 경우 실제로는 공직자등이나 공무수행사인 본인이 취업 제공을 받는 경우보다는 그 자녀나 친인척을 취업시켜 주는 경우가 많을 것인데 과연 이를 공직자등이나 공무수행사인이 금품등을 수수한 것으로 보아야 하는지 의문이 있다. 상술한 바와 같이, 공무원이 직무와 관련하여 부정한 청탁을 받고 제3자에게 뇌물을 공여하게 한 때에도 처벌할 수 있도록 제3자 뇌물제공죄를 두고 있는 「형법」과는 달리 청탁금지법은 공직자등이나 공무수행사인 또는 그들의 배우자의 금품등 수수만을 금지하고 있기 때문이다. 죄형법정주의의 원칙상 공직자등이

---

25) 대법원 2014. 5. 16. 선고 2014도1547 판결; 대법원 2008. 9. 25. 선고 2008도2590 판결.
26) 대법원 2006. 4. 27. 선고 2006도735 판결.
27) 대법원 2005. 11. 10. 선고 2004도42 판결; 대법원 1977. 3. 8. 선고 76도1982 판결.
28) 권익위, 앞의 Q&A 사례집, 100~104면.

나 공무수행사인의 자녀 또는 친인척에게 취업이 제공된 때에는 공직자등의 금품등 수수행위로 볼 수 없다고 생각한다.

공직자등이나 공무수행사인 본인이 직무와 관련하여 재직 중인 공공기관 등 직장에 그대로 몸을 담은 채 외부 기업의 사외이사나 고문 등의 취업을 제공받는 때와 취업 제공을 받고 재직 중이던 직장인 공공기관에서 퇴직하는 때도 있을 수 있다. 이 경우 취업 제공의 가액 산정 문제와 관련하여, 취업해 실제로 받은 보수 총액인가, 보수 총액이라면 보수 이외의 복지 혜택 등 유무형의 경제적 이익도 가산하여야 하는가, 실제로 취업해 받은 보수는 정당한 근로의 대가이지 부정한 금품등이라고 볼 수 없는 것이 아닌가, 취업 후 종전 직장에서 퇴직한 경우에는 취업 후 받은 보수 총액이 아니라 종전 직장에서 받던 보수액과의 차액이라고 보아야 하는 것 아닌가, 부정금품등의 수수 사실이 늦게 발각된 경우 보수 총액이 늘어나 수수 금품등의 가액이 커질 수밖에 없는데 이는 범죄 발각 시기라는 우연적 요소 때문에 불이익을 받는 것이므로 형평성에 문제가 있는 것 아닌가, 취업 제공을 받는 순간 금품등의 수수행위는 종료되는 것인데 그 이후 받은 보수를 모두 합해 수수 금품등의 가액으로 보는 것이 법리상 타당한가, 무엇을 기준으로 1회 한도액 초과 여부를 판단해야 하는가, 취업 제공의 요구나 약속 또는 의사표시의 경우에는 가액을 어떤 방법으로 산정해야 하는가라는 등의 질문이 끝없이 이어질 수 있다. 모두 쉽게 답변할 수 없는 질문들이다.[29]

뇌물죄에 있어서도 이러한 문제에 대하여 명시적으로 판단한 판례는 찾아볼 수 없다. 다만 형(兄)을 민간회사의 감사로 취업시켜 주어 「특정경제범죄 가중처벌 등에 관한 법률」 소정의 알선수재죄로 기소된 피고인에 대하여, 법원은 감사로 취직한 피고인의 형이 실제로는 취직 후 1년에 두세 차례 취직한 회사를 방문하였을 뿐이라는 점과 그 회사 대표이사의 월 급여가 1,000만 원 가량임에도 감사가 이와 동일한 금액을 보수로 받았다는 점 등 실제 근무 형태, 공여자와 피고인의 의사 등을 종합하여 형의 취직은 금품을 제공하기 위한 방편에 불과하다고 평가한 후 피고인의 형이 10개월 동안 수령한 급여 합계 1억 원이 알선수재액이라고 판단한 사례가 있다.[30] 청탁금지법에서도 단지 취업 제공이 수수 금지 금품등을 제공하기 위한 방편으로 이루어진 것이라고 인정되는 경우에는 이 판례의 판

---

29) 홍성칠, 앞의 책, 31~33면에서도 이러한 의문들을 제기하고 있다.
30) 서울고법 2012. 2. 23. 선고 2011노3252 판결(확정).

단을 그대로 적용할 수 있겠으나, 이와는 달리 실제로 취업해 근무한 사안에 대하여는 적용하기 곤란할 것이다.

청탁금지법에서 수수 금품등의 가액을 산정하는 일은 대단히 중요하다. 수수 가액이 양형이나 몰수·추징액 산정에 영향을 미치는 형법상의 뇌물죄와는 달리 청탁금지법은 수수 금품등의 가액에 따라 형사처벌과 과태료로 그 제재 형태가 확연히 달라지기 때문이다. 비단 취업 제공뿐 아니라 성적(性的) 향응 제공 등을 포함한 다양한 사례에서 수수 금품등의 가액 산정에 어려움이 있을 경우가 충분히 예상되므로 향후 이러한 점들에 대하여는 입법적 보완과 판례의 축적이 필요하다고 생각한다.[31)

사. 배우자

공직자등의 배우자와 공무수행사인의 배우자도 공직자등이나 공무수행사인의 직무와 관련한 금품등의 수수·요구·약속을 하는 것이 금지된다.

그런데 청탁금지법 제8조 제4항은 "공직자등의 배우자는 공직자등의 직무와 관련하여 제1항 또는 제2항에 따라 공직자등이 받는 것이 금지되는 금품등을 받거나 요구하거나 제공받기로 약속해서는 아니 된다"고 규정함으로써 배우자의 경우에는 그 수수 금품등의 가액을 불문하고 금품등의 수수·요구·약속 행위가 공직자등이나 공무수행사인의 직무와 관련성이 있어야 금지되는 것으로 규정하고 있다.

그 반면, 제8조 제1항은 "공직자등이 직무 관련 여부나 명목을 불문하고 동일인으로부터 1회 한도액이나 연간 한도액을 초과하는 금품등을 받거나 요구 또는 약속하는 행위"를 금지하고 있으므로, 공직자등이나 공무수행사인의 직무와

---

31) 권익위는 취업 제공의 가액 산정 방법을 아래와 같이 예시하고 있으나 실제 사건에 적용하기에는 어려움이 있으리라 생각한다(권익위, 앞의 매뉴얼, 84면).
  ※ 취업제공의 가액 산정 방법(예시)
  •「최저임금법」제10조에 따라 고용노동부장관이 고시하는 최저임금을 적용하여 월로 환산한 금액('16년 시간급 6,030원, 월 환산 1,260,270원)
  • 매년 2회 이상 주기적으로 임금통계를 공표하는 임금조사기관이 조사한 남자 또는 여자 보통인부의 전국규모 통계에 의한 일용 노동임금을 적용하여 월로 환산한 금액
  ('15. 9. 1. 기준 1일 보통인부 노임단가 89,566원)
  • 취업을 제공받은 법인등의 유사한 직급 또는 직위에서 통상적으로 제공되는 연봉 상당액의 12분의 1에 해당하는 금액
  • 고용노동부장관이 「통계법」제17조에 따라 작성·보급하는 고용형태별 근로실태조사중 직종별 월급

관련성이 없는 금품등이라 하더라도 그들의 배우자 역시 이를 받거나 요구 또는 약속할 수 없는 것인지 의문이 들 수 있다.

법문의 전체적인 내용에 비추어 볼 때, 배우자의 경우에는 1회 한도액이나 연간 한도액을 초과하는 금품등을 받거나 요구 또는 약속하더라도 공직자등 본인의 경우와는 달리 그 금품등의 수수·요구·약속이 공직자등이나 공무수행사인의 직무와 관련이 없으면 청탁금지법위반에 해당하지 않는다고 해석하여야 할 것이다.32)

이처럼 청탁금지법은 공직자등의 배우자와 공무수행사인의 배우자가 공직자등이나 공무수행사인의 직무와 관련한 금품등의 수수·요구·약속을 하는 것을 금지하고 있으므로, 공직자등의 배우자나 공무수행사인의 배우자라는 사실을 모르고 공직자등이나 공무수행사인의 직무와 관련한 금품등을 그 배우자에게 제공하여 청탁금지법 위반 여부가 문제로 되는 일은 현실적으로 발생하지 않을 것으로 생각한다.

공직자등 부부와 금품등 제공자 부부 또는 공직자등의 배우자와 금품등 제공자의 배우자 사이에 상당한 친분관계가 있는 경우에는 공직자등의 배우자에 대한 금품 제공이나 배우자들 상호간의 금품 수수에 대하여 공직자등의 직무와의 관련성을 인정하기 어려운 경우가 빈번히 발생할 수 있을 것으로 예상된다.

공무원의 배우자가 공무원인 남편이나 처의 직무에 관한 사항의 알선에 관하여 금품등을 수수·요구·약속한 경우에는 「변호사법」 위반이나 「특가법」 소정의 알선수재죄로도 형사처벌을 받을 수 있음은 물론이다.

---

32) 권익위, 앞의 매뉴얼, 134면.

제8조(금품등의 수수 금지)   ③ 제10조의 외부강의등에 관한 사례금 또는 다음 각 호의 어느 하나에 해당하는 금품등의 경우에는 제1항 또는 제2항에서 수수를 금지하는 금품등에 해당하지 아니한다.

1. 공공기관이 소속 공직자등이나 파견 공직자등에게 지급하거나 상급 공직자등이 위로·격려·포상 등의 목적으로 하급 공직자등에게 제공하는 금품등
2. 원활한 직무수행 또는 사교·의례 또는 부조의 목적으로 제공되는 음식물·경조사비·선물 등으로서 대통령령으로 정하는 가액 범위 안의 금품등
3. 사적 거래(증여는 제외한다)로 인한 채무의 이행 등 정당한 권원(權原)에 의하여 제공되는 금품등
4. 공직자등의 친족(「민법」 제777조에 따른 친족을 말한다)이 제공하는 금품등
5. 공직자등과 관련된 직원상조회·동호인회·동창회·향우회·친목회·종교단체·사회단체 등이 정하는 기준에 따라 구성원에게 제공하는 금품등 및 그 소속 구성원 등 공직자등과 특별히 장기적·지속적인 친분관계를 맺고 있는 자가 질병·재난 등으로 어려운 처지에 있는 공직자등에게 제공하는 금품등
6. 공직자등의 직무와 관련된 공식적인 행사에서 주최자가 참석자에게 통상적인 범위에서 일률적으로 제공하는 교통, 숙박, 음식물 등의 금품등
7. 불특정 다수인에게 배포하기 위한 기념품 또는 홍보용품 등이나 경연·추첨을 통하여 받는 보상 또는 상품등
8. 그 밖에 다른 법령·기준 또는 사회상규에 따라 허용되는 금품등

3. 예외적 허용 금품등

이미 본 바와 같이, 청탁금지법 제8조 제1항과 제2항에 따라 공직자등과 공무수행사인은 직무와 관련한 금품등은 일체 받을 수 없고, 직무와 관련이 없는 금품등이라 하더라도 1회 한도액이나 연간 한도액을 초과한 금품등은 수수할 수 없다.

다만 동법 제8조 제3항에서는 외부강의등의 사례금과 각 호 소정의 8가지 금

품등은 동조 제1항, 제2항 소정의 수수 금지 금품등에 해당하지 않는 것으로 규정하고 있다. 따라서 이에 해당하는 금품등의 경우에는 이를 수수한다 하더라도 청탁금지법 위반의 문제는 발생하지 않고, 1회 한도액이나 연간 한도액에도 합산되지 아니한다.

가. 제10조의 외부강의등의 사례금(법 제8조 제3항 본문)

청탁금지법 제10조는 공직자등이 자신의 직무와 관련되거나 그 지위·직책 등에서 유래되는 사실상의 영향력을 통하여 요청받은 교육·홍보·토론회·세미나·공청회 또는 그 밖의 회의 등에서 한 강의·강연·기고 등의 대가로서 대통령령으로 정하는 금액 이내의 사례금을 받을 수 있도록 허용하면서, 다만 이와 관련한 신고 의무 등을 부과하고 있다.

이처럼 외부강의등에 관한 강의료 등을 법정화한 이유는 강의료나 원고료 등을 빙자한 공직자등의 우회적 금품 수수, 속칭 로비용 강사비 등의 수수를 근절하기 위한 것이다. 따라서 공직자등이 대통령령이 정하는 금액 이내의 금품등을 외부강의등의 사례금으로 받는 행위만 허용된다.

직무와 관련되지 않거나 지위·직책에서 유래되는 사실상의 영향력과는 무관한 경우 또는 다수인을 대상으로 의견·지식을 전달하는 형태가 아니거나 회의형태가 아닌 경우는 외부강의등에 해당하지 않는다. 즉, 외부강의·강연은 "교육·홍보·토론회·세미나·공청회"처럼 '다수인을 대상으로 의견이나 지식을 전달하는 형태'이거나 '회의형태'이어야 하고, 이에 해당한다면 법률에 열거된 "강의·강연·기고"뿐 아니라 발표·토론·심사·평가·의결·자문 등 명칭을 불문하고 모두 외부강의등에 해당한다.[33]

예컨대 업무 협의, 실태 조사 등을 위해 공직자등과 기업 임직원 몇 사람이 모인 모임에서 공직자등이 한 발언은 외부강의등에 해당할 수 없다. 반면, 공직자등이 방송에 출연하여 소수의 방청객만을 놓고 강연한다 하더라도 그 방송은 전국적으로 방영되므로 이는 외부강의등에 해당한다고 볼 수 있다.

공직자등이 외부 기업 등과 연구용역계약이나 자문계약 등을 체결한 경우, 용역이나 자문 업무를 수행한 후 그 용역이나 자문과 관련한 소수의 관계자들만

---

33) 권익위, 앞의 매뉴얼, 145~146면.

이 참석한 가운데 연구결과를 발표하거나 설명하는 일이 있을 수 있다. 그러나 이러한 발표나 설명은 연구용역계약이나 자문계약 이행 과정의 일부일 뿐 외부강의에 해당한다고는 보기 어렵다. 다만 관련 학회에서 연구 결과를 놓고 강연이나 강의를 하는 경우에는 외부강의등에 해당할 수 있다.

공직자등이나 공무수행사인이 법령과 소속 공공기관의 규정에 위반함이 없이 정당하게 연구용역계약이나 자문계약을 체결한 후 업무를 수행하고 수령한 보수는 청탁금지법 제8조 제3항 제3호 소정의 "정당한 권원에 의하여 제공되는 금품등"으로 수수 금지 금품등에 해당하지 아니한다. 그러나 이 같은 용역계약이나 자문계약 등에 있어서도 실제로는 외부강의등의 사례금 지급 기준을 회피하기 위하여 체결한 형식상 계약으로 인정된다면 그 계약에 따라 수수한 금품등이라 하더라도 외부강의등의 사례금 지급 기준을 위반한 경우에는 정당성을 인정받을 수 없을 것이다.

또한 강의 주제, 강의를 요청한 경위, 참석 수강 인원과 그들의 신분, 강의 요청자 측의 강의 요청의 필요성, 강의자의 강의 준비에 소요된 시간, 강의 내용, 강의료로 지급된 금액 등 제반 사정을 종합적으로 고려하여 볼 때, 비록 명목상 외부강의료를 표방하고 있다고는 하나 정당한 강의의 대가로 볼 수 없는 경우에는 단지 청탁금지법 소정의 외부강의등의 사례금 지급 기준 위반을 넘어「형법」상의 뇌물죄에 해당할 수도 있다.

청탁금지법 시행령상 공직자등의 수수가 허용되는 외부강의료와 기고료의 상한액은 아래와 같다(시행령 별표 2). 외부강의등의 사례금은 1시간을 기준으로 정하고 있으므로, 실제로 강의한 시간이 1시간에 미달하더라도 1시간 기준의 강의료를 받는 것은 허용된다고 보아야 한다.[34]

구 분	강의 1시간 또는 기고 1건당 상한액(만 원)	1시간 초과 강의 시 전체 강의료 상한액(만 원)	비 고
1. 국가공무원 2. 지방공무원	장관급 이상 50 차관급 40 4급 이상 30	장관급 이상 75 차관급 60 4급 이상 45	• 직급 구분은 해당 공직자등에 대하여 적용되는 「공무원임용령」, 「지방공무원 임용령」등 임용 관련

---

34) 권익위, 앞의 Q&A 사례집, 193면.

			법령에 따름.
3. 개별 법령에 의한 공무원 지위 보유자	5급 이하 20	5급 이하 30	• 다만, 임용 관련 법령에서 직급 구분이 명확하게 규정되어 있지 않은 공직자등에 대해서는 해당 공직자등에 대하여 적용되는 「공무원보수규정」, 「지방공무원 보수규정」, 「공무원수당 등에 관한 규정」, 「지방공무원 수당 등에 관한 규정」 등 보수관련법령 또는 「공무원 여비 규정」 등 여비 관련법령의 직급구분에 따름 • 그래도 불명확하면 해당 공직자등에 대하여 적용되는 임용 관련 법령, 보수 관련 법령 및 여비 관련 법령을 종합적으로 고려하여 권익위가 고시
공직자윤리법 제3조의2 소정의 공직유관단체	기관장 40 임원 30 기타 20	기관장 60 임원 45 기타 30	
공공기관의 운영에 관한 법률 제4조에 따른 기관			
각급 학교장, 교직원, 학교법인 임직원	100	100 X 시간	
언론사 대표, 임직원			
공통사항	• 국제기구, 외국정부, 외국대학, 외국연구기관, 외국학술단체, 그 밖에 이에 준하는 외국기관에서 지급하는 외부강의등의 사례금 상한액은 사례금을 지급하는 자의 지급기준에 따름 • 상한액에는 강의료, 원고료, 출연료 등 명목에 관계없이 외부강의등 사례금 제공자가 외부강의등과 관련하여 공직자등에게 제공하는 일체의 사례금을 포함 • 공직자등이 소속기관에서 교통비, 숙박비, 식비 등 여비를 지급받지 못한 경우에는 「공무원 여비 규정」 등 공공기관별로 적용되는 여비 규정의 기준 내에서 실비수준으로 제공되는 교통비, 숙박비 및 식비는 사례금에 포함되지 않음		

각급 학교의 장 및 교직원, 학교법인의 임직원과 언론사의 대표자 및 임직원이 공무원이나 「공직자윤리법」 소정의 공직유관단체 또는 「공공기관의 운영에 관한 법률」 소정의 공공기관 임직원에도 해당하는 경우에는 외부강의등의 사례금 지급 기준은 공무원이나 「공직자윤리법」 소정의 공직유관단체 또는 「공공기

관의 운영에 관한 법률」 소정의 공공기관 임직원에 대한 지급 기준을 적용한다.

외부강의 요청 주체가 다른 경우, 즉 외부강의등 사례금 지급 주체가 다른 경우에는 강의 일자나 내용 등이 동일하다 하더라도 별개의 강의로 보아 각 강의마다 앞의 지급 기준에 의한 사례금을 수수할 수 있다고 보아야 할 것이다. 오전에 A주식회사 임직원을 상대로 강의하고 오후에는 A주식회사의 자회사인 B주식회사의 임직원을 상대로 강의한 경우 그 강의 일자와 강의 주제 및 내용이 동일하더라도 별개의 강의로 볼 수 있어 앞의 지급 기준에 따라 A주식회사로부터 오전 강의에 대한 사례금을, B주식회사로부터 오후 강의에 대한 사례금을 각 수령할 수 있다.

외부강의등 사례금 지급 주체와 강의 대상 및 내용이 동일하지만 강의 일자가 다른 경우에도 이는 별개의 강의이므로 강의마다 지급 기준에 의한 사례금을 수수할 수 있다고 본다. A주식회사 임직원을 대상으로 하여 동일 주제와 내용으로 매일 한 차례씩 이틀 동안 강의하면서 임직원 각자의 시간 형편에 따라 이틀의 강의 중 하나를 선택해 듣게 하는 경우가 이에 해당할 것이다.

또 외부강의등 사례금 지급 주체와 강의 대상 및 강의 일자가 동일하지만 강의주제가 다른 경우에도 별개의 강의로 보아 강의마다 지급 기준에 의한 사례금을 수수할 수 있을 때도 있을 것이다. 가령 A주식회사 임직원을 대상으로 오전에는 "IT산업의 현황과 발전 방향"이라는 주제로, 오후에는 "개인정보보호에 대한 대책"이라는 주제로 강의하는 경우가 이에 해당할 수 있을 것이다.[35]

공직자등이 국제기구나 외국대학, 외국기관 등으로부터 의뢰를 받아 외부강의를 하거나 기고를 하는 경우 사례금을 지급하는 국제기구나 외국대학, 외국기관 등의 지급 기준에 따라 수령한 사례금은 청탁금지법 시행령 소정의 사례금 지급 기준의 적용을 받지 아니한다. 이와는 반대로 외국 대학교수는 청탁금지법 소정의 공직자등에 해당하지 아니하므로 그를 국내로 초청하여 외부강의를 하도록 한 후 지급하는 사례금은 청탁금지법의 적용 대상이 아니다. 그러나 외국인이라 하더라도 국내 대학 등 각급 학교의 교직원으로 재직하는 때에는 공직자등에 해당하므로 청탁금지법의 외부강의등 사례금 지급 기준을 적용받게 된다.

---

35) 권익위, 앞의 매뉴얼. 148면.

나. 공공기관 제공 금품등이나 하급 공직자등에 대한 위로·격려·포상 목적 상급 공직자등의 제공 금품등(법 제8조 제3항 제1호)

공공기관 자체가 소속 공직자등 또는 파견 공직자등에게 지급하는 금품등의 경우에는 그 명목이나 금액을 묻지 아니하고 허용된다. 이러한 금품등의 수수는 그 금품등의 성격상 부정이 개입할 소지가 없어 직무와 관련하여 수수하는 금품등이라고 볼 여지가 없다. 따라서 만약 공무원이 이러한 금품등을 받은 때에는 「형법」상의 뇌물죄에도 해당하지 않을 것이다.

상급자가 하급자에게 제공하는 위로·격려·포상 등 목적의 금품등에 해당하는 예로는 기관장이나 각급 부서장이 급여와는 별도의 기관운영 판공비, 팀 관리비 등 명목으로 지급된 금원을 이용하여 부하 직원에게 제공하는 포상금이나 격려금, 회식 등을 들 수 있다. 이러한 금품등은 원활한 조직 관리나 조직 구성원 사이의 결속 도모 등을 위하여 제공되는 금품등을 의미하는 것으로 풀이할 수 있다. 이 경우 상급자와 하급자가 동일한 공공기관에 근무하는 것을 전제로 함은 물론이다.[36]

그러나 상급자가 반드시 이 같은 공적 용도로 사용될 것을 전제로 수령한 금원을 사용하여 하급자에 대한 위로·격려·포상 등 목적으로 제공하는 경우에 국한하지 아니하고, 상급자가 자신의 개인 자금을 사용하여 제공하는 경우에도 그 금품등의 제공행위에 하급자에 대한 위로·격려·포상 등의 목적이 인정되면 수수가 허용되는 금품등에 해당한다고 볼 수 있다.

한편, 법문상 상급자가 하급자에게 제공하는 것만을 규정하고 있어 상하 관계가 아닌 공공기관 내 단순한 직장 동료 사이에서 수수되는 금품등은 예외사유에 해당하지 않는다고 볼 수밖에 없다. 예컨대 공공기관 입사 동기 사이에서 주고받는 금품등은 제1호 소정의 금품등에는 해당하지 않으나 후술하는 제2호 소정의 금품등에는 해당할 수 있다. 또한 그 금품등이 직무와 관련하여 수수한 것이 아니라면 1회 한도액이나 연간 한도액 이내에서는 수수가 가능하다. 그러나 단순한 동료나 입사 동기 사이라도 인사 업무나 감사 업무 담당자와 인사 대상자나 감사 대상자의 지위에 있는 경우처럼 수수 금품등과 직무 사이의 관련성이 인정될 수 있는 경우에는 일체의 금품등을 수수할 수 없다.

36) 권익위, 앞의 매뉴얼, 85면.

상급자와 하급자의 관계를 오로지 직급을 기준으로 판단하여야 할 것인지 동일 직급이라 하더라도 직책의 상하 관계가 있으면 상급자와 하급자의 관계에 있다고 볼 수 있는 것인지[37]에 대하여 의문이 있다. 이러한 경우 동일 직급이라 하더라도 그 직책상 제공자와 수령자가 지휘감독 관계에 있다고 인정되고 위로·격려·포상 등의 정당한 지급 목적이 인정된다면 수수 금지 금품등에 해당하지 않는다고 풀이함이 타당할 것이다.

비록 격려금 명목이라 하더라도 상급자가 자신의 개인적 청탁 사안을 잘 처리해 준 하급자에게 대가적 성격으로 지급한 금품등이라고 볼 수 있다면 이를 수수가 허용되는 금품등으로 인정할 수 없다. 따라서 표방 목적을 불문하고, 금품등의 수수 경위, 금품등의 수수를 전후한 당해 기관이나 부서 등의 상황, 평소의 관례, 수수 가액 등 모든 사정을 종합적으로 고려하여 예외대상 해당 여부를 판단하여야 한다.

다. 대통령령 소정 가액 범위 내의 원활한 직무수행, 사교·의례·부조 목적 음식물·경조사비·선물(법 제8조 제3항 제2호)

이 조항은 가장 많은 관심과 논란을 불러 일으키고 있는 조항으로서 그 만큼 오해를 유발할 위험성도 큰 조항이다.

이에 해당하려면 첫째 원활한 직무수행 목적이나 사교·의례·부조 목적이 인정되어야 하고, 둘째 대통령령이 정하는 가액 이내의 음식물·경조사비·선물에 해당하여야만 한다. 대통령령에 바로 이 가액을 얼마로 정할 것인지라는 문제를 놓고 우리 사회는 현재까지도 첨예한 의견 대립을 보이고 있다.[38]

청탁금지법 시행령이 원활한 직무수행 또는 사교·의례·부조 목적 선물 등으로 허용하는 금품등의 가액 상한은 음식물 3만 원, 선물 5만 원, 경조사비 10만 원이다. 음식물은 제공자와 공직자등이 함께 하는 식사·다과·주류·음료 기타 이에 준하는 것을, 경조사비는 축의금·조의금 등 각종 부조금과 부조금을 대신하는 화환·조화 기타 이에 준하는 것을, 선물은 금전 및 음식물을 제외한 일체의 물품

---

37) 예컨대 팀장과 소속 팀원이 모두 6급 공직자인 경우이다.
38) 이 때문에 청탁금지법 시행령은 제42조에 권익위로 하여금 2018년 12월 31일까지 음식물·경조사비·선물 등의 가액 범위와 외부강의등의 사례금 상한액에 대한 타당성을 검토하여 개선 등의 조치를 하도록 의무를 부과하는 규정을 두었다.

과 유가증권[39) 기타 이에 준하는 것을 말한다(시행령 별표 1 제1~3호). 따라서 음식물 이외에 골프 접대를 비롯한 향응 등과 현금은 비록 5만 원 이내라 하더라도 선물에 해당할 수 없으므로, 공직자등이 현금 5만 원을 받은 때에는 사교·의례 목적이 있었다 하더라도 수수 허용 금품등에는 해당하지 않아 만약 이 돈이 이를 수수한 공직자등의 직무와 관련이 있다면 그 공직자등의 수수행위는 청탁금지법 제8조 제2항 위반에, 제공자의 제공행위는 동조 제5항 위반에 해당한다.

식사 등 음식물과 선물을 함께 수수한 경우에는 이를 합산하여 5만 원이 상한액이고, 축의금·조의금 등 각종 부조금과 화환·조화 등 부조금을 대신하는 선물·음식물을 함께 수수한 경우에는 그 가액을 합산하여 10만 원이 상한액이다.

그리고 합산 가액의 범위 내라 하더라도 각 항목의 상한액을 초과해서는 안된다. 음식물과 선물 합계 5만 원 상당을 받았더라도 음식물이 4만 원, 선물이 1만 원이라면 음식물의 상한액 3만 원을 초과하므로 시행령의 기준에 어긋나게 되는 것이다. 경조사비와 선물 또는 경조사비와 음식물의 경우도 마찬가지이다. 경조사비 3만 원, 선물 7만 원의 경우에는 선물의 상한액 5만 원을 초과하고, 경조사비 5만 원, 음식물 5만 원의 경우에는 음식물의 상한액 3만 원을 초과하므로 비록 총액은 경조사비의 상한액 10만 원을 초과하지 않았다 하더라도 시행령 기준 위반에 해당한다.

청탁금지법과 동법 시행령은 "경조사"에 대한 정의를 따로 규정하지 않았다. 우리나라에서 전통적으로 인정되어 온 경조사로는 본인이나 그 직계비속의 결혼, 본인이나 그 배우자 또는 직계존·비속의 사망을 우선적으로 들 수 있으나, 그 이외에도 자녀의 백일이나 돌, 직계존속의 회갑이나 고희, 승진이나 영전 등 여러가지가 있다. 그러나 경조사의 범위를 무한정 확대하는 것은 청탁금지법의 입법 목적에 반하고 이와는 반대로 너무 협소하게 한정하는 것은 법령에 의하지 아니한 제한이라는 문제가 있으므로 경조사의 범위를 법령에 명확하게 정할 필요가 있다고 본다.[40)

공직자등이나 공무수행사인을 배우자 또는 자녀로 둔 일반인에게 배우자나

---

39) 따라서 수표, 어음, 주식, 상품권 등 각종 유가증권은 "선물"에 해당한다. 비록 선물의 제공 한도를 5만 원 이내로 규정하고는 있으나 과연 이처럼 수표나 어음, 주식까지도 선물의 개념에 포함시킨 것이 타당한지에 대하여는 이견이 있을 수 있다.

40) 권익위는 경조사의 범위를 일정 범위의 결혼과 장례에 한정하여 본인 및 직계비속의 결혼, 본인과 배우자 및 본인과 배우자의 직계 존·비속의 장례만을 경조사로 해석하는바, 이에 대한 근거는 분명하지 않다. 권익위, 앞의 매뉴얼, 120면.

자녀와 관련한 경조사로 경조사비를 제공할 때에도 청탁금지법의 적용을 받는지 의문이 있다. 배우자나 자녀인 공직자등이나 공무수행사인에게 직접 경조사비를 제공한 것으로 인정할 만한 특별한 사정이 없는 한 통상적으로는 제공자가 친분관계에 있는 일반인에게 경조사비를 제공하는 것으로 봄이 타당하므로 이는 청탁금지법 적용 대상에 해당하지 않는다고 생각한다.

공직자등이나 공무수행사인이 해외에서 외국인으로부터 선물을 받는 경우에도 속인주의의 원칙상 공직자등이나 공무수행사인에게는 청탁금지법이 적용된다. 따라서 청탁금지법에 의하여 직무관련성이 있더라도 원활한 직무수행, 사교·의례·부조 목적의 5만 원 이내 선물은 허용되고, 직무관련성이 없다면 1회 한도액이나 연간 한도액 이내의 선물도 허용된다. 다만 「공직자윤리법」 제15조와 제16조, 동법 시행령 제28조 제1항은 공무원(지방의회의원을 포함함)이나 공직유관단체의 임직원이 외국으로부터 선물을 받거나 그 직무와 관련하여 외국인(외국단체를 포함함)으로부터 선물 수령 당시 증정한 국가 또는 외국인이 속한 국가의 시가로 미국화폐 100달러 이상이거나 국내 시가로 10만 원 이상의 선물을 받으면 지체 없이 소속 기관·단체의 장에게 신고하고 그 선물을 인도하여야 하며 인도된 선물은 즉시 국고에 귀속되고, 이들의 가족이 외국으로부터 선물을 받거나 그 공무원이나 공직유관단체 임직원의 직무와 관련하여 외국인으로부터 선물을 받은 경우에도 마찬가지라고 규정하고 있다. 또한 동법 제22조 제15호는 공직자윤리위원회가 이처럼 외국에서 받은 선물 또는 외국인으로부터 받은 선물을 신고 또는 인도하지 아니한 공무원이나 공직유관단체 임직원에 대하여 해임이나 징계의결을 요구할 수 있는 것으로 규정하고 있다.

청탁금지법 시행령이 정한 가액 기준 내의 금품등이라 하더라도 원활한 직무수행이나 사교·의례, 부조 목적으로 제공하였다고 인정되어야만 수수 금지 금품등에 해당하지 아니하는 것이므로, 만약 제공자와 수령자와의 관계, 사적 친분관계의 존부, 수수 경위와 시기 등 제반 사정을 종합적으로 고려해본 결과 이 같은 원활한 직무수행 등의 목적이 아니라 직무와 관련하여 공정한 직무수행을 저해할 의도로 제공하였다고 인정된다면 수수 금지 금품등의 예외사유에 해당할 수 없다.

예컨대 폭행사건으로 조사를 받게 된 사람이 단지 사건 조사로 처음 만났을 뿐인 담당 조사관이 부친상을 당하자 문상을 가서 부의금 명목으로 10만 원을 제공하였다 하더라도, 이는 청탁금지법상 예외사유에 해당하지 아니할 뿐 아니라 부조를 가장한 직무 관련 뇌물에 해당할 수 있다. 학부모나 학생이 교사나 교수에게 제공하는 선물, 국정감사 중 피감기관 직원이 해당 상임위원회 소속 국회의원 보좌관에게 제공하는 식사 등도 사교·의례 목적의 금품등에 해당한다고 보기 어렵다.[41)

원활한 직무수행 목적으로 제공하는 선물 등의 의미는 분명치 않으나,[42)] 이에 해당하는 것으로는 수시로 다량의 광고 우편물을 발송해야 하는 업체 직원이 우편물 발송을 위해 관할 우체국을 방문한 기회에 담당 직원에게 고생한다며 음료수를 제공하는 경우처럼 민원인을 위해 주로 기계적인 직무를 수행하는 하급 공직자등의 기속(羈束)행위에 대한 미미한 성의 표시 의미의 금품등을 예상해 볼 수 있다. 또 일반 기업들의 임직원들이 모여 그 기업들의 업종과 관련한 정부 정책을 수립하는 주무기관 담당 공직자와 함께 향후 정책 방향에 대하여 의견을 교환하다가 사전에 정하였던 시간 내에 협의를 마칠 수 없어 시간을 절약하고자 담당 공직자를 포함한 참석자 전원이 3만 원 이내의 도시락으로 점심 식사를 하며 식사 자리에서 토론을 계속한 경우라면 그 공직자에게 제공한 도시락이 이에 해당한다고 볼 수 있다.

그러나 공무원의 기속행위와 관련하여 금품등을 수수하는 경우에도 금품등과 직무 사이의 관련성이 인정된다면 「형법」상의 뇌물공여죄와 뇌물수수죄가 성립할 수도 있다. 따지고 보면 뇌물도 원활한 직무수행을 목적으로 제공하는 금품이라고 볼 수 있으므로 소액이라도 뇌물에 해당할 가능성이 있다는 점에 항상 유의할 필요가 있다.

사업의 성질상 인허가 신청이 많은 회사의 인허가 신청 담당 임원이 인허가

---

41) 권익위, 앞의 Q&A 사례집, 67, 118면. 다만 스승의 날에 담임 선생님에게 주는 카네이션 등 5만 원 이내의 선물조차 직무와 관련한 금품등에 해당한다고 단정하기는 어렵다고 생각한다. 카네이션 등 선물의 가격, 스승의 날이라는 시점, 관습 등에 비추어 의례 목적의 선물이나 사회상규에 따른 행위로 볼 수 있기 때문이다.

42) 이 조항은 해외 일부 반 부패법제에서 찾아볼 수 있는 '급행료 조항'과 같은 의미로 규정한 것으로 보인다. 예컨대 미국의 해외부패방지법(Foreign Corrupt Practices Act)은 외국공무원 등에게 제공된 금품등이 그들의 통상적 정부행위를 촉진시키거나 원활하게 진행시키기 위한 목적으로 제공된 경우에는 법 적용 대상에서 제외한다는 아래와 같은 특칙을 두고 있는바, 이를 '급행료 조항'이라고 칭하기도 한다.

- U.S. Code(Title 15 Commerce and Trade/Chapter 2B–Securities Exchanges)
  § 78dd-1. (b) Exception for routine governmental action
  Subsections (a) and (g) of this section shall not apply to any facilitating or expediting payment to a foreign official, political party, or party official the purpose of which is to expedite or to secure the performance of a routine governmental action by a foreign official, political party, or party official.

담당 부서에 새로 전입한 공직자등을 찾아가 인사를 하면서 5만 원 이내의 선물을 제공한 경우 이 선물이 무조건 사교나 의례 목적의 금품등에 해당한다고 단정하기 어렵다. 앞에서 살펴본 판례가 설시하고 있는 바와 같이, 회사 임원은 인허가 담당 공직자등의 직무의 대상이 되는 사람임에 틀림 없는 반면, 단지 새로 부임한 공직자등에게 인사하며 선물을 준다는 것은 그 선물과 공직자등의 직무 사이의 관련성을 부정할 만한 사교적·의례적 목적의 행위에 해당한다고 보기 곤란하고, 오히려 '향후 인허가 직무수행과 관련하여 잘 봐 달라'는 묵시적 청탁의 대가에 해당한다고도 볼 수 있기 때문이다.[43]

공공기관에 해당하는 감독기관인 A기관으로부터 관리·감독을 받고 있는 B주식회사가 추석이나 구정에 즈음하여 A기관 간부들에게 일괄적으로 5만 원 이하의 선물을 배송하는 경우에도 사교나 의례 목적의 금품등에 해당한다고 단정할 수 없다. 그러나 만약 A기관의 임원인 X와 B주식회사 대표이사인 Y가 수십 년간 우정을 나누며 매해 선물을 주고받아온 사이로서 A기관과 B주식회사 사이에 아무런 현안도 없는 추석 무렵 Y가 X에게 5만 원 이내의 선물을 주었다면 이는 사교나 의례 목적의 금품등에 해당하는 것으로 인정될 수 있다고 본다.

3만 원, 5만 원 이내의 식사나 선물이라 하더라도 동일 공직자등에게 수시로 반복하여 제공하는 행위는 사교·의례 목적의 행위에 해당한다고 인정하기 어려울 수 있다.

이처럼 원활한 직무수행이나 사교·의례 목적 해당 여부를 실무상 판단하는 일은 결코 간단하지 않을 것으로 생각한다. 원활한 직무수행이나 사교·의례 목적이라 하더라도 직무와 관련한 사람 사이에서 3만 원, 5만 원, 10만 원의 기준을 벗어나 주고받는 음식물, 선물, 경조사비는 수수 금지 금품등의 예외사유에 해당하지 않는다. 따라서 공직자등이나 공무수행사인과 그들의 직무의 대상이 되는 사람 사이에서 3만 원, 5만 원, 10만 원의 기준을 벗어나 주고받는 음식물 등은 비록 두 사람 사이에 원활한 직무수행이나 사교·의례 목적이 있었다 하더라도 청탁금지법 제8조 제2항 위반행위에 해당한다. 이때 위반한 수수 금품등의 가액은 실제 수수한 금품등의 가액 전체이지 3만 원, 5만 원, 10만 원이라는 기준 금

---

43) 권익위는 조사 대상자나 불이익처분 대상자로부터 가액 기준 이하의 선물을 받는 것, 인허가를 신청한 민원인으로부터 가액 기준 이하의 선물을 받는 것, 학급 담임교사 등이 성적이나 수행평가 등과 관련하여 학부모로부터 가액 기준 이하의 촌지나 선물을 받는 것을 가액 기준 범위 내의 선물이라 하더라도 수수 허용 금품에 해당하지 않는 예로 들고 있다. 권익위, 앞의 매뉴얼, 86면.

액과의 차액이 아니다. 기준 금액을 초과하는 음식물, 선물, 경조사비는 그 전체
가 수수 금지 금품등에 해당하기 때문이다.[44]

원활한 직무수행, 사교·의례·부조 목적 선물 등으로 허용하는 금품등의 가
액 상한을 3만 원, 5만 원, 10만 원으로 규정하였더라도 금품등과 직무 사이에 관
련성만 없다면 이 기준을 초과하여 1회 한도액이나 연간 한도액 이내의 금품등은
얼마든지 수수할 수 있다. 따라서 시행령의 음식물 등에 대한 가액 제한 규정의
존재 의의는 공직자등이나 공무수행사인의 수수 금품등이 원활한 직무수행, 사
교·의례·부조 목적의 3만 원 이내 음식, 5만 원 이내 선물, 10만 원 이내 경조금
에 해당한다면 이는 공직자등이나 공무수행사인과 그들의 직무의 대상이 된 사
람 사이에 주고받았다 하더라도 금지되지 아니하고, 동일인으로부터 받을 수 있
는 1회 한도액이나 연간 한도액에도 산입되지 않는다는 데 그 의미가 있다.

이처럼 청탁금지법이 제8조 제1항에서 직무와 관련하지 않은 1회 한도액이나
연간 한도액 이내의 금품등의 경우에는 공직자등이나 공무수행사인으로 하여금 합
법적으로 수수할 수 있도록 허용하고 있음에도, 동조 제3항 제2호의 3만 원 이내 음
식물, 5만 원 이내 선물, 10만 원 이내 경조금 수수 기준만을 놓고, 이 허용 기준을
초과하면 무조건 수수가 금지된다거나 이 기준 이내의 금품등은 수수 목적 여하를
불문하고 무조건 허용되는 것으로 보고 이 기준의 상향 조정을 주장한다면 이는 금
품등 수수 금지 예외사유 조항에 대한 이해 부족에 기인한 것이라 생각한다.

라. 사적 거래(증여 제외)로 인한 채무의 이행 등 정당한 권원에 의한 제공 금품등(법 제8조 제3항 제3호)

매매, 임대차, 소비대차, 사용대차, 환매, 교환 등 정당한 거래 관계나 채권채
무 관계를 기초로 이루어지는 금품등의 수수는 당연히 허용된다.

여기에서 증여는 제외되는바, 부자간의 증여 등 친족간의 증여는 제4호 '공
직자등의 친족이 제공하는 금품등'에 해당하여 수수가 허용된다. 증여를 제외하
는 데 따른 가장 중요한 문제는 자칫하면 선의의 기부행위에까지 부정적 영향을
미쳐 기부를 위축시킬 위험성이 있을 수 있다는 점이다. 이에 대하여는 뒤에서
다시 살펴보기로 한다.

---

44) 권익위, 앞의 매뉴얼, 106, 113, 120면.

정당한 권원에 의하여 이루어지는 금품등의 거래만 이에 해당하므로, 예컨대 합리적 사유 없이 시가보다 현저히 저렴하거나 비싼 가격의 매매행위, 무이자 대여나 무상 임대차 또는 무상 사용처럼 비록 계약에 의하여 이루어진 거래라 형식적으로나마 권원은 존재한다 하더라도 그 권원의 정당성을 인정할 수 없는 거래라면 이에 해당하지 아니한다. 공직자등에게 금품등을 제공하기 위해 형식적으로만 자문계약을 체결해 놓고 자문료를 빙자하여 금품등을 제공하는 행위는 정당한 권원에 의한 금품등 수수로 볼 수 없다.

공직자등이 민간 기업 사외이사나 고문직을 겸임하는 경우, 사외이사 위촉계약이나 고문계약을 체결하면서 그 계약 내용에 급여 등의 보수 조건과 처우 등 근무 조건을 규정하여 이러한 계약 내용에 따라 받는 급여 등은 정당한 권원에 의한 금품등에 해당한다고 볼 수 있고, 공직자등의 직무와 관련하여 수수하는 금품등에도 해당하지 아니한다. 그러나 실제로는 공직자등에게 금품등을 제공할 구실을 만들기 위하여 형식적으로만 이러한 계약을 체결하였다면 이는 정당한 권원에 의한 금품등에 해당할 수 없다.

급여 등의 보수 조건과 근무 조건 등을 명시한 사외이사 위촉계약이나 고문계약도 없이 단지 민간 기업 내부의 이사 처우 관례 등을 내세워 공직자등에 해당하는 사외이사나 고문 등에게 일방적으로 제공하는 금품등은 수수 허용 금품등에 해당하지 않는다. 그러나 이러한 금품등을 공직자등의 직무와 관련한 수수 금품등이라고는 보기 어려워 1인 한도액이나 연간 한도액 범위 내에서는 수수가 허용될 것이다. 다만 민간 기업이 공직자등에 해당하는 사외이사나 고문 등을 포함한 이사 전원이나 고문 전원에게 적용되는 처우규정을 자체적으로 충실히 마련해 두고 이 규정에 따라 동등하게 지급하는 금품등이라면 이는 청탁금지법 제8조 제3항 제8호 소정의 '그 밖에 다른 기준에 따라 허용되는 금품등'에 해당할 수도 있다고 본다. 한편, 공공기관이 내부기준에 따라 공직자등의 신분을 가진 공공기관 소속 비상임이사나 고문 등에게 지급하는 금품등은 법 제8조 제3항 제1호 소정의 '공공기관이 소속 공직자등에게 지급하는 금품등'으로서 수수 허용 금품등에 해당할 수 있다.

협찬의 경우, 예컨대 공공기관이 직무의 대상이 되는 민간 업체와 공동으로 행사를 개최하기로 하면서 그 행사에 소요되는 비용 일부나 인력을 배분하기로 정하여 계약을 체결하였다면 그에 따른 비용이나 인력 분담은 정당한 권원에 의한 금품등에 해당할 수 있다. 그러나 공공기관이 법령이나 계약에 의하지도 않고 직무의 대상이 되는 산하 기관이나 민간 업체 등에게 일방적으로 비용이나 인력 제공을 요구하는 경우에는 청탁금지법이 금지하는 직무와 관련한 금품등의 제공 요구 행위에 해당할 수 있다. 권익위도 각종 협찬의 경우 공공기관의 내부규정과 절차(이사회 등의 의사결정 포함)에 따라 사업계획에 반영하고 공공기관과 협찬자와의 투명한 절차에 따른 계약의 체결이 있을 것이라는 절차적 요건과 체결한 계약의 내용이 일방적이지 않고 협찬의 내용과 범위에 상응하는 대가 관계(반대급부)가 존재할 것이라는 실체적 요건을 모두 구비하는 경우 이는 정당한 권원에 의한 협찬으로 법 위반행위에 해당하지 않는다고 해설하고 있다.[45] 따라서 협찬의 내용과 범위에 상응하는 대가 관계가 존재하지 않는 공공기관의 일방적 협찬 요구에 따른 협찬 금품등의 제공은 아무리 그 협찬 요구가 공공기관 내부의 절차에 따른 것이라 하더라도 정당성을 인정받을 수 없을 것이다.

다만 앞에서 본 바와 같이, 공공기관 자체가 금품등을 수수하는 경우 이에 관여한 실 행위자를 제재하는 데 법리상 문제가 있다. 이에 대하여는 뒤에서 벌칙규정을 설명할 때 좀 더 살펴보기로 한다.

기업이 공직자등과 용역계약이나 자문계약을 체결하고 새로 개발한 제품을 공직자등에게 제공하여 사용해보도록 하거나 공연 단체가 새로 발표하는 공연물의 초대권을 공직자등에게 제공하여 관람하도록 한 후 당해 공직자등으로부터 그에 대한 평을 청취하거나 공직자등으로 하여금 간행물 등에 품평 관련 기사를 게재하는 데 활용하도록 하는 때에는 공직자등에게 제공한 신제품이나 초대권이 정당한 권원에 의한 금품등에 해당할 수 있다. 그러나 이때에도 품평 관련 기사를 간행물에 투고하는 조건으로 금품등을 제공한 것이라면 그 금품등은 기고료에 해당하여 외부강의등의 사례금 수수 제한의 적용 대상이 될 수도 있다.

마. 공직자등의 친족이 제공하는 금품등(법 제8조 제3항 제4호)

친족은 민법 제777조 소정의 친족, 즉 8촌 이내의 혈족, 4촌 이내의 인척, 법률상의 배우자를 말한다.

그러므로 공직자등이 이 범위의 친족에 해당하지 아니하는 먼 인척으로부터

---

45) 권익위, "매뉴얼 수정사항 알림"(2016. 9. 22.), 1~2면.

민법에 의한 증여나 유증으로 금품등을 받는 경우라도 그 금품등은 예외 금품등에 해당하지 아니하므로, 공직자등의 직무와 그러한 증여나 유증 사이에 관련성이 없다 하더라도 법 제8조 제1항에 의하여 1회 한도액이나 연간 한도액을 초과하여 받을 수는 없다.

친족을 통해 수수되는 금품등이라 하더라도 직무와 관련이 있다거나 부정한 청탁의 대가라고 인정된다면 청탁금지법 제8조 제2항 위반에 해당하고, 뇌물죄나 배임수증죄 등도 성립할 수 있음은 물론이다.

바. 공직자등 관련 직원상조회·동호인회·동창회·향우회·친목회·종교단체·사회단체 등의 기준에 의한 제공 금품등과 어려운 처지에 있는 공직자등에 대한 장기지속적 친분관계에 있는 자의 제공 금품등(법 제8조 제3항 제5호)

공직자등이나 공무수행사인이 회원으로 있는 동창회, 향우회, 친목회, 상조회 등 각종 단체[46]에서 자체 기준에 따라 단체 명의 또는 단체 대표자 명의로 단체의 자금을 사용하여 그 구성원들에게 제공하는 금품등이 이에 해당함에는 의문의 소지가 없다. 공직자등이나 공무수행사인이 가입한 계(契)에서 정해진 규정에 따라 지불하는 계금(契金)도 이에 해당한다고 볼 수 있다.

다만, 단체들이 정하는 "기준"의 의미를 두고 다소 의문이 있으나, 단체들의 운영과 관련하여 제정된 회칙 등의 성문 규정만을 의미하는 것이 아니라 제공 대상·제공 금품등의 가액·수량, 차등 지급 시 그 차등 지급의 근거 등과 관련하여 자체 절차에 따라 장기지속적으로 적용될 원칙을 정하여 그 원칙을 토대로 금품등이 지급되었다면 이 경우에도 제5호 소정의 금품등에 해당할 수 있으리라고 본다.

그러나 공직자등에게만 금품등을 지급하기로 하는 내용의 규정은 여기에 해당한다고 보기 어렵다. 공직자등이 소속한 향우회가 '공직자등의 회원이 영전하

---

[46] "단체"의 의미에 대하여, 권익위는 "구성원의 교체(가입, 탈퇴)와 관계없이 존속하고 일시적인 목적이 아닌 장기적 목적을 가지며 해당 단체를 위하여 행동하는 특별한 기관을 가진 인적 결합체로서 ① 장기적인 고유한 목적을 가지고 구성원의 변경과 관계없이 존속할 것, ② 내부적 의사결정기관과 대외적 집행기관인 대표자가 존재할 것, ③ 정관, 규약, 회칙 등과 같은 내부규정이나 기준이 존재할 것, ④ 단체가 정하는 기준에 따라 제공되는 경우라 하더라도 해당 제공 금품등이 구성원들 전체가 참여하는 회비 등으로 구성되어야 하고, 단체 구성원 일부의 후원으로만 이루어진 경우가 아닐 것이라는 요건을 구비하여 구성원과 별개인 독자적 존재로서의 조직을 갖추고 있어야 한다"고 해설하고 있다. 권익위, 앞의 수정사항 알림, 2면.

거나 승진하는 경우 축하금을 지급하기로 한다'는 규정이나 '공직자등의 회원을 격려하기 위하여 직급에 따라 금액을 정해 매해 후원금이나 격려금을 지급한다'는 규정을 회칙에 두고 그에 따라 공직자등에게 금품등을 지급하더라도 이는 제5호 소정의 금품등에 해당한다고 볼 수 없다. 이를 허용하는 것은 입법 목적에 반한다고 보아야 하기 때문이다.

'공직자등과 장기적·지속적 친분관계를 맺고 있는 자가 질병·재난 등으로 어려운 처지에 있는 공직자등에게 제공하는 금품등'이라는 규정은 예컨대 장기적인 질병에 시달리고 있는 자녀를 둔 공직자가 초등학교 시절부터 절친한 관계를 맺어 온 친구로부터 금전적 도움을 받는 경우처럼 환난상휼(患難相恤)의 미풍약속을 염두에 둔 것으로 보이나, '장기적·지속적 친분관계'나 '어려운 처지' 등의 용어는 다의적으로 해석될 우려가 있고 증여를 수수 허용 대상 금품에서 제외하는 제3호의 규정과 상충할 여지도 있다고 본다. 어려운 처지는 반드시 공직자등이나 공무수행사인에게만 국한하지 아니하고 공직자등이나 공무수행사인과 생계를 같이 하는 배우자를 포함한 친족도 포함한다고 봄이 타당하다.[47]

'장기적·지속적 친분관계' 해당 여부는 친분관계를 맺게 된 기원, 교분 기간 및 빈도, 교분 내용 등을 종합적으로 고려하여야 한다. 따라서 학교 동창이라 하더라도 장기간 교류가 없다가 담당 공무원과 사업가의 관계에서 우연히 만나 이후 몇 차례 회동한 경우 또는 단순한 동향 관계 등은 이에 해당하지 아니한다.

'어려운 처지'는 사고, 재난, 질병 기타 이와 유사한 역경(逆境)을 의미하나 예컨대 주식 투자나 도박으로 인한 가계 파탄, 자녀 유학에 따른 경제적 곤란 등 자초한 곤궁은 제외된다고 봄이 타당할 것이다.

사. 공직자등의 직무 관련 공식적 행사 주최자가 참석자에게 일률적으로 제공하는 통상적 범위 내 교통·숙박·음식물 등의 금품등
(법 제8조 제3항 제6호)

공직자등이 직무와 관련하여 참석하는 공식적 행사이기만 하면 주최자는 공공기관, 기업, 단체 등을 불문한다. 공직자등을 위주로 개최하는 행사나 공적인 목적으로 주최하는 행사에 국한하지 아니하므로, 민간 사업자 단체가 매년 초 총

---

47) 권익위, 앞의 매뉴얼, 88면.

회를 개최하며 관례적으로 유관 공공기관 공직자등을 초청하거나 회사 창립기념일에 유관 공공기관 공직자등을 초청하는 경우 등도 이에 해당한다.

"공식적인 행사"가 반드시 불특정 다수인을 위한 행사만을 말하는 것은 아니나 어느 정도 다중에게 개방되어 있음을 요한다고 보아야 하므로, 참석 대상이 극히 제한적으로 소수에 한정되어 있거나 차별적·폐쇄적인 경우에는 이에 해당한다고 볼 수 없다. "공식적"이어야 하므로 회갑연, 파티 등 개인 주최 행사는 이에 해당하지 아니한다. 소수의 기업 임원들이 공직자등을 초청하여 개최한 조찬모임, 주요 언론사 기자들에 한정하여 개최한 기업설명회, 해외 공장 홍보 명분으로 일부 공직자등만을 초청하여 개최한 견학이나 시찰 행사 등도 이와 마찬가지로 공식적 행사라고 볼 수 없다.[48]

권익위가 제시하는 공식적 행사에 대한 판단 기준은 다음과 같다.[49]

■ 행사 목적 및 내용
- 주최기관 업무 및 사업의 시행과 직접적인 연관성이 있는지 여부
- 참석자와 행사의 목적·내용이 연관성이 있는지 여부
- 초청기관의 공문, 공식초청장 등이 있는지 여부
- 행사의 목적에 부합되는 프로그램이 구성되었는지 여부

■ 참석 대상
- 참석자가 특정되거나 차별되지 않고 개방되어 있는지 여부
- 행사의 목적상 특정 집단으로 대상을 한정하는 것이 불가피한 경우 특정 집단을 고루 대표하는 참석자 구성도 가능
- 특정 집단 내에서도 일부 대상만이 참석하는 등 참석 대상이 극히 한정되어 있는 경우는 공식적 행사 가능성이 낮음

■ 공개성
- 행사의 전체 또는 일부분에 대한 공개가 이루어지는지 여부

---

48) 만약 예산이나 장소 등 행사 여건상 모든 언론사 기자 등 유관기관 공직자등을 초청하는 것이 불가능하다면 예컨대 출입기자단이나 유관기관별로 초청 인원을 할당하여 그들로 하여금 할당된 인원 범위 내에서 자체적으로 참석자를 선정해 참석하도록 하는 등 적절한 방법을 사용하여 참석자를 선별한 폐쇄적 행사라는 비판을 받지 않도록 해야 할 필요가 있다.
49) 권익위, 앞의 매뉴얼, 89~90면.

- 비공개로 이루어지는 경우에도 행사의 결과에 대한 사후 공개가 있는 경우, 비공개로 주최할 만한 상당한 사유가 있는 경우에는 공개성이 있다고 판단

■ 행사 비용
- 행사가 정상적인 예산집행 절차를 거쳐 집행되는지 여부

■ 기타
- 행사 계획 및 운영에 관한 내부 결재의 존재 여부 등 기타 제반 사항 검토

■ 종합적 판단기준
- 행사 목적 및 내용, 참석 대상, 공개성, 행사 비용 등의 요건을 종합적으로 판단

※ 외교·안보 등의 분야에서 국익의 증진 또는 국제 관례에 따라 필요한 경우 공식적 행사와 관련한 별도 기준 설정 필요

"통상적 범위"는 유사한 종류의 행사에서도 제공되었으리라고 인정되는 수준을 의미하는 것으로서 유사한 종류의 행사와 주최자 측의 과거 전례, 행사 장소와 목적, 참석 범위·참석자 신분, 행사 계획 결정 경위, 소요 비용 등을 종합적으로 고려하여 판단하여야 한다.

법문상 지급 가능 금품등을 공식적인 행사에 불가피하게 수반되는 교통, 숙박, 음식물이나 이에 준하는 편의에 한정하고 있으므로 선물은 이에 해당하지 않는다고 할 것이나, 참석자 전원에게 경품권을 지급하여 추첨 후 당첨자에게 제공하는 경품과 기념품이나 홍보용품이 제7호 소정의 경연·추첨을 통하여 받는 보상 또는 상품, 불특정 다수인에게 배포하기 위한 기념품이나 홍보용품에 해당한다면 허용될 수 있을 것이다.

"일률적으로"는 참석자 중 일부에 국한하여 금품등을 제공하여서는 아니 된다는 의미이나 모든 참석자를 동일하게 취급해야 한다는 것은 아니다. 따라서 일정 직급을 기준으로 참석자들의 식사 장소를 구분하여 접대하거나 참석자 중 수행하는 역할별로 합리적인 차등을 두는 것은 가능하다고 보아야 한다.[50]

---

50) 권익위, 앞의 매뉴얼, 88면.

아. 불특정 다수인에게 배포하는 기념품·홍보용품 등과 경연·추첨 등을 통한 보상·상품 등(법 제8조 제3항 제7호)

기념품·홍보용품 등에 해당하는지는 기관의 로고·명칭 표시 유무, 제작 목적, 가액, 수량 등을 종합적으로 고려하여 판단하여야 하는바, 특별히 가격 제한은 없으나 사회 통념에 비추어 기념품이나 홍보용품으로 볼 수 있을 정도의 적절한 가격을 지녀야 할 것이다.[51] 경품의 경우에는 그 가액이 크다 하더라도 응모와 당첨의 기회가 다중에게 공평하게 개방되어 있으면 이에 해당한다고 볼 수 있다.

회사 방문자에게 제공하는 볼펜이나 컵 등의 방문 기념품과 홍보물품, 방송국에서 불특정 다수인을 상대로 실시하는 가요 경연에서 입상자에게 제공하는 상품 등이 이에 해당함에는 의문의 여지가 없다. 그러나 고가의 물품을 특정 직군이나 직급의 공직자등에게만 한정하여 제공하는 경우에는 비록 기념품이나 홍보용품을 표방하고 있더라도 이에 해당하지 아니할 수 있다.

자. 다른 법령·기준 기타 사회상규로 허용되는 금품등(법 제8조 제3항 제8호)

「정치자금법」 소정의 정치자금, 「영유아보육법」 소정의 양육수당과 보육수당 등은 법령으로 허용되는 금품등에 해당하고, 수해를 당한 직원을 위하여 직장 내 모금한 재해부조금, 결혼식 참석자나 문상객에게 일률적으로 제공하는 음식이나 답례품 등은 사회상규로 허용되는 금품등에 해당한다. 그러나 명목상 정치자금을 표방하고 있다 하더라도 그 실질이 뇌물성을 보유하는 경우에는 뇌물죄로 처벌될 수 있다.

「초·중등교육법」은 제33조에 학교발전기금 조성에 대한 규정을 두고 기금 조성 및 운용 방법 등에 대한 사항을 동법 시행령에서 규정하고 있다. 따라서 이 규정에 의한 방법과 절차에 따라 적법하게 수령하는 학교발전기금은 법령으로 수수가 허용되는 금품등에 해당한다고 보아야 한다.

그러나 「고등교육법」에는 이러한 규정을 두고 있지 않아 학교발전기금이나 장학금 기부가 허용되는지 의문의 소지가 있다. 비록 법령에는 근거가 없다 하더라도 이러한 발전기금이나 장학금은 사회상규에 따라 허용되는 금품등이라고 봄

---

51) 권익위, 앞의 해설집, 136면.

이 타당하다. 따라서 초·중·고등학교의 경우에도 장학금 기부 절차가 학교발전기금 조성 관련 규정에 다소 어긋났다 하더라도 그 장학금은 사회상규에 따라 허용되는 금품등이라고 볼 수 있다.[52] 군 부대 위문금품도 마찬가지로 보아야 한다. 청탁금지법이 정당한 기부행위마저도 전면 금지함을 목표로 삼고 있다고는 볼 수 없기 때문이다.

하지만 비록 장학금이나 위문금품을 명목상 표방하고 있다고 하더라도 사실상 대학교나 군부대와의 사업상 거래에 대한 대가적 의미가 포함되어 있다면 이는 허용되지 않고 직무와 관련하여 수수한 부정한 금품등에 해당할 수 있다.

공직자등에 해당하는 학교법인 소속 대학병원 의사가 제공받은 음식물로서 「의료법」 제23조의2, 동 시행규칙 제16조의2에 의하여 제약회사가 제품설명회 참석자에게 제공함이 허용되는 10만 원 이내의 식음료 등은 법령에 의하여 허용되는 금품등에 해당한다고 볼 수 있다.[53]

한편, 「은행법」 제34조의2 제1항 제3호는 은행업무, 부수업무 또는 겸영업무와 관련하여 은행이 그 이용자에게 정상적인 수준을 초과하여 재산상 이익을 제공하는 행위를 불건전 영업행위의 하나로 규정하고 있고, 동조 제2항, 동 시행령 제20조의2 제5호의 위임에 따라 제정된 「은행업감독규정」 제29조의3 제1항은 은행이 준법감시인에 대한 보고, 이사회 의결 등 소정의 절차에 따르면 은행 업무 등과 관련하여 금전·물품·편익 등을 제공할 수 있으며 경제적 가치가 3만 원 이하인 물품·식사 또는 20만 원 이하의 경조비·조화·화환은 이러한 절차를 밟지 않고도 제공할 수 있는 것으로 규정하고 있으므로, 은행 이용자인 공직자등이 은행으로부터 수수하는 이 같은 금품등도 법령에 의하여 수수가 허용되는 금품등에 해당하는 것 아닌가라고 생각할 수 있다.

그러나 이 법령은 은행의 건전한 경영질서 유지를 위하여 불건전 영업 행위

---

52) 권익위, 앞의 Q&A 사례집, 108~109면.
53) 권익위, 앞의 Q&A 사례집, 142면.
　　「의료법」 제23조의2(부당한 경제적 이익등의 취득 금지) ① 의료인, 의료기관 개설자(법인의 대표자, 이사, 그 밖에 이에 종사하는 자를 포함한다. 이하 이 조에서 같다) 및 의료기관 종사자는 「약사법」 제47조 제2항에 따른 의약품공급자로부터 의약품 채택·처방유도·거래유지 등 판매촉진을 목적으로 제공되는 금전, 물품, 편익, 노무, 향응, 그 밖의 경제적 이익(이하 "경제적 이익등"이라 한다)을 받거나 의료기관으로 하여금 받게 하여서는 아니 된다. 다만, 견본품 제공, 학술대회 지원, 임상시험 지원, 제품설명회, 대금결제조건에 따른 비용할인, 시판 후 조사 등의 행위(이하 "견본품 제공등의 행위"라 한다)로서 보건복지부령으로 정하는 범위 안의 경제적 이익등인 경우에는 그러하지 아니하다.

를 전반적으로 금지하면서 단지 은행 영업을 위하여 불가피하다고 볼 수 있는 경우에 한하여 예외적으로 은행 고객에게 지급할 수 있는 금품등에 대한 규정을 마련해 둔 것에 불과하므로 청탁금지법과는 그 입법 목적을 달리 할 뿐 아니라 공직자등이 수수할 수 있는 금품등을 규정하고 있는 것이 아니다. 따라서 이러한 법령에 따라 공직자등에게 제공하는 금품등이라 하더라도 청탁금지법에 의하여 제한을 받는다고 보아야 할 것이다. 다만 이러한 금품등은 공직자등의 직무와는 무관하므로 1회 한도액이나 연간 한도액을 초과하지 아니하는 범위 내에서는 수수가 가능하다고 본다.

"기준"의 의미는 법문상 명확하지 않다. 우선 금품등의 제공자 측이 마련한 기준이 여기에 해당하지 않는다는 것은 명백하다.[54] 제공자 측이 공직자등에게 지급할 수 있는 금품등과 관련한 규정을 제정해 두고 그에 따라 실제로 금품등을 지급하였다고 하더라도 도저히 이를 허용할 수는 없기 때문이다. 그러므로 사업자 또는 사업자단체가 부당한 고객 유인을 방지하기 위하여 「독점규제 및 공정거래에 관한 법률」 제23조 제5항과 제6항에 따라 자율적으로 제정해 공정거래위원회의 심사를 받은 공정경쟁규약에서 공직자등에게 금품등을 제공할 수 있는 규정을 두어 이 규정에 따라 제공된 금품등이라 하더라도 이는 청탁금지법상 허용된다고 볼 수 없다.

반대로 수령자인 공공기관 측이 마련한 기준 역시 일률적으로 제8호 소정의 "기준"에 해당한다고 볼 수는 없다. 공공기관이 외부로부터 금품등을 받을 수 있다는 규정을 제정해 두고 그에 따라 실제로 금품등을 수령하는 행위 역시 무제한으로 허용할 수는 없기 때문이다.

따라서 제8호 소정의 "기준"은 금품등을 수수하는 공직자등이 소속한 공공기관의 법령에 근거하여 마련된 공공기관의 규정·사규·기준을 의미하고, 청탁금지법의 입법 목적에 반하지 않는 범위 내에서 소속 공직자등이 받는 것을 허용하고 있는 기준을 의미한다고 보아야 할 것이다.[55] 예컨대 공공기관이 상을 당한 직원에게 자체적으로 정해 시행하고 있는 상조 규정에 따른 조의금을 지급하는 경우나 여비 지급 규정에 따라 출장 공직자등에게 여비나 숙박료 등을 지급하는 것처럼 직무의 공정성이나 정당성을 의심케 할 만한 요인이 전혀 없는 경우에 국한하

---

54) 권익위, 앞의 해설집, 136면.
55) 권익위, 앞의 매뉴얼, 92면.

는 것이라고 풀이함이 타당하다고 본다.

신입생이나 재학생에게 장학금을 지급하기 위한 각급 학교의 장학금 지급 기준은 비록 학생이 공직자등에는 해당하지 않더라도 공공기관인 학교가 소속 학생에게 일률적으로 적용하는 장학금 지급 요건 등 기준을 정한 것이므로 제8호 소정의 "기준"에 해당한다고 볼 수 있다. 따라서 공정한 심사를 거쳐 장학금 지급 기준에 의한 수령 자격을 갖춘 공직자등에게 장학금을 지급하는 행위는 허용된다. 그러나 학교가 입학 또는 재학 중인 공직자등에게는 무조건 장학금을 지급한다거나 수업료를 감면해 준다고 자체적으로 장학금 지급 기준을 정하였다 하더라도 공직자등이라는 이유만으로 장학금을 지급하는 행위는 객관적 타당성이 있다고 보기 어렵다. 입법론적으로는 "기준"의 의미를 구체적으로 명시함이 바람직하다고 생각한다.

이상 금품등 수수 금지규정인 청탁금지법 제8조의 내용을 도표로 요약 정리하면 아래와 같다.

구 분		동일인으로부터 1회 100만 원 초과 1회계연도 300만 원 초과 금품등	동일인으로부터 1회 100만 원 이하 1회계연도 300만 원 이하 금품등	법 제8조 제3항 소정의 예외 금품등 (시행령 소정의 가액 기준 이내)	비 고
뇌물죄 적용 대상자인 공직자등과 공무수행사인(공무원, 의제공무원)	직무관련성 있는 경우	X	X	○	뇌물죄 적용 대상자는 직무와 관련하여 금품등을 수수하면 금액을 불문하고 뇌물죄 성립
	직무관련성 없는 경우	X	○	○	
뇌물죄 적용 대상자가 아닌 공직자등과 공무수행사인	직무관련성 있는 경우	X	X	○	부정한 청탁을 받고 금품등을 수수하면 배임수재죄 성립
	직무관련성 없는 경우	X	○	○	
공직자등의 배우자와	직무관련성 있는 경우	X	X	○	공무원인 남편 사무에 대한

					알선과 관련하여 금품등을 수수하면 변호사법위반죄 또는 특가법위반죄 (알선수재) 등 성립
공무수행사인의 배우자	직무관련성 없는 경우	○	○	○	

제9조(수수 금지 금품등의 신고 및 처리) ① 공직자등은 다음 각 호의 어느 하나에 해당하는 경우에는 소속기관장에게 지체 없이 서면으로 신고하여야 한다.

   1. 공직자등 자신이 수수 금지 금품등을 받거나 그 제공의 약속 또는 의사표시를 받은 경우

   2. 공직자등이 자신의 배우자가 수수 금지 금품등을 받거나 그 제공의 약속 또는 의사표시를 받은 사실을 안 경우

② 공직자등은 자신이 수수 금지 금품등을 받거나 그 제공의 약속이나 의사표시를 받은 경우 또는 자신의 배우자가 수수 금지 금품등을 받거나 그 제공의 약속이나 의사표시를 받은 사실을 알게 된 경우에는 이를 제공자에게 지체 없이 반환하거나 반환하도록 하거나 그 거부의 의사를 밝히거나 밝히도록 하여야 한다. 다만, 받은 금품등이 다음 각 호의 어느 하나에 해당하는 경우에는 소속기관장에게 인도하거나 인도하도록 하여야 한다.

   1. 멸실·부패·변질 등의 우려가 있는 경우

   2. 해당 금품등의 제공자를 알 수 없는 경우

   3. 그 밖에 제공자에게 반환하기 어려운 사정이 있는 경우

③ 소속기관장은 제1항에 따라 신고를 받거나 제2항 단서에 따라 금품등을 인도받은 경우 수수 금지 금품등에 해당한다고 인정하는 때에는 반환 또는 인도하게 하거나 거부의 의사를 표시하도록 하여야 하며, 수사의 필요성이 있다고 인정하는 때에는 그 내용을 지체 없이 수사기관에 통보하여야 한다.

④ 소속기관장은 공직자등 또는 그 배우자가 수수 금지 금품등을 받거나 그 제공의 약속 또는 의사표시를 받은 사실을 알게 된 경우 수사의 필요성이 있다고 인정하는 때에는 그 내용을 지체 없이 수사기관에 통보하여야 한다.

⑤ 소속기관장은 소속 공직자등 또는 그 배우자가 수수 금지 금품등을 받거나 그 제공의 약속 또는 의사표시를 받은 사실을 알게 된 경우 또는 제1항부터 제4항까지의 규정에 따른 금품등의 신고, 금품등의 반환·인도 또는 수사기관에 대한 통보의 과정에서 직무의 수행에 지장이 있다고 인정하는 경우에는 해당 공직자등에게 제7조제4항 각 호 및 같은 조 제5항의 조치를 할 수 있다.

⑥ 공직자등은 제1항 또는 같은 조 제2항 단서에 따른 신고나 인도를 감독기관·감사원·수사기관 또는 국민권익위원회에도 할 수 있다.

⑦ 소속기관장은 공직자등으로부터 제1항제2호에 따른 신고를 받은 경우 그 공직자등의 배우자가 반환을 거부하는 금품등이 수수 금지 금품등에 해당한다고 인

> 정하는 때에는 그 공직자등의 배우자로 하여금 그 금품등을 제공자에게 반환하도
> 록 요구하여야 한다.
> ⑧ 제1항부터 제7항까지에서 규정한 사항 외에 수수 금지 금품등의 신고 및 처
> 리 등에 필요한 사항은 대통령령으로 정한다.

4. 수수금지 금품등의 신고 및 처리 절차

청탁금지법 제9조와 동법 시행령 제18조 내지 제24조에서는 금품등을 수수
한 공직자등이나 공무수행사인과 그들로부터 금품등 수수에 대한 신고를 받은
소속기관장 등이 취해야 할 조치와 절차 등을 규정하고 있는바, 이를 정리하면
아래와 같다.

가. 공직자등과 공무수행사인(법 제9조 제1항, 제2항, 제6항, 시행령 제18조)

○ 공직자등이나 공무수행사인 본인이 금품등의 수수, 제공 약속, 제공 의사
표시를 받거나 배우자의 수수, 제공 약속, 제공 의사표시 수령 사실을 안
경우 지체없이 반환 또는 거절 의사를 명확히 표시하거나 배우자로 하여
금 반환 또는 거절 의사를 명확히 표시하도록 조치함

○ 다만 수수한 금품등이 멸실·부패·변질 등의 우려가 있는 경우, 해당 금
품등의 제공자를 알 수 없는 경우, 기타 제공자에게 반환하기 어려운 사
정이 있는 경우에는 소속기관장에게 직접 인도하거나 배우자로 하여금
소속기관장에게 인도하도록 함

○ 소속기관장에게 서면(전자문서 포함) 신고함[56]

---

56) 신고서에는 신고자의 인적사항, 수수 금지 금품등을 제공하거나 그 제공의 약속 또는 의사표시를
한 자의 인적사항(법인이나 단체, 또는 다른 개인의 사용자 등인 경우에는 법인·단체 또는 개인의
명칭·소재지 및 대표자의 성명 등도 기재), 신고의 경위 및 이유, 금품등의 종류 및 가액, 금품등의
반환 여부를 기재하고, 신고내용을 입증할 수 있는 증거자료를 확보한 경우에는 이를 함께 제출하

○ 감독기관·감사원·수사기관 또는 권익위에도 신고나 수수 금품등의 인도
가 가능함

나. 소속기관장(법 제9조 제3항~제5항, 제7항, 제8항, 시행령 제19조, 제22조~제24조)

(1) 소속기관장의 기본적 의무

○ 소속기관장이 공직자등이나 공무수행사인으로부터 신고를 받거나 금품등
을 인도받은 경우 수수 금지 금품등에 해당한다고 인정하는 때에는 반환
또는 인도하게 하거나 거부의 의사를 표시하도록 하여야 하고, 수사 필요
성이 있다고 인정하는 때에는 그 내용을 지체 없이 수사기관에 통보해야 함
○ 소속기관장이 공직자등이나 공무수행사인 또는 그들의 배우자가 수수 금
지 금품등을 받거나 그 제공의 약속 또는 의사표시를 받은 사실을 알게
된 경우 수사의 필요성이 있다고 인정하는 때에는 그 내용을 지체 없이
수사기관에 통보해야 함
○ 소속기관장이 공직자등이나 공무수행사인으로부터 배우자의 금품등 수수
에 대한 신고를 받은 경우 그들의 배우자가 반환을 거부하는 금품등이 수
수 금지 금품등에 해당한다고 인정하는 때에는 그 배우자로 하여금 금품
등을 제공자에게 반환하도록 요구해야 함

(2) 신고 확인 및 조사

○ 신고 내용 특정에 필요한 사항, 신고내용 입증에 필요한 참고인이나 증거
자료 등의 확보 여부, 다른 기관에 동일한 내용으로 신고하였는지 여부를
확인함
○ 신고 내용 특정에 필요한 사항이 미비한 신고에 대하여는 적정한 기간을
정하여 신고자에게 보완 요구함
○ 필요한 조사를 하여 신고 내용이 부정금품등에 관한 것인지 신속하게 확
인함
○ 인도받은 금품등은 즉시 사진 촬영 또는 영상 녹화하고, 멸실·부패·변질

여야 한다(청탁금지법 시행령 제18조).

우려 시에는 금품등의 인도자로부터 동의를 받아 폐기처분함

(3) 처 리

○ 신고내용 처리
- 범죄혐의가 있거나 수사 필요성이 있다고 인정되는 사안: 수사기관에 통보
- 과태료 부과 대상 사안: 과태료 관할법원에 통보
- 징계 대상 사안: 징계절차 진행
○ 조사 결과 통보
- 조사종료일로부터 10일 이내에 신고자에게 조사 결과 서면 통보
○ 조치사항
- 금품등을 직접 수수하거나 배우자가 수수한 공직자등에 대한 조치
  - 직무 참여 일시중지
  - 직무 대리자 지정
  - 직무 공동수행자 지정
  - 사무분장 변경
  - 전보
  - 그 밖에 「국회규칙」, 「대법원규칙」, 「헌법재판소규칙」, 「중앙선거관리위원회규칙」으로 정하는 조치
  - 다만 공직자를 대체하기 지극히 어려운 경우, 직무수행에 미치는 영향이 크지 않은 경우, 국가 안전보장 및 경제발전 등 공익증진을 위하여 직무수행의 필요성이 더 큰 경우에는 부정청탁을 받은 공직자등으로 하여금 계속 직무를 수행하도록 할 수 있으나 주기적으로 확인·점검을 하여야 함
- 인도받은 금품등에 대한 조치
  - 조사한 결과, 인도·이첩 또는 송부받은 금품등이 수수 금지 금품등이 아닌 경우에는 다른 법령에 특별한 규정이 있는 경우를 제외하고 금품등을 인도한 자에게 반환함
- 위반행위의 기록·관리
  - 신고 내용, 확인 사항, 처리 내역 등을 기록해 전자매체, 마이크로필

름 등 전자적 처리가 가능한 방법을 사용하여 관리하여야 함
- 관리기간은 「공공기록물 관리에 관한 법률 시행령」 제26조에 따라
영구, 준영구, 30년, 10년, 5년, 3년, 1년 등으로 구분하여 관리함

다. 감독기관, 감사원, 수사기관(시행령 제20조, 제22조~제24조)

(1) 신고 확인 및 조사

○ 소속기관장이 신고를 접수하였을 때와 동일한 방법으로 신고를 확인하고
필요한 조사·감사·수사를 함

(2) 처 리

○ 감독기관·감사원
- 범죄혐의가 있거나 수사 필요 사안: 수사기관에 통보
- 과태료 부과 대상 사안이나 징계 필요 사안: 소속기관에 통보
○ 수사기관
- 범죄의 혐의가 있거나 수사의 필요성이 있다고 인정되는 사안: 수사절
차의 진행
- 과태료 부과 대상이거나 징계의 필요성이 있는 사안: 소속기관에 통보
○ 조사 결과 통보
- 조사종료일로부터 10일 이내에 신고자에게 조사·감사·수사 결과 서
면 통보
○ 인도받은 금품등에 대한 조치
- 인도받은 즉시 사진 촬영 또는 영상 녹화하고, 멸실·부패·변질 우려
시에는 금품등의 인도자로부터 동의를 받아 폐기처분함
- 조사등을 한 결과, 인도·이첩 또는 송부받은 금품등이 수수 금지 금품
등이 아닌 경우에는 다른 법령에 특별한 규정이 있는 경우를 제외하
고 금품등을 인도한 자에게 반환함

라. 권익위(시행령 제21조, 제23조, 제24조)

(1) 신고 확인 및 이첩, 송부

○ 신고 접수일(신고 내용의 보완이 필요하여 신고자에게 보완 요청을 한 경우에는 보완된 날)로부터 60일 이내에 소속기관장이 신고를 접수하였을 때와 동일한 방법으로 법 제4조 제1항 각 호의 사항을 확인함

○ 인도받은 금품등은 즉시 사진 촬영 또는 영상 녹화하고, 멸실·부패·변질 우려 시에는 금품등의 인도자로부터 동의를 받아 폐기처분함

○ 확인 결과에 따라 각 해당기관에 아래와 같이 신고를 이첩함, 다만 이첩 대상 기관이 여러 개인 경우 주관기관을 지정하여 이첩할 수 있고, 주관 기관은 유관기관간 상호협조를 통해 신고사항이 일괄처리되도록 하여야 함
  - 범죄혐의가 있거나 수사 필요 사안: 수사기관에 이첩
  - 감사 필요 사안: 감사원에 이첩
  - 기타 사안: 소속기관 또는 감독기관에 이첩

○ 이첩 대상 여부가 불분명하고 명백한 허위신고 등에 해당하여 종결처리 해야 할 사안인지 여부가 불분명한 사건은 소속기관장, 감독기관, 감사원, 수사기관에 송부 가능함

○ 신고를 이첩 또는 송부하는 경우에는 인도받은 금품등과 촬영 또는 영상 으로 녹화한 기록물을 첨부하고, 이첩 또는 송부 사실을 금품등을 인도한 자에게 통보하여야 함

○ 이첩 또는 송부사실을 신고자에게 통보함

(2) 이첩 또는 송부된 신고의 처리

○ 이첩·송부 받은 소속기관장, 감독기관, 감사원 또는 수사기관은 신고사항 에 대하여 조사·감사·수사 후 청탁금지법 시행령 제5조, 제9조 소정의 조치를 하고 조사·감사·수사 종료일로부터 10일 이내 신고자와 권익위 에 결과를 서면 통보함

마. 종결처리(시행령 제23조)

○ 소속기관장, 감독기관, 감사원, 수사기관 또는 권익위는 직접 접수하거나 이첩·송부 받은 신고가 아래 사유에 해당하는 경우에는 종결처리를 한 후 종결 사실과 그 사유를 신고자에게 통보함
- 신고 내용이 명백히 거짓인 경우
- 신고자가 보완 요구를 받고도 보완 기한 내에 보완하지 아니한 경우
- 신고에 대한 처리결과를 통보 받은 사항에 대하여 정당한 사유 없이 다시 신고한 경우로서 새로운 증거가 없는 경우
- 신고 내용이 언론매체 등을 통하여 공개된 내용에 해당하고 조사·감사·수사 중에 있거나 이미 끝난 경우로서 새로운 증거가 없는 경우
- 동일한 내용의 신고가 접수되어 먼저 접수된 신고에 관하여 조사·감사·수사 중에 있거나 이미 끝난 경우로서 새로운 증거가 없는 경우
- 그 밖에 청탁금지법 위반행위를 확인할 수 없는 등 조사·감사·수사가 필요하지 아니하다고 인정되어 종결하는 것이 합리적이라고 인정되는 경우
○ 종결통보를 받은 신고자는 새로운 증거자료의 제출 등 합리적인 이유를 들어 재신고가 가능함

제22조(벌칙) ① 다음 각 호의 어느 하나에 해당하는 자는 3년 이하의 징역 또는 3천만 원 이하의 벌금에 처한다.

  1. 제8조제1항을 위반한 공직자등(제11조에 따라 준용되는 공무수행사인을 포함한다). 다만, 제9조제1항·제2항 또는 제6항에 따라 신고하거나 그 수수 금지 금품등을 반환 또는 인도하거나 거부의 의사를 표시한 공직자등은 제외한다.

  2. 자신의 배우자가 제8조제4항을 위반하여 같은 조 제1항에 따른 수수 금지 금품등을 받거나 요구하거나 제공받기로 약속한 사실을 알고도 제9조제1항제2호 또는 같은 조 제6항에 따라 신고하지 아니한 공직자등(제11조에 따라 준용되는 공무수행사인을 포함한다). 다만, 공직자등 또는 배우자가 제9조제2항에 따라 수수 금지 금품등을 반환 또는 인도하거나 거부의 의사를 표시한 경우는 제외한다.

  3. 제8조제5항을 위반하여 같은 조 제1항에 따른 수수 금지 금품등을 공직자등(제11조에 따라 준용되는 공무수행사인을 포함한다) 또는 그 배우자에게 제공하거나 그 제공의 약속 또는 의사표시를 한 자

④ 제1항제1호부터 제3호까지의 규정에 따른 금품등은 몰수한다. 다만, 그 금품등의 전부 또는 일부를 몰수하는 것이 불가능한 경우에는 그 가액을 추징한다.

제23조(과태료 부과) ⑤ 다음 각 호의 어느 하나에 해당하는 자에게는 그 위반행위와 관련된 금품등 가액의 2배 이상 5배 이하에 상당하는 금액의 과태료를 부과한다. 다만, 제22조제1항제1호부터 제3호까지의 규정이나 「형법」 등 다른 법률에 따라 형사처벌(몰수나 추징을 당한 경우를 포함한다)을 받은 경우에는 과태료를 부과하지 아니하며, 과태료를 부과한 후 형사처벌을 받은 경우에는 그 과태료 부과를 취소한다.

  1. 제8조제2항을 위반한 공직자등(제11조에 따라 준용되는 공무수행사인을 포함한다). 다만, 제9조제1항·제2항 또는 제6항에 따라 신고하거나 그 수수 금지 금품등을 반환 또는 인도하거나 거부의 의사를 표시한 공직자등은 제외한다.

  2. 자신의 배우자가 제8조제4항을 위반하여 같은 조 제2항에 따른 수수 금지 금품등을 받거나 요구하거나 제공받기로 약속한 사실을 알고도 제9조제1항제2호 또는 같은 조 제6항에 따라 신고하지 아니한 공직자등(제11조에

따라 준용되는 공무수행사인을 포함한다). 다만, 공직자등 또는 배우자가 제9조제2항에 따라 수수 금지 금품등을 반환 또는 인도하거나 거부의 의사를 표시한 경우는 제외한다.

3. 제8조제5항을 위반하여 같은 조 제2항에 따른 수수 금지 금품등을 공직자등(제11조에 따라 준용되는 공무수행사인을 포함한다) 또는 그 배우자에게 제공하거나 그 제공의 약속 또는 의사표시를 한 자

⑥ 제1항부터 제5항까지의 규정에도 불구하고 「국가공무원법」, 「지방공무원법」 등 다른 법률에 따라 징계부가금 부과의 의결이 있은 후에는 과태료를 부과하지 아니하며, 과태료가 부과된 후에는 징계부가금 부과의 의결을 하지 아니한다.

⑦ 소속기관장은 제1항부터 제5항까지의 과태료 부과 대상자에 대해서는 그 위반 사실을 「비송사건절차법」에 따른 과태료 재판 관할법원에 통보하여야 한다.

제24조(양벌규정) 법인 또는 단체의 대표자나 법인·단체 또는 개인의 대리인, 사용인, 그 밖의 종업원이 그 법인·단체 또는 개인의 업무에 관하여 제22조제1항제3호[금품등의 제공자가 공직자등(제11조에 따라 제8조가 준용되는 공무수행사인을 포함한다)인 경우는 제외한다], 제23조제2항, 제23조제3항 또는 제23조제5항제3호[금품등의 제공자가 공직자등(제11조에 따라 제8조가 준용되는 공무수행사인을 포함한다)인 경우는 제외한다]의 위반행위를 하면 그 행위자를 벌하는 외에 그 법인·단체 또는 개인에게도 해당 조문의 벌금 또는 과태료를 과한다. 다만, 법인·단체 또는 개인이 그 위반행위를 방지하기 위하여 해당 업무에 관하여 상당한 주의와 감독을 게을리하지 아니한 경우에는 그러하지 아니하다.

5. 징계 및 벌칙

가. 기본원칙

공직자등과 공무수행사인이 직접 금품등을 수수·요구·약속하거나 직무와 관련한 배우자의 금품수수·요구·약속 사실을 알면서도 이를 신고하지 아니한 경우에는 금품등의 가액 기준에 따라 형사처벌이나 과태료를 부과받게 된다.

그러나 청탁금지법에는 금품등을 수수·요구·약속한 공직자등의 배우자나 공무수행사인의 배우자에 대한 형사처벌규정이나 과태료 부과규정이 없다.

공직자등과 공무수행사인이 자신의 금품수수 등의 사실을 신고하거나 수수 금품등을 반환 또는 소속기관장에게 인도하거나 수령 거부의 의사를 표시한 경우에는 면책된다.

공직자등과 공무수행사인, 그들의 배우자에게 금품등을 제공·제공 약속·제공 의사표시를 한 자도 금품등의 가액 기준에 따라 형사처벌이나 과태료를 부과받는다.

이처럼 금품등의 제공·수수행위와 관련하여 위반행위의 구성요건이 사실상 동일함에도 불구하고 단지 제공 또는 수수한 금품등의 가액에 따라 형벌과 과태료로 벌칙을 나누어 규정하는 것이 타당한지에 대하여는 생각해 볼 여지가 있다.

이와 유사한 입법례는 「공직선거법」에서 찾아볼 수 있다. 동법 제257조 제2항은 후보자 측으로부터 기부행위를 받은 사람에 대하여 3년 이하의 징역이나 500만 원 이하의 벌금에 처하도록 규정하는 반면, 동법 제261조 제9항은 제공 받은 금품등의 가액이 100만 원 이하의 경우에는 3,000만 원을 한도로 하여 그 수수한 금품등 가액의 10배 이상 50배 이하에 상당하는 금액(주례의 경우에는 200만 원)의 과태료에 처하도록 규정하고 있다. 이처럼 「공직선거법」이 수수한 금품등의 가액에 따라 벌칙규정을 달리한 이유는, 기부행위에 있어 유권자 측이 적극적으로 금품등을 요구하는 경우가 물론 없지는 않겠으나 기부행위는 주로 후보자 측의 선(先) 제공행위에 의하여 이루어지고 유권자 측은 이에 대한 소극적 수령자의 위치에 놓이게 되는 경우가 대부분인데, 이 같이 소극적으로 소액의 금품등을 수령한 사람들까지 모두 형사범으로 처벌하는 것은 너무 가혹할 뿐만 아니라 형사 범죄자만 양산하는 결과가 되므로 이러한 점들을 고려하였기 때문이라고 볼 수 있다.

그러나 공직자등이나 공무수행사인의 금품등 수수행위는 「공직선거법」의 유권자처럼 후보자 측의 선 제공행위에 따라 비로소 범의를 일으켜 소극적으로 수령한 행위와는 도저히 비교할 수 없다. 더구나 만약 소액의 금품등을 수수한 공직자등이나 공무수행사인까지 형사처벌을 하는 경우 형사 범죄자만 양산할 수 있다고 생각한다면 이러한 생각은 청탁금지법 시행에도 불구하고 소액의 금품등을 수수하는 대한민국의 공직자등이나 공무수행사인이 끊이지 않을 것이라고 예상하는 것과 다를 바 없어 도저히 수긍할 수 없다. 부정부패의 척결이 시급하여 청탁금지법을 제정한 이상 오히려 부정금품등을 수수한 공직자등에 대한 엄벌의 필요성은 더욱 커질 수밖에 없다. 또한 이처럼 구성요건이 사실상 동일한 행위에 대하여 형사처벌과 과태료로 제재가 이원화되는 경우 그 적용 법리도 형사 법리와 행정질서벌에 대한 법리로 이원화될 수밖에 없으므로 이 책에서 보는 바와 같이 여러가지로 복잡한 문제가 생기게 된다.

따라서 적어도 금품등의 수수 금지규정을 위반한 공직자등이나 공무수행사인을 제재함에 있어서 수수 금품등의 가액은 양형에서 고려하면 충분하고 굳이 제재 수단을 이원화할 실익은 없다고 보여지므로 제재는 형사처벌로 일원화함이 바람직하다고 본다.[57]

한편, 과태료 부과 대상에 해당하더라도「형법」등 다른 법률에 의하여 형사처벌을 받은 경우에는 이중처벌을 방지하기 위하여 과태료를 부과하지 아니하고, 이미 과태료를 부과한 후 형사처벌을 받은 경우에는 과태료 부과를 취소한다. 또한,「국가공무원법」,「지방공무원법」등 다른 법률에 따라 징계부가금 부과의 의결이 있은 후에도 과태료를 부과하지 아니하며, 과태료가 부과된 후에는 징계부가금 부과의 의결을 하지 않는다.

과태료는 부정청탁행위의 경우와 마찬가지로 소속기관장이 과태료 부과 대상자의 위반사실을 부과 대상자 주거지 관할 지방법원에 통보하면 법원이 이유를 붙인 결정으로 재판하며, 과태료 결정에 불복이 있는 경우 즉시항고를 할 수 있다.

과태료의 부과, 집행, 취소 등 과태료와 관련한 사항들에 대하여는 부정청탁금지조항의 벌칙에서 살펴본 바와 같으므로 여기에서는 재차 설명하지 아니한다.

금품등 수수행위와 관련한 이상의 벌칙을 도표로 정리하면 다음과 같다.

---

57) 금품등의 제공자에 대하여는 그 제공한 금품등의 가액에 따라 형사처벌과 과태료로 제재 방법을 달리하는 데 따른 실익이 전혀 없다고는 볼 수 없으나, 청탁금지법의 입법 목적에 비추어 볼 때 제공자에 대한 제재 역시 일원화함이 바람직하다고 생각한다.

구 분	유 형	벌 칙
직무 관련 불문, 명목 여하 불문하고 동일인으로부터 1회 100만 원 초과 또는 매 회계연도 300만 원 초과	• 수수·요구·약속한 공직자등이나 공무수행사인 • 배우자의 수수·요구·약속사실을 신고 하지 않은 공직자등이나 공무수행사인 • 금품등을 공직자등이나 공무수행사인 또는 그들의 배우자에게 제공·약속·의사표시를 한 자	3년 이하 징역 또는 3,000만 원 이하 벌금 금품등의 몰수 또는 추징
직무관련성 있으나 대가성 여부 불문하고 동일인으로부터 1회 100만 원 이하 또는 매 회계연도 300만 원 이하	• 수수·요구·약속한 공직자등이나 공무수행사인 • 배우자의 수수·요구·약속사실을 신고하지 않은 공직자등이나 공무수행사인 • 금품등을 공직자등이나 공무 수행사인 또는 그들의 배우자에게 제공·약속·의사표시를 한 자	수수금액의 2배 이상 5배 이하 과태료

나. 금품등 수수 공직자등에 대한 징계

상술한 바와 같이, 청탁금지법 및 동법에 따른 명령을 위반하는 공직자등은 동법 제21조에 의하여 그 소속기관으로부터 징계처분을 받으므로, 공직자등이 동법을 위반하여 금품등을 수수한 경우에도 형사처벌이나 과태료 이외에 징계처분도 받게 된다.

법문상 징계처분의 대상은 "공직자등"만 명시하고 있으므로 공무수행사인은 이 조항에 의한 징계처분의 대상은 되지 아니하나, 다른 법령이나 그들이 원래 소속되어 있는 직장의 내부규정 등의 징계사유에 해당하는 경우 그에 따른 징계처분을 받을 수는 있음은 부정청탁 금지규정 위반행위의 경우와 동일하다.

다. 벌 칙

(1) 금품등의 수수·약속·요구에 대한 벌칙

㈎ 직무 관련 여부 및 명목을 불문하고 동일인으로부터 1회 한도액 또는 연간 한도액 초과 금품등의 수수·약속·요구

공직자등이나 공무수행사인이 직무 관련 여부 및 명목을 불문하고 동일인으로부터 1회 한도액을 초과하거나 연간 한도액을 초과하는 금품등을 수수·요구·약속한 때에는 3년 이하의 징역 또는 3,000만 원 이하의 벌금에 처하고 수수한 금품등은 몰수하거나 몰수가 불가능한 경우에는 가액을 추징한다(법 제22조 제1항 제1호).

다만 공직자나 공무수행사인이 금품등의 수수사실이나 제공 약속 또는 의사 표시를 받은 사실을 신고하거나 그 수수 금지 금품등을 반환 또는 인도, 거부의 의사를 표시한 경우에는 처벌받지 아니한다. 그러나 이러한 신고나 반환 또는 인 도, 거부의 의사표시는 지체없이 이루어져야 면책 대상에 해당한다고 보아야 한 다. 따라서 금품등을 일단 수수하거나 제공의 의사표시를 수락하였다가 나중에 심경의 변화를 일으켜 신고나 반환 등을 한 때에는 양형상 참작할 수 있는 사유 는 될 수 있어도 면책되지는 아니한다.

수수 금지 금품등을 반환함에 있어 수수 기준 10만 원을 초과한 부조 목적의 경조사비의 경우 전액을 반환하여야 하는가 아니면 10만 원을 초과한 금액만 반 환하여야 하는가? 수수 기준을 초과한 금품등은 그 전체가 청탁금지법 제8조 제3 항 제2호 소정의 수수 허용 금품등에 해당하지 아니하므로 전액을 반환하여야 함 이 옳다고 본다.[58] 5만 원 초과 선물의 경우에 그 선물 전체가 수수 금지 금품등 에 해당하는 것이지 5만 원과의 차액 부분만 수수 금지 금품등에 해당하는 것이 아니며, 5만 원을 초과한 선물 부분만 분리하여 반환할 수도 없다. 단지 수수한 금품등이 가분적(可分的) 금전으로 된 경조사비라는 이유만으로 경조사비의 경우 에 한하여 반환 범위를 기준 금액과의 차액 부분으로 보는 것은 타당하지 않다고 본다.[59]

이처럼 청탁금지법이 공직자등의 금품등 수수죄의 법정형을 「형법」 소정 뇌 물수수죄의 법정형인 5년 이하의 징역 또는 10년 이하의 자격정지보다 경하게 정 한 것은 그 구성요건을 직무관련성 여부나 명목을 불문하는 것으로 정하고 있기 때문이라고 볼 수 있다.

"1회", "동일인", "직무와 관련하여"에 대하여는 이미 앞에서 살펴본 바와 같다.

그러나 실제로 법을 적용함에 있어, 1회계연도를 기준으로 하는 경우 연간 수수 총액을 파악하기 곤란하고, 수수 금품등과 공직자등의 직무 사이에 관련성

---

58) 권익위, 앞의 Q&A사례집, 186면.
59) 권익위는 경조사비의 경우 초과 부분만 정산하여 반환하도록 하는 것이 사회통념에 부합한다고 하 면서 다만 공직자등이 가액 기준 초과 부분을 반환하지 않은 경우에는 경조사비 전액을 기준으로 과태료를 부과해야 한다고 해설하나 그 법리적 근거는 명확하지 않다. 권익위, 앞의 수정사항 알림, 1면.

이 없다면 수인으로부터 1회 100만 원이나 연간 300만 원 이하를 수수하는 행위는 허용되므로, 입법취지와는 달리 오히려 다수인으로부터 금품등을 수수하더라도 1회에 100만 원 이하나 1년에 300만 원 이하의 금품등을 수수하는 행위는 정당하다는 잘못된 인식을 줄 우려가 있다는 견해도 있다.

이미 상술한 바와 같이, 1회 한도액이나 연간 한도액을 초과한 금품등을 수수한 주체가 공공기관이거나 법인이나 단체인 공무수행사인의 경우 그 공공기관, 공무수행사인인 법인이나 단체, 실 행위자인 대표자를 비롯한 임직원 등을 처벌하는 데 난점이 있다.[60]

공직자등이나 공무수행사인인 법인이나 단체의 임직원이 1회 한도액이나 연간 한도액을 초과한 금품등을 그들이 소속한 공공기관 또는 공무수행사인인 법인이나 단체에게 달라고 요청하여 금품등의 제공자가 공공기관 등에게 직접 금품등을 송금하고 공공기관 등이 회계에 정식 계상한 후 입금 처리한 때가 전형적인 예라고 할 수 있다.

청탁금지법 제8조 제1항은 '공직자등은 직무 관련 여부 및 기부·후원·증여 등 그 명목에 관계없이 동일인으로부터 1회 한도액이나 연간 한도액을 초과하는 금품등을 받거나 요구 또는 약속해서는 아니 된다'고 규정하는 한편 제22조 제1항 제1호는 "제8조 제1항을 위반한 공직자등(공무수행사인을 포함함)"이라고 규정하고 있으므로, 공직자등 개인이 아니라 공공기관이나 공무수행사인인 법인이나 단체 자체가 금품등을 수수한 때에는 수수에 관여한 공직자등 실 행위자인 개인이 금품등을 수수하였다고는 볼 수 없다. 공직자등 실 행위자인 개인이 수수한 금품등 자체가 존재하지 않기 때문이다. 그러므로 이러한 때에는 이들을 처벌할 수 없다.

---

60) 이에 대한 권익위의 입장은 명확하지 않다. "신문사에 대한 협찬을 받는 주체는 법인, 법인의 대표자, 임직원 등이 될 수 있으나, 청탁금지법 제8조 제1항 및 제2항은 수수 금지 금품등을 받는 주체에 관하여 '공직자등'이라고 하여 법인이 아닌 자연인에 한정하는 것으로 해석되므로, 자연인으로서의 행위자가 특정되지 않을 경우 청탁금지법상 제재가 어려울 수 있음"이라고 하면서도 "비록 협찬 관련 업무를 처리하는 신문사 임직원은 자신의 이익을 위해서가 아닌 소속 신문사의 이익을 위해 협찬을 받았더라도, 공직자등의 공정한 직무수행 보장 및 공공기관에 대한 국민의 신뢰 확보라는 법 제정취지를 고려할 때, 실제 행위자에 대한 제재 필요성이 있음"이라고도 하고, 대학 발전기금 수령과 관련해서는 "학교에 대한 발전기금을 받는 주체는 학교, 학교법인, 학교장, 교직원, 학교법인의 임직원 등이 될 수 있으나, 청탁금지법 제8조 제1항 및 제2항은 수수금지 금품등을 받는 주체에 관하여 '공직자등'이라고 하여 법인이 아닌 자연인에 한정하는 것으로 해석되므로, 자연인으로서의 행위자가 특정될 경우(발전기금 업무담당 임직원 등) 그 행위자가 청탁금지법상 제재대상에 해당할 것임"이라는 견해도 제시하고 있다. 권익위, 앞의 Q&A사례집, 106, 109면.

만약 공직자등 실 행위자인 개인의 손을 거쳐 금품등이 공공기관이나 공무수행사인인 법인이나 단체에게 입금되었다 하더라도 마찬가지이다. 공직자등 실 행위자인 개인이 금품등을 제공해 달라고 요구할 당시부터 개인 자신이 아니라 공공기관이나 공무수행사인인 법인이나 단체에게 제공해 달라는 의사를 명백히 하고 있으므로 실 행위자는 제공자와 수수자인 공공기관 등 사이의 금품등의 전달자에 불과할 뿐 금품등의 수수 주체라고 볼 수 없기 때문이다.

이미 앞에서 살펴본 대로 법인이나 단체 자체는 범죄능력이 없고 그 대표기관의 범죄행위가 있어야만 그 행위가 비로소 법인이나 단체의 범죄행위로 된다. 따라서 공공기관 또는 법인이나 단체인 공무수행사인의 금품등 수수행위가 범죄로 규정되어 있다면 공공기관의 대표자 또는 공무수행사인인 법인이나 단체의 대표자가 공무 수행과 관련하여 법인이나 단체로 하여금 금품등을 취득하도록 한 경우에는 그 대표자와 공공기관이나 공무수행사인인 법인이나 단체를 처벌할 수 있다.

청탁금지법은 공무수행사인의 공무 수행과 관련한 금품등 수수행위를 금지하고 위반 시 처벌규정을 두고 있으므로, 공무수행사인인 법인이나 단체의 대표자가 공무 수행과 관련하여 법인이나 단체로 하여금 금품등을 취득하게 한 경우에는 그 대표자와 공무수행사인인 법인이나 단체를 처벌할 수 있다. 그러나 이때 대표자 이외의 임직원끼리만 실제 행위를 한 경우에는 공무수행사인인 법인 또는 단체는 물론 실 행위자인 임직원 등을 처벌할 수 없고, 그들이 공무수행사인인 법인 또는 단체의 대표기관인 대표자와 공모한 경우에 한하여 실 행위자도 처벌할 수 있을 것이다.

그런데 문제는 청탁금지법이 공직자등과 공무수행사인의 금품등의 수수만을 금지할 뿐 공공기관이 금품등을 수수해서는 안 된다는 규정을 두지 않고 있다는 데 있다. 공공기관이 금품등을 수수하는 경우 처벌할 수 있는 규정 자체가 없는 이상 공공기관이 금품등을 수수하였다고 하여 그 대표자를 처벌할 수는 없기 때문이다.

결국 공공기관 자체가 금품등을 수수한 경우에는 공공기관은 물론 실 행위자인 대표자를 포함한 공직자등을 처벌할 수 없다고 본다. 이 같은 제재의 공백을 해소하기 위해서는 입법적 보완이 필요하다고 생각한다.

한편, 상술한 바와 같이 공직자등과 공무수행사인 중 뇌물죄 적용 대상자인 사람은 직무와 관련하여 금품등을 수수하면 그 금액을 불문하고 청탁금지법위반죄뿐만 아니라 뇌물죄도 성립하고, 뇌물죄 적용 대상자가 아니더라도 직무와 관련하여 금품등을 수수하면 아래에서 보는 바와 같이 청탁금지법 제8조 제2항에 위반하여 과태료를 부과받게 된다는 점에 유의하여야 한다.

㈏ 직무와 관련하여 대가성 여부를 불문하고 1회 한도액 또는 연간 한도액 이하 금품등의 수수·약속·요구

공직자등이나 공무수행사인이 직무와 관련하여 대가성 여부를 불문하고 동일인으로부터 1회 한도액 이하나 연간 한도액 이하의 금품등을 수수·요구·약속한다면 그 수수한 금품등의 가액의 2배 이상 5배 이하 금액의 과태료를 부과받는다. 다만 이 경우 그 수수한 금품등은 몰수 또는 추징 대상에 해당하지 않는다(법 제23조 제5항 제1호).

수수한 금품등이 직무와 관련된 것으로 인정되는 때에는 그 금품등에 대하여 원활한 직무수행이나 사교·의례 또는 부조의 목적이 인정되지 않으면 비록 3만 원 이내의 음식물, 5만 원 이내의 선물, 10만 원 이내의 경조사비라 하더라도 본조에 의하여 수수 금품등의 가액의 2배 이상 5배 이하 금액의 과태료를 부과받는다.

이때에도 1회 한도액이나 연간 한도액 이내의 금품등을 수수한 주체가 공공기관인 경우 그 공공기관에 대한 금품등 수수 금지규정이 존재하지 아니하므로 대표자를 비롯한 임직원 등을 제재할 수 없다고 본다.

공무수행사인이 법인이나 단체인 경우, 청탁금지법 제8조 제2항에 위반하여 과태료 부과 대상 사안인 1회 한도액이나 연간 한도액 이내의 금품등을 수수한 행위에 대하여는 동법 제8조 제1항 위반행위와는 달리 「형법」의 법리를 적용할 수 없고 과태료 부과에 대한 기본법률인 「질서위반행위규제법」을 적용하여야 한다. 그런데 「질서위반행위규제법」 제11조 제1항은 "법인의 대표자, 법인 또는 개인의 대리인·사용인 및 그 밖의 종업원이 업무에 관하여 법인 또는 그 개인에게 부과된 법률상의 의무를 위반한 때에는 법인 또는 그 개인에게 과태료를 부과한다"고 규정하고 있다. 그러므로 법인인 공무수행사인이 공무 수행과 관련하여 1회 한도액이나 연간 한도액 이내의 금품등을 수수한 경우에는 실 행위자인 법인의 임직원이 법인에게 부과된 법률상의 의무를 위반한 것이므로 법인인 공무수행사인에 대하여 과태료를 부과할 수 있을 것이다. 다만 이 경우 「질서위반행위규제법」 제11조 제1항은 법인이 아닌 단체는 적용 대상으로 하고 있지 아니하므로 단체인 공무수행사인의 경우에 그 단체에게는 과태료를 부과할 수 없다고 본다.

(2) 배우자의 금품등의 수수·약속·요구사실 미신고에 대한 벌칙

이 벌칙 조항과 관련하여, 금품등을 수수한 배우자를 처벌하지 아니하면서 배우자의 금품 수수등의 사실을 신고하지 아니하였다는 이유만으로 공직자등이나 공무수행사인을 처벌하는 것이 타당한지에 대하여는 의문이 있다는 견해가 있다.

또한 공직자등에 대한 금품등의 우회 제공은 비단 배우자를 통해서 이루어지는 것에 한하지 않고 배우자 이외의 가족이나 공직자등이 속한 단체 또는 법인 등을 통해서도 가능하므로 현 규정만으로는 실효성이 미흡하다는 의견도 제시되고 있다.

㈎ 배우자가 공직자등이나 공무수행사인의 직무와 관련하여 동일인으로부터 1회 한도액 또는 연간 한도액 초과 금품등을 수수·약속·요구한 사실을 알고도 신고하지 아니한 공직자등과 공무수행사인

이미 앞에서 살펴본 바와 같이, 청탁금지법 제8조 제4항은 "'공직자등의 배우자는 공직자등의 직무와 관련하여 제1항 또는 제2항에 따라 공직자등이 받는 것이 금지되는 금품등을 받거나 요구하거나 제공받기로 약속해서는 아니 된다"고 규정함으로써 배우자의 경우에는 그 수수 금품등의 가액을 불문하고 금품등의 수수·요구·약속 행위가 공직자등이나 공무수행사인의 직무와 관련성이 있어야만 금지되는 행위인 것으로 규정하고 있는 반면, 동항에서 인용하고 있는 동조 제1항은 '공직자등이 직무관련성이나 명목을 불문하고 동일인으로부터 1회 한도액이나 연간 한도액을 초과하는 금품등을 받거나 요구 또는 약속하는 행위'를 금지하고 있으므로, 배우자의 경우에는 동일인으로부터 1회 한도액이나 연간 한도액을 초과하는 금품등을 받거나 요구 또는 약속하는 때에도 공직자등이나 공무수행사인의 직무와 관련성이 있어야만 금지되는 것인지 의문이 있을 수 있다.

그러나 법문의 전체적인 내용에 비추어 볼 때, 배우자의 경우에는 동일인으로부터 1회 한도액이나 연간 한도액을 초과하는 금품등을 받거나 요구 또는 약속

하더라도 공직자등 본인의 경우와는 달리 공직자등이나 공무수행사인의 직무와 수수 금품등 사이에 관련성이 있어야만 청탁금지법이 금지하는 것으로 풀이함이 타당하다고 생각한다.[61]

따라서 공직자등이나 공무수행사인이 자신의 직무와 관련하여 배우자가 동일인으로부터 1회 한도액을 초과하거나 연간 한도액을 초과하는 금품등을 수수·요구·약속한 사실을 알고도 이를 신고하지 아니한 때에 한하여 3년 이하의 징역 또는 3,000만 원 이하의 벌금에 처하고, 배우자가 수수한 금품등은 몰수하거나 몰수가 불가능한 경우에는 가액을 추징한다(법 제22조 제1항 제2호).

다만 공직자등과 공무수행사인, 그 배우자가 수수 금지 금품등을 반환 또는 소속기관장에게 인도하거나 거부의 의사를 표시한 경우에는 처벌받지 아니한다.

(나) 배우자가 공직자등과 공무수행사인의 직무와 관련하여 1회 한도액 또는 연간 한도액 이하의 금품등을 수수·약속·요구한 사실을 알고도 신고하지 아니한 공직자등과 공무수행사인

공직자등이나 공무수행사인이 자신의 직무와 관련하여 배우자가 동일인으로부터 1회 한도액이나 연간 한도액 이하의 금품등을 수수·요구·약속한 사실을 알고도 이를 신고하지 아니한 때에는 그 수수한 금품등의 가액의 2배 이상 5배 이하 금액의 과태료를 부과 받는다(법 제23조 제5항 제2호).

다만 이때에도 공직자나 공무수행사인, 그 배우자가 수수 금지 금품등을 반환 또는 소속기관장에게 인도하거나 거부의 의사를 표시한 경우에는 과태료를 부과받지 아니한다.

(3) 공직자등이나 공무수행사인 또는 그들의 배우자에 대한 금품등의 제공·제공 약속·제공의 의사표시를 한 자에 대한 벌칙

직무 관련 여부 및 명목을 불문하고 공직자등이나 공무수행사인에게 1회 한도액이나 연간 한도액을 초과하는 금품등을 제공·제공 약속·제공의 의사표시를 하거나 그들의 직무와 관련하여 그들의 배우자에게 1회 한도액이나 연간 한도액을 초과하는 금품등을 제공·제공 약속·제공의 의사표시를 한 자는 3년 이하의

---

61) 권익위도 '과도한 규제 소지의 방지를 위해 (공직자등의 배우자가) 공직자등의 직무와 관련하여 금품등을 수수하는 경우만을 금지'한 것이라고 설명하며 견해를 같이 하고 있다(권익위, 앞의 해설집, 119면).

징역 또는 3,000만 원 이하의 벌금에 처함과 동시에 제공한 금품등은 몰수하고 몰수 불가 시에는 그 가액을 추징한다(법 제22조 제1항 제3호). 그리고 직무와 관련하여 그 이하의 금품등을 제공·제공 약속·제공의 의사표시를 한 자에게는 그 제공한 금품등의 가액의 2배 이상 5배 이하 금액의 과태료를 부과한다(법 제23조 제5항 제3호).

제공의 의사표시를 한 것만으로도 벌칙 부과 대상행위에 해당하므로, 상대방의 거절 의사가 있었다 하더라도 제공의 의사표시를 한 자는 벌칙에 의하여 제재를 받게 된다.

한편 법인 또는 단체의 대표자나 법인·단체 또는 개인의 대리인, 사용인, 그 밖의 종업원이 그 법인·단체 또는 개인의 업무에 관하여 공직자등이나 공무수행사인 또는 그 배우자들에게 위와 같은 금품등을 제공·제공 약속·제공의 의사표시를 한 경우 그 행위자를 벌하는 외에 그 법인·단체 또는 개인에게도 해당 조문의 벌금 또는 과태료를 부과한다. 다만 금품등의 제공·제공 약속·제공의 의사표시를 한 자가 공직자등이나 공무수행사인의 경우에는 양벌규정의 적용을 받지 아니한다. 이에 대하여는 뒤에서 다시 살펴본다.

(4) 양벌규정

금품등 수수와 관련한 양벌규정 적용 대상 행위는 청탁금지법 제22조 제1항 제3호 위반행위(직무 관련 여부나 명목을 불문하고 공직자등이나 공무수행사인에게 1회 한도액 또는 연간 한도액을 초과하여 금품등을 제공·제공 약속·제공의 의사표시를 한 행위), 동법 제23조 제5항 제3호 위반 행위(직무와 관련하여 대가성 여부를 불문하고 공직자등이나 공무수행사인에게 1회 한도액 또는 연간 한도액 이하의 금품등을 제공·제공 약속·제공의 의사표시를 한 행위)이다.

따라서 법인이나 단체 등의 임직원 등이 법인이나 단체 등의 업무 수행에 관하여 공직자등이나 공무수행사인에게 금품등을 제공한 경우에는 양벌규정에 따라 그 법인이나 단체 등도 해당 벌칙규정이 정하는 벌금이나 과태료를 부과받는다.

그러나 금품 제공자가 공직자등이나 공무수행사인의 경우에는 양벌규정이 적용되지 아니한다. 그러므로 공직자등에 해당하는 사람이 소속 공공기관의 업무에 관하여 금품등을 제공한 경우 그 공공기관은 양벌규정의 적용을 받지 아니한다. 예컨대 각급 학교 교직원이나 학교법인의 임직원, 언론사의 임직원이 금품등을 제공하는 경우 그들이 소속한 학교법인, 학교, 언론사 등에게는 양벌규정에 의하여 벌금이나 과태료를 부과할 수 없다.

공무수행사인이 금품 제공자인 경우에는 부정청탁의 경우와 마찬가지로 나누어 살펴볼 필요가 있다.

청탁금지법이 금품등의 제공자가 공직자등이나 공무수행사인인 경우를 양벌규정 적용 대상에서 제외한 이유는 그들의 소속기관인 공공기관이 양벌규정의 적용 대상으로 되어 벌금이나 과태료를 부과받는 것을 방지하기 위함에 있는 것으로 보인다.

따라서 만약 공무수행사인에 해당하는 개인이 공무 수행과 관련하여 금품등의 제공행위를 하는 경우 이는 그 공무수행사인이 원래 소속한 회사 등 법인이나 단체의 업무 수행에 관한 행위가 아니라 당해 공무와 관련한 공공기관의 업무 수행에 관한 행위이므로 그 공공기관을 양벌규정의 적용 대상으로 보아야 하나 청탁금지법의 양벌규정이 이러한 경우를 적용 대상에서 제외하고 있으므로, 당해 공공기관은 과태료를 부과받지 아니한다.

그러나 개인인 공무수행사인이 공무 수행과는 전혀 무관하게 원래 소속한 회사 등 법인이나 단체의 업무 수행에 관하여 공직자등에게 금품등을 제공한 경우에는 그 법인이나 단체는 양벌규정의 적용 대상이 되는 것으로 보는 것이 타당하다.

또한 개인이 아니라 법인이나 단체가 공무수행사인인 경우 그 법인이나 단체에 소속하여 실제로 공무 수행을 담당하는 임직원 등의 실 행위자는 공무수행사인이 아니고 그가 공무 수행과 관련하여 공직자등에게 금품등을 제공한 경우 공무는 그가 소속한 공무수행사인인 법인이나 단체의 업무에 해당하므로 이러한 때에는 당해 법인이나 단체는 양벌규정의 적용 대상에 해당하는 것으로 봄이 옳다고 생각한다. 이 경우 법인이나 단체인 공무수행사인은 공공기관의 공무 수탁자나 수임자의 지위에서 청탁금지법 위반에 따른 양벌규정에 의하여 과태료를 부과받는 것이므로, 그 위탁자나 위임자인 공공기관의 대리인이나 사용인의 지위에서 공공기관의 업무인 공무에 관하여 청탁금지법 위반행위를 한 것으로 볼 수 있으나, 앞에서 본 바와 같이 청탁금지법상의 양벌규정은 이를 적용 대상에서 제외하고 있으므로 당해 공공기관은 과태료를 부과받지 아니할 것이다.

법인·단체 또는 개인이 그 위반행위를 방지하기 위하여 해당 업무에 관하여 상당한 주의와 감독을 게을리하지 아니한 경우에는 과태료 부과를 면할 수 있다.

기타 양벌규정과 관련한 사항들은 부정청탁행위와 관련하여 앞에서 살펴본 바 있으므로, 여기에서는 재차 설명하지 않기로 한다.

> 제10조(외부강의등의 사례금 수수 제한) ① 공직자등은 자신의 직무와 관련되거나 그 지위·직책 등에서 유래되는 사실상의 영향력을 통하여 요청받은 교육·홍보·토론회·세미나·공청회 또는 그 밖의 회의 등에서 한 강의·강연·기고 등(이하 "외부강의등"이라 한다)의 대가로서 대통령령으로 정하는 금액을 초과하는 사례금을 받아서는 아니 된다.
> ② 공직자등은 외부강의등을 할 때에는 대통령령으로 정하는 바에 따라 외부강의등의 요청 명세 등을 소속기관장에게 미리 서면으로 신고하여야 한다. 다만, 외부강의등을 요청한 자가 국가나 지방자치단체인 경우에는 그러하지 아니하다.
> ③ 공직자등은 제2항 본문에 따라 외부강의등을 미리 신고하는 것이 곤란한 경우에는 그 외부강의등을 마친 날부터 2일 이내에 서면으로 신고하여야 한다.
> ④ 소속기관장은 제2항에 따라 공직자등이 신고한 외부강의등이 공정한 직무수행을 저해할 수 있다고 판단하는 경우에는 그 외부강의등을 제한할 수 있다.
> ⑤ 공직자등은 제1항에 따른 금액을 초과하는 사례금을 받은 경우에는 대통령령으로 정하는 바에 따라 소속기관장에게 신고하고, 제공자에게 그 초과금액을 지체 없이 반환하여야 한다.
> 제23조(과태료 부과) ④ 제10조제5항에 따른 신고 및 반환 조치를 하지 아니한 공직자등에게는 500만 원 이하의 과태료를 부과한다.

6. 외부강의등의 사례금 수수 제한

가. 적용 대상

이미 앞에서 설명한 바와 같이, 이 조항은 공직자등만을 적용 대상으로 하고 공무수행사인은 제외하며, 사례금 등의 수수가 제한되는 외부강의등은 공직자등이 자신의 직무와 관련되거나 그 지위·직책 등에서 유래되는 사실상의 영향력을 통하여 요청받은 교육·홍보·토론회·세미나·공청회 또는 그 밖의 회의 등에서 한 강의·강연·기고 등이다. 따라서 동창회, 향우회, 결혼식 주례 등 공직자등의 직무, 직위, 직책 등과 직간접적으로 아무 관계가 없는 회의나 행사는 본조의 적용 대상이 아니다(법 제10조 제1항).

그러나 '공직자등이 그 지위·직책 등에서 유래되는 사실상의 영향력을 통하여 요청받은 교육·홍보·토론회·세미나·공청회 또는 그 밖의 회의 등'이라는 법문과 관련하여, '사실상의 영향력'이라는 개념 표식은 법률해석의 도구가 될 수 있으나, 그 구체적인 범위가 어느 정도인지 객관적으로 명백하지 않아서 법 적용에 혼란을 줄 우려가 있다는 견해도 있다. 상술한 바와 같이 외부강의등에 해당하지 않는 용역이나 자문은 이에 해당하지 않는다. 공직자등이 용역계약이나 자문계약을 맺고 그에 따른 대가를 수수한 경우에는 그 대가가 청탁금지법 제8조 제3항 제3호 소정의 정당한 권원에 의하여 제공되는 금품등에 해당한다면 적법하게 수령할 수 있다.

학원 등 교육업체와 계약을 하고 강의 장면을 촬영한 동영상을 인터넷으로 공급하며 교육업체로부터 그 대가를 받는 경우 이는 외부강의등에 대한 사례금이라기보다는 청탁금지법 제8조 제3항 제3호 소정의 정당한 권원에 의하여 제공되는 금품등에 해당할 수 있다고 본다.

나. 주요 규제 내용(법 제10조, 시행령 제25조~제28조)

외부강의등과 관련한 청탁금지법의 규정을 정리하면 아래와 같다.

- 외부강의등의 요청명세 등 예정사실을 소속기관장에게 사전 서면으로 신고하여야 함[62](무보수 외부강의등의 경우에도 신고하여야 하나 국가나 지방자치단체의 요청에 의한 외부강연등의 경우에는 사전 신고할 필요 없음)
- 사전 신고가 곤란한 경우에는 외부강의등의 종료 후 2일 이내에 서면 신고하여야 함
- 신고를 받은 소속기관장은 외부강의등이 공직자등의 공정한 직무수행을 저해할 우려가 있다고 판단하는 경우에는 외부강의등에 대한 제한을 할 수 있음
- 외부강의등의 경우 ① 공무원, ② 공공유관단체 및 「공공기관의 운영에 관

---

62) 외부강의등의 신고에는 신고자의 이름, 소속, 직급 및 연락처 등 인적사항, 외부강의등의 유형, 일시, 강의시간 및 장소, 외부강의등의 주제, 사례금 총액 및 상세 명세, 요청자(요청기관) 및 요청사유, 담당자 및 연락처를 포함하여야 하고, 신고를 하면서 사례금 총액이나 상세 명세 등을 미리 알 수 없는 경우에는 외부강의등이 끝난 후 2일 이내에 보완하여야 한다(청탁금지법 시행령 제26조).

한 법률」 제4조 소정의 공공기관 임직원, ③ 각급 학교장·교직원·학교법인 임직원·언론사 대표 및 임직원별로 사례금 상한액이 달리 정해져 있으므로, 각 신분에 따라 상한액을 준수해야 함(국제기구, 외국정부, 외국대학, 외국연구기관, 외국학술단체, 그 밖에 이에 준하는 외국기관에서 지급하는 외부강의등 사례금의 상한액은 청탁금지법 시행령의 기준을 따르지 않고 사례금을 지급하는 자의 지급 기준에 따름)

- 상한액을 산정함에는 명목과 관계없이 공직자등에게 제공하는 일체의 금원이 포함됨(공직자등이 소속기관에서 교통비, 숙박비, 식비 등 여비를 지급받지 못한 경우에는 '공무원 여비 규정'등 공공기관별로 적용되는 여비 규정의 기준 내에서 실비 수준으로 제공되는 교통비, 숙박비 및 식비는 사례금에 포함되지 않으므로 사례금과는 별도로 추가 수수가 가능함)

- 대통령령이 정하는 금액을 초과하여 외부강의등의 사례금을 수수한 공직자등은 그 사실을 안 날로부터 2일 이내에 소속기관장에게 그 사실을 신고하고, 초과수령분은 지체 없이 반환하여야 함[63]

다. 벌 칙

대통령령이 정하는 금액을 초과하여 외부강의 등의 사례금을 수수하고서도 이에 대한 신고 및 반환조치를 하지 아니한 공직자등에 대하여는 500만 원 이하의 과태료를 부과한다(법 제23조 제4항).

이를 초과하여 외부강의등의 사례금을 지급한 제공자에 대한 벌칙규정은 별도로 규정하고 있지 않다. 따라서 공직자등의 직무와 관련한 외부강의등에 대하여 시행령이 정한 기준을 초과해 공직자등에게 사례금등을 제공한 사람은 그 제공 금액에 따라 청탁금지법 제22조 제1항 제3호나 제23조 제5항 제3호에 의하여 형사처벌이나 과태료의 부과 대상이 될 수밖에는 없다. 그 이유는 외부강의등에

---

[63] 공직자등이 초과사례금을 받은 사실을 신고하는 경우에는 신고자의 이름, 소속, 직급 및 연락처 등 인적사항, 외부강의등의 유형, 일시, 강의시간, 장소, 강의 주제, 사례금 총액 및 세부 내역, 요청자(요청기관) 및 요청사유, 담당자 및 연락처, 초과사례금의 액수, 초과사례금의 반환 여부를 기재한 서면으로 하여야 한다. 신고를 받은 소속기관장은 초과사례금을 반환하지 아니한 공직자등에 대하여 신고사항을 확인한 후 7일 이내에 반환하여야 할 초과사례금의 액수를 산정하여 해당 공직자등에게 통지하여야 하고, 통지를 받은 공직자등은 지체 없이 초과사례금을 제공자에게 반환하고 그 사실을 소속기관장에게 알려야 한다(청탁금지법 시행령 제27조).

대하여 시행령이 정한 기준을 초과해 지급한 사례금등은 동법 제8조 제3항 소정의 수수가 허용되는 금품등에 해당하지 아니하므로 결국 동조 제1항이나 제2항 소정의 수수 금지 금품등에 해당하기 때문이다. 그런데 시행령이 정한 기준을 초과하여 사례금등을 수수하고서도 이에 대한 신고 및 반환 조치를 하지 아니한 공직자등은 금액을 불문하고 500만 원 이하의 과태료를 부과받으면서 사례금등을 제공한 사람은 형사처벌까지 받을 수 있다는 점은 모순이 아닐 수 없다. 이 점에 대한 입법적 보완이 필요한 것으로 생각한다.

외부강의등 예정사실의 사전 신고나 사후 신고 등을 하지 아니하는 등 청탁금지법 제10조를 위반한 공직자등이 징계처분 대상에 해당함은 물론이다.

V

신고 및 처리, 신고자등의 보호·보상 등

1. 부정청탁 방지 등 업무 총괄
2. 부정청탁 방지 등 담당관 지정
3. 공공기관장의 교육·홍보 의무
4. 청탁금지법 위반행위의 신고 및 처리 절차
5. 신고자등의 보호 및 보상
6. 신고자등의 보호 의무 위반자 등에 대한 벌칙

제12조(공직자등의 부정청탁 등 방지에 관한 업무의 총괄) 국민권익위원회는 이 법에 따른 다음 각 호의 사항에 관한 업무를 관장한다.

1. 부정청탁의 금지 및 금품등의 수수 금지·제한 등에 관한 제도개선 및 교육·홍보계획의 수립 및 시행
2. 부정청탁 등에 관한 유형, 판단기준 및 그 예방 조치 등에 관한 기준의 작성 및 보급
3. 부정청탁 등에 대한 신고 등의 안내·상담·접수·처리 등
4. 신고자 등에 대한 보호 및 보상
5. 제1호부터 제4호까지의 업무 수행에 필요한 실태조사 및 자료의 수집·관리·분석 등

제19조(교육과 홍보 등) ① 공공기관의 장은 공직자등에게 부정청탁 금지 및 금품등의 수수 금지에 관한 내용을 정기적으로 교육하여야 하며, 이를 준수할 것을 약속하는 서약서를 받아야 한다.

② 공공기관의 장은 이 법에서 금지하고 있는 사항을 적극적으로 알리는 등 국민들이 이 법을 준수하도록 유도하여야 한다.

③ 공공기관의 장은 제1항 및 제2항에 따른 교육 및 홍보 등의 실시를 위하여 필요하면 국민권익위원회에 지원을 요청할 수 있다. 이 경우 국민권익위원회는 적극 협력하여야 한다.

제20조(부정청탁 금지 등을 담당하는 담당관의 지정) 공공기관의 장은 소속 공직자등 중에서 다음 각 호의 부정청탁 금지 등을 담당하는 담당관을 지정하여야 한다.

1. 부정청탁 금지 및 금품등의 수수 금지에 관한 내용의 교육·상담
2. 이 법에 따른 신고·신청의 접수, 처리 및 내용의 조사
3. 이 법에 따른 소속기관장의 위반행위를 발견한 경우 법원 또는 수사기관에 그 사실의 통보

청탁금지법이 위반 행위를 방지하기 위하여 둔 규정을 정리하면 아래와 같다.

1. 부정청탁 방지 등 업무 총괄

가. 총괄기관

권익위

나. 총괄업무

- 부정청탁의 금지 및 금품등의 수수 금지·제한 등에 관한 제도 개선 및 교육·홍보계획의 수립 및 시행
- 부정청탁 등에 관한 유형, 판단 기준 및 그 예방 조치 등에 관한 기준의 작성 및 보급
- 부정청탁 등에 대한 신고 등의 안내·상담·접수·처리 등
- 신고자 등에 대한 보호 및 보상
- 위 업무들의 수행에 필요한 실태 조사 및 자료의 수집·관리·분석 등

2. 부정청탁 방지 등 담당관 지정

가. 지정권자 및 지정 의무

공공기관의 장은 소속 공직자등 중에서 부정청탁 금지 등을 담당하는 담당관을 지정하여야 함

나. 담당관의 업무

- 부정청탁 금지 및 금품등의 수수 금지에 관한 내용의 교육·상담
- 청탁금지법에 따른 신고·신청의 접수, 처리 및 내용의 조사
- 청탁금지법에 따른 소속기관장의 위반행위를 발견한 경우 법원 또는 수사기관에 그 사실의 통보

3. 공공기관장의 교육·홍보 의무

- 공직자등에게 부정청탁 금지 및 금품등의 수수 금지 내용 정기 교육 실시
- 공직자등으로부터 청탁금지법 준수 서약서 징구
- 대국민 홍보 등을 통하여 국민들의 청탁금지법 준수 유도
- 교육 및 홍보 등의 실시를 위하여 필요한 경우 권익위에 지원을 요청할 수 있으며 권익위는 공공기관장의 지원 요청에 적극 협력

제13조(위반행위의 신고 등) ① 누구든지 이 법의 위반행위가 발생하였거나 발생하고 있다는 사실을 알게 된 경우에는 다음 각 호의 어느 하나에 해당하는 기관에 신고할 수 있다.

  1. 이 법의 위반행위가 발생한 공공기관 또는 그 감독기관

  2. 감사원 또는 수사기관

  3. 국민권익위원회

② 제1항에 따른 신고를 한 자가 다음 각 호의 어느 하나에 해당하는 경우에는 이 법에 따른 보호 및 보상을 받지 못한다.

  1. 신고의 내용이 거짓이라는 사실을 알았거나 알 수 있었음에도 신고한 경우

  2. 신고와 관련하여 금품등이나 근무관계상의 특혜를 요구한 경우

  3. 그 밖에 부정한 목적으로 신고한 경우

③ 제1항에 따라 신고를 하려는 자는 자신의 인적사항과 신고의 취지·이유·내용을 적고 서명한 문서와 함께 신고 대상 및 증거 등을 제출하여야 한다.

제14조(신고의 처리) ① 제13조제1항제1호 또는 제2호의 기관(이하 "조사기관"이라 한다)은 같은 조 제1항에 따라 신고를 받거나 제2항에 따라 국민권익위원회로부터 신고를 이첩받은 경우에는 그 내용에 관하여 필요한 조사·감사 또는 수사를 하여야 한다.

② 국민권익위원회가 제13조제1항에 따른 신고를 받은 경우에는 그 내용에 관하여 신고자를 상대로 사실관계를 확인한 후 대통령령으로 정하는 바에 따라 조사기관에 이첩하고, 그 사실을 신고자에게 통보하여야 한다.

③ 조사기관은 제1항에 따라 조사·감사 또는 수사를 마친 날부터 10일 이내에 그 결과를 신고자와 국민권익위원회에 통보(국민권익위원회로부터 이첩받은 경우만 해당한다)하고, 조사·감사 또는 수사 결과에 따라 공소 제기, 과태료 부과 대상 위반행위의 통보, 징계 처분 등 필요한 조치를 하여야 한다.

④ 국민권익위원회는 제3항에 따라 조사기관으로부터 조사·감사 또는 수사 결과를 통보받은 경우에는 지체 없이 신고자에게 조사·감사 또는 수사 결과를 알려야 한다.

⑤ 제3항 또는 제4항에 따라 조사·감사 또는 수사 결과를 통보받은 신고자는 조사기관에 이의신청을 할 수 있으며, 제4항에 따라 조사·감사 또는 수사 결과를 통지받은 신고자는 국민권익위원회에도 이의신청을 할 수 있다.

⑥ 국민권익위원회는 조사기관의 조사·감사 또는 수사 결과가 충분하지 아니하다고 인정되는 경우에는 조사·감사 또는 수사 결과를 통보받은 날부터 30일 이내에 새로운 증거자료의 제출 등 합리적인 이유를 들어 조사기관에 재조사를 요구할 수 있다.

⑦ 제6항에 따른 재조사를 요구받은 조사기관은 재조사를 종료한 날부터 7일 이내에 그 결과를 국민권익위원회에 통보하여야 한다. 이 경우 국민권익위원회는 통보를 받은 즉시 신고자에게 재조사 결과의 요지를 알려야 한다.

4. 청탁금지법 위반행위의 신고 및 처리 절차

청탁금지법 위반행위에 대한 신고 및 처리절차는 아래와 같다.

가. 신고권자(법 제13조, 시행령 제29조)

누구든지 신고 가능

나. 신고 접수기관(법 제13조 제1항, 시행령 제29조)

- 청탁금지법 위반행위가 발생한 공공기관 또는 그 감독기관
- 감사원 또는 수사기관
- 권익위

다. 신고방법(법 제13조 제3항, 시행령 제29조)

신고자의 인적사항과 신고의 취지 및 이유와 내용을 기재한 서면(전자문서 포함)에 신고자가 서명한 후 신고대상 및 증거 등과 함께 제출[1]

---

1) 신고서에는 신고자의 인적사항(성명, 주민등록번호, 주소, 직업 및 연락처, 그 밖에 신고자를 확인할 수 있는 인적사항)과 신고 대상자인 위반행위자의 인적사항(개인인 경우 성명, 연락처, 직업 등

라. 신고의 확인(법 제14조 제2항, 시행령 제30조, 제32조)

신고를 받은 공공기관, 감독기관·감사원·수사기관(이하 "조사기관"이라고 한다) 또는 권익위는 신고 내용 특정에 필요한 사항, 신고 내용 입증을 위한 참고인·증거자료 등 확보 여부, 타 기관에 동일 내용의 신고 여부, 신고자가 신고 처리 과정에서 신분공개에 동의하는지 여부를 확인하고, 신고 처리 절차 및 신분공개 절차에 관하여 신고자에게 설명

조사기관 또는 권익위는 신고가 내용 특정에 필요한 사항을 갖추지 못한 경우에는 적정한 기간을 정하여 신고자에게 보완 요청

마. 신고의 처리(법 제14조, 시행령 제33조~제38조)

(1) 권익위

㈎ 신고 확인 및 이첩, 송부

○ 앞의 사항들을 확인한 후 신고 접수일(신고 내용의 보완이 필요하여 신고자에게 보완 요청을 한 경우에는 보완된 날)로부터 60일 이내에 아래와 같이 조사기관에 이첩

○ 이첩 대상기관이 여러 개인 경우 주관기관을 지정하여 이첩할 수 있고, 주관기관은 유관기관간 상호협조를 통해 신고사항이 일괄처리되도록 하여야 함
  - 범죄혐의가 있거나 수사 필요 사안: 수사기관에 이첩
  - 감사 필요 사안: 감사원에 이첩
  - 기타 사안: 소속기관 또는 감독기관에 이첩

○ 이첩 대상 여부가 불분명하고 종결처리해야 할 사안인지 여부가 불분명한 사건은 조사기관에 송부 가능함

○ 신고를 이첩 또는 송부하는 경우에는 신고 확인 시 확인한 사항들을 첨부(신고자가 신분공개에 부동의한 때에는 신고자의 인적사항은 제외함)하여 이

을, 법인·단체 등의 대표나 임직원 등인 경우 그 인적사항과 법인 또는 단체의 명칭·소재지), 신고의 경위 및 이유, 위반행위 발생 일시·장소 및 내용을 기재하고 증거자료를 확보한 경우에는 그 자료를 첨부하여 서면 신고한다(청탁금지법 시행령 제29조).

첩 또는 송부하고 그 사실을 신고자에게 통보함

(나) 이첩 또는 송부된 신고의 처리

○ 이첩·송부 받은 조사기관은 신고사항에 대하여 조사·감사·수사 후 아래와 같이 처리함
- 소속기관장
  • 범죄의 혐의가 있거나 수사의 필요성이 있다고 인정되는 사안: 수사기관에 통보
  • 과태료 부과 대상 사안: 과태료 관할법원에 통보
  • 징계 대상 사안: 징계절차의 진행
- 감독기관 또는 감사원
  • 범죄의 혐의가 있거나 수사의 필요성이 있다고 인정되는 사안: 수사기관에 통보
  • 과태료 부과 대상이거나 징계의 필요성이 있는 사안: 소속기관에 통보
- 수사기관
  • 범죄의 혐의가 있거나 수사의 필요성이 있다고 인정되는 사안: 수사절차 진행
  • 과태료 부과 대상이거나 징계의 필요성이 있는 사안: 소속기관에 통보
○ 조사기관은 조사 종료 후 10일 이내에 신고사항의 처리결과 및 처리 이유, 신고사항과 관련하여 신고자 및 권익위가 알아야 할 필요가 있는 사항을 포함한 조사 결과를 신고자(신고자가 신분공개에 동의하지 아니하여 신고자의 인적사항을 제외하고 신고를 이첩 또는 송부받은 경우는 제외) 및 권익위에 서면으로 통보하여야 함

(2) 소속기관장, 감독기관, 감사원, 수사기관

○ 소속기관장, 감독기관, 감사원, 수사기관이 직접 신고를 받은 경우에는 공직자등으로부터 부정청탁 신고를 받았을 때와 동일한 절차 및 방법으로 처리함

(3) 종결처리

○ 신고 내용이 명백히 거짓인 경우 등 소속기관장, 감독기관, 감사원, 수사
기관이 공직자등으로부터 부정청탁 신고를 받았을 때와 동일한 사유가
있는 때에는 종결처리를 할 수 있으나, 종결통보를 받은 신고자는 새로운
증거자료의 제출 등 합리적인 이유를 들어 재신고가 가능함

(4) 이의신청, 재조사

○ 조사 결과를 통보받은 신고자는 통보받은 날로부터 7일 이내에 조사기관
에 서면으로 이의신청 가능(권익위로부터 조사 결과를 통보받은 사건은 권
익위에도 이의신청 가능)

○ 이의신청을 받은 조사기관 또는 권익위는 이의신청을 받은 날부터 30일
이내에 이의신청에 대한 결정을 이의신청인에게 통지(이에 대한 재이의신
청은 불가)

○ 권익위는 조사 결과가 충분하지 아니하다고 인정되는 경우 조사 결과를
통보받은 날로부터 30일 이내에 새로운 증거자료의 제출 등 합리적 이유
를 들어 조사기관에 재조사 요구

○ 재조사를 요구받은 조사기관은 재조사 실시 후 종료일로부터 7일 이내에
권익위에 결과 통보, 권익위는 결과 통보를 받은 즉시 신고자에게 재조사
결과의 요지를 통지(재조사 결과에 대한 재이의신청은 불가)

제15조(신고자등의 보호·보상) ① 누구든지 다음 각 호의 어느 하나에 해당하는 신고 등(이하 "신고등"이라 한다)을 하지 못하도록 방해하거나 신고 등을 한 자(이하 "신고자등"이라 한다)에게 이를 취소하도록 강요해서는 아니 된다.

    1. 제7조제2항 및 제6항에 따른 신고

    2. 제9조제1항, 같은 조 제2항 단서 및 같은 조 제6항에 따른 신고 및 인도

    3. 제13조제1항에 따른 신고

    4. 제1호부터 제3호까지에 따른 신고를 한 자 외에 협조를 한 자가 신고에 관한 조사·감사·수사·소송 또는 보호조치에 관한 조사·소송 등에서 진술·증언 및 자료제공 등의 방법으로 조력하는 행위

② 누구든지 신고자등에게 신고등을 이유로 불이익조치(「공익신고자 보호법」 제2조제6호에 따른 불이익조치를 말한다. 이하 같다)를 해서는 아니 된다.

③ 이 법에 따른 위반행위를 한 자가 위반사실을 자진하여 신고하거나 신고자등이 신고등을 함으로 인하여 자신이 한 이 법 위반행위가 발견된 경우에는 그 위반행위에 대한 형사처벌, 과태료 부과, 징계처분, 그 밖의 행정처분 등을 감경하거나 면제할 수 있다.

④ 제1항부터 제3항까지에서 규정한 사항 외에 신고자등의 보호 등에 관하여는 「공익신고자 보호법」 제11조부터 제13조까지, 제14조제3항부터 제5항까지 및 제16조부터 제25조까지의 규정을 준용한다. 이 경우 "공익신고자등"은 "신고자등"으로, "공익신고등"은 "신고등"으로 본다.

⑤ 국민권익위원회는 제13조제1항에 따른 신고로 인하여 공공기관에 재산상 이익을 가져오거나 손실을 방지한 경우 또는 공익의 증진을 가져온 경우에는 그 신고자에게 포상금을 지급할 수 있다.

⑥ 국민권익위원회는 제13조제1항에 따른 신고로 인하여 공공기관에 직접적인 수입의 회복·증대 또는 비용의 절감을 가져온 경우에는 그 신고자의 신청에 의하여 보상금을 지급하여야 한다.

⑦ 제5항과 제6항에 따른 포상금·보상금 신청 및 지급 등에 관하여는 「부패방지 및 국민권익위원회의 설치와 운영에 관한 법률」 제68조부터 제71조까지의 규정을 준용한다. 이 경우 "부패행위의 신고자"는 "제13조제1항에 따라 신고를 한 자"로, "이 법에 따른 신고"는 "제13조제1항에 따른 신고"로 본다.

5. 신고자등의 보호 및 보상

가. 신고자 및 조사 협조자 등에 대한 방해행위·불이익 조치 등 금지

(1) 보호 대상자

- 본인 또는 배우자가 부정청탁을 받은 사실이나 부정 금품등의 수수·제공 약속·제공의 의사표시를 받은 사실을 소속기관장이나 감독기관, 감사원, 수사기관, 권익위에 신고한 공직자등
- 본인 또는 배우자가 수수한 부정 금품등을 소속기관장에게 인도한 공직자등
- 이 법 위반행위 발생사실을 위반행위가 발생한 공공기관 또는 그 감독기관, 감사원 또는 수사기관, 권익위에 신고한 신고자
- 신고에 관한 조사·감사·수사·소송 또는 보호조치에 관한 조사·소송 등에서 진술·증언 및 자료제공 등의 방법으로 조력하는 자

(2) 금지행위

- 신고를 하지 못하도록 방해하거나 신고 취소를 강요하는 행위
- 신고에 관한 조사·감사·수사·소송 또는 보호조치에 관한 조사·소송 등에서 진술·증언 및 자료제공 등의 방법으로 조력하지 못하도록 방해하거나 조력을 취소하도록 강요하는 행위
- 신고나 조력을 이유로 신고자나 조력자에게 「공익신고자보호법」 소정의 불이익 조치2)를 하는 행위

---

2) 「공익신고자보호법」
   제2조(정의)   이 법에서 사용하는 용어의 정의는 다음과 같다.
   6. "불이익조치"란 다음 각 목의 어느 하나에 해당하는 조치를 말한다.
      가. 파면, 해임, 해고, 그 밖에 신분상실에 해당하는 신분상의 불이익조치
      나. 징계, 정직, 감봉, 강등, 승진 제한, 그 밖에 부당한 인사조치
      다. 전보, 전근, 직무 미부여, 직무 재배치, 그 밖에 본인의 의사에 반하는 인사조치
      라. 성과평가 또는 동료평가 등에서의 차별과 그에 따른 임금 또는 상여금 등의 차별 지급
      마. 교육 또는 훈련 등 자기계발 기회의 취소, 예산 또는 인력 등 가용자원의 제한 또는 제거, 보안정보 또는 비밀정보 사용의 정지 또는 취급 자격의 취소, 그 밖에 근무조건 등에 부정적 영향을 미치는 차별 또는 조치
      바. 주의 대상자 명단 작성 또는 그 명단의 공개, 집단 따돌림, 폭행 또는 폭언, 그 밖에 정신적·

나. 기타 보호조치

(1) 청탁금지법 위반행위에 대한 제재 감경 또는 면제

청탁금지법에 따른 위반행위를 한 자가 위반사실을 자진하여 신고하거나 신고자나 조력자가 신고나 조력행위를 하여 자신이 한 청탁금지법 위반행위가 발견된 경우에는 그 위반행위에 대한 형사처벌, 과태료 부과, 징계처분 그 밖의 행정처분 등을 감경하거나 면제할 수 있음

(2) 「공익신고자보호법」 소정의 보호조치

- 신고 및 형사절차에서 인적기재사항 생략 등 신원보호 조치
- 신고자등의 비밀보장, 신변보호조치
- 신고자등의 책임 감면조치(신고등의 내용에 직무상 비밀이 포함된 경우에도 다른 법령, 단체협약, 취업규칙 등에 따른 직무상 비밀준수 의무를 위반하지 아니한 것으로 보고, 피신고자는 신고 등으로 인하여 손해를 입은 경우에도 신고자 등에게 그 손해배상을 청구할 수 없으며, 단체협약·고용계약 또는 공급계약 등에 신고 등을 금지하거나 제한하는 규정을 둔 경우 그 규정은 무효로 함)
- 신고자등의 전직 또는 전출·전입·파견근무 등 인사에 관한 타당성 있는 조치 요구 시 우선적으로 고려 조치
- 권익위는 신고 등으로 인한 불이익 조치를 당한 신고자 등의 보호조치 신청이나 불이익조치 금지 신청에 따라 조사 및 원상회복 등 필요한 보호조치 시행, 화해 권고 또는 화해안 제시 조치 시행
- 신고내용 조사·처리 또는 보호조치에 필요한 권익위의 협조 및 원조 요청 시 관계 행정기관, 상담소, 의료기관 기타 관련 단체 등은 협조와 원조 제공

신체적 손상을 가져오는 행위
사. 직무에 대한 부당한 감사 또는 조사나 그 결과의 공개
아. 인허가 등의 취소, 그 밖에 행정적 불이익을 주는 행위
자. 물품계약 또는 용역계약의 해지, 그 밖에 경제적 불이익을 주는 조치

다. 신고자에 대한 보상

권익위는 신고로 인하여 공공기관에 재산상 이익을 가져오거나 손실을 방지한 경우 또는 공익의 증진을 가져온 경우에는 그 신고자에게 포상금을 지급할 수 있고, 공공기관에 직접적인 수입의 회복·증대 또는 비용의 절감을 가져온 경우에는 그 신고자의 신청에 의하여 보상금을 지급하여야 함

포상금·보상금 신청 및 지급 등에 관하여는 「부패방지 및 국민권익위원회의 설치와 운영에 관한 법률」 제68조부터 제71조까지의 규정을 준용함3)

---

3) 「부패방지 및 국민권익위원회의 설치와 운영에 관한 법률 시행령」
   제71조(포상금의 지급사유 등) ① 법 제68조제1항에 따라 포상금을 지급할 수 있는 경우는 다음 각 호의 어느 하나에 해당하는 경우를 말한다.
   　　1. 부패행위자에 대하여 공소제기·기소유예·기소중지, 통고처분, 과태료 또는 과징금의 부과, 징계처분 및 시정조치 등이 있는 경우
   　　2. 법령의 제정·개정 등 제도개선에 기여한 경우
   　　3. 부패행위신고에 의하여 신고와 관련된 정책 등의 개선·중단 또는 종료 등으로 공공기관의 재산상 손실을 방지한 경우
   　　4. 금품 등을 받아 자진하여 그 금품 등을 신고한 경우
   　　5. 그 밖에 포상금을 지급할 수 있다고 법 제69조 제1항에 따른 보상심의위원회(이하 "보상위원회"라 한다)가 인정하는 경우
   ② 제1항제1호부터 제3호까지 및 제5호에 해당하는 경우 포상금은 2억 원 이하로 한다.
   ③ 제1항제4호에 해당하는 경우 포상금은 신고금액의 30퍼센트 범위로 하되, 5억 원 이하로 한다.
   ⑤ 제1항에 따른 포상금 지급사유가 2 이상에 해당되는 경우에는 그 중 액수가 많은 것을 기준으로 한다.
   제72조(보상금의 지급사유) ① 법 제68조제3항에 따라 보상금을 지급할 수 있는 경우는 다음 각 호의 어느 하나에 해당하는 부과 및 환수 등으로 인하여 직접적인 공공기관 수입의 회복이나 증대 또는 비용의 절감을 가져오거나 그에 관한 법률관계가 확정된 경우를 말한다.
   　　1. 몰수 또는 추징금의 부과
   　　2. 국세 또는 지방세의 부과
   　　3. 손해배상 또는 부당이득 반환 등에 의한 환수
   　　4. 계약변경 등에 의한 비용절감
   　　5. 그 밖의 처분이나 판결. 다만, 벌금·과료·과징금 또는 과태료의 부과와 통고처분을 제외한다.
   ② 제1항 각 호의 어느 하나에 해당하는 부과 및 환수 등은 신고사항 및 증거자료 등과 직접적으로 관련된 것에 한한다.
   제77조(보상금의 결정) ① 보상금의 지급기준은 별표 1과 같다.
   ② 보상위원회는 별표 1의 지급기준에 따라 보상금을 산정함에 있어서 다음 각 호의 사유를 고려하여 감액할 수 있다.
   　　1. 증거자료의 신빙성 등 신고의 정확성
   　　2. 신고한 부패행위가 신문·방송 등 언론매체에 의하여 이미 공개된 것인지의 여부
   　　3. 신고자가 신고와 관련한 불법행위를 행하였는지의 여부
   　　4. 그 밖에 부패행위사건의 해결에 기여한 정도
   ③ 보상금의 지급한도액은 30억 원으로 하고, 산정된 보상금의 천원 단위 미만은 이를 지급하지 아니한다.

제22조(벌칙)   ① 다음 각 호의 어느 하나에 해당하는 자는 3년 이하의 징역 또는 3천만 원 이하의 벌금에 처한다.

　　4. 제15조제4항에 따라 준용되는 「공익신고자 보호법」 제12조제1항을 위반하여 신고자등의 인적사항이나 신고자등임을 미루어 알 수 있는 사실을 다른 사람에게 알려주거나 공개 또는 보도한 자

② 다음 각 호의 어느 하나에 해당하는 자는 2년 이하의 징역 또는 2천만 원 이하의 벌금에 처한다.

　　2. 제15조제2항을 위반하여 신고자등에게 「공익신고자 보호법」 제2조제6호가목에 해당하는 불이익조치를 한 자

　　3. 제15조제4항에 따라 준용되는 「공익신고자 보호법」 제21조제2항에 따라 확정되거나 행정소송을 제기하여 확정된 보호조치결정을 이행하지 아니한 자

③ 다음 각 호의 어느 하나에 해당하는 자는 1년 이하의 징역 또는 1천만 원 이하의 벌금에 처한다.

　　1. 제15조제1항을 위반하여 신고등을 방해하거나 신고등을 취소하도록 강요한 자

　　2. 제15조제2항을 위반하여 신고자등에게 「공익신고자 보호법」 제2조제6호나목부터 사목까지의 어느 하나에 해당하는 불이익조치를 한 자

제23조(과태료 부과)   ① 다음 각 호의 어느 하나에 해당하는 자에게는 3천만 원 이하의 과태료를 부과한다.

　　2. 제15조제4항에 따라 준용되는 「공익신고자 보호법」 제19조제2항 및 제3항 (같은 법 제22조제3항에 따라 준용되는 경우를 포함한다)을 위반하여 자료제출, 출석, 진술서의 제출을 거부한 자

[별표 1] 보상금의 지급기준(제77조 제1항 관련)

보상대상가액	지 급 기 준
1억 원 이하	보상대상가액의 30%
1억 원 초과 5억 원 이하	3천만 원 + 1억 원 초과금액의 20%
5억 원 초과 20억 원 이하	1억 1천만 원 + 5억 원 초과금액의 14%
20억 원 초과 40억 원 이하	3억 2천만 원 + 20억 원 초과금액의 8%
40억 원 초과	4억 8천만 원 + 40억 원 초과금액의 4%

비고: "보상대상가액"이란 제72조제1항 각 호의 어느 하나에 해당하는 부과 및 환수 등으로 인하여 직접적인 공공기관 수입의 회복이나 증대 또는 비용의 절감을 가져오거나 그에 관한 법률관계가 확정된 금액을 말한다.

⑥ 제1항부터 제5항까지의 규정에도 불구하고 「국가공무원법」, 「지방공무원법」 등 다른 법률에 따라 징계부가금 부과의 의결이 있은 후에는 과태료를 부과하지 아니하며, 과태료가 부과된 후에는 징계부가금 부과의 의결을 하지 아니한다.
⑦ 소속기관장은 제1항부터 제5항까지의 과태료 부과 대상자에 대해서는 그 위반 사실을 「비송사건절차법」에 따른 과태료 재판 관할법원에 통보하여야 한다.

6. 신고자등을 위한 보호 의무 위반자 등에 대한 벌칙

신고자등을 위한 보호의무 위반자 등에 대한 벌칙을 도표로 정리하면 아래와 같다.

위반행위	벌 칙
신고자등의 인적사항이나 신고자등임을 미루어 알 수 있는 사실을 다른 사람에게 알려주거나 공개 또는 보도하는 행위(법 제22조 제1항 제4호)	3년 이하 징역 또는 3,000만 원 이하 벌금
신고자등에게 파면, 해임, 해고, 그 밖에 신분상실에 해당하는 신분상의 불이익조치를 하는 행위(법 제22조 제2항 제2호)	2년 이하 징역 또는 2,000만 원 이하 벌금
신고자등에 대하여 확정된 권익위의 보호조치 결정이나 행정소송에서 확정된 보호조치 결정을 이행하지 아니하는 행위(법 제22조 제2항 제3호)	
신고·조력을 방해하거나 이를 취소하도록 강요하는 행위(법 제22조 제3항 제1호)	1년 이하 징역 또는 1,000만 원 이하 벌금
신고자등에게 아래의 불이익조치를 하는 행위(법 제22조 제3항 제2호) • 징계, 정직, 감봉, 강등, 승진 제한, 그 밖에 부당한 인사조치 • 전보, 전근, 직무 미부여, 직무 재배치, 그 밖에 본인의 의사에 반하는 인사조치 • 성과평가 또는 동료평가 등에서의 차별과 그에 따른 임금 또는 상여금 등의 차별 지급 • 교육 또는 훈련 등 자기계발 기회의 취소, 예산 또는 인력	

등 가용자원의 제한 또는 제거, 보안정보 또는 비밀정보 사용의 정지 또는 취급 자격의 취소, 그 밖에 근무조건 등에 부정적 영향을 미치는 차별 또는 조치 • 주의 대상자 명단 작성 또는 그 명단의 공개, 집단 따돌림, 폭행 또는 폭언, 그 밖에 정신적·신체적 손상을 가져오는 행위 • 직무에 대한 부당한 감사 또는 조사나 그 결과의 공개	
보호조치 신청 또는 불이익조치 금지신청에 대한 조사 등을 위하여 권익위로부터 자료 제출, 출석, 진술서 제출을 요구받고서도 이에 불응하는 행위(법 제23조 제1항 제2호)	3,000만 원 이하의 과태료

VI

기타 규정

기타 규정

제16조(위법한 직무처리에 대한 조치)   공공기관의 장은 공직자등이 직무수행 중에 또는 직무수행 후에 제5조, 제6조 및 제8조를 위반한 사실을 발견한 경우에는 해당 직무를 중지하거나 취소하는 등 필요한 조치를 하여야 한다.

제17조(부당이득의 환수)   공공기관의 장은 제5조, 제6조, 제8조를 위반하여 수행한 공직자등의 직무가 위법한 것으로 확정된 경우에는 그 직무의 상대방에게 이미 지출·교부된 금액 또는 물건이나 그 밖에 재산상 이익을 환수하여야 한다.

제18조(비밀누설 금지)   다음 각 호의 어느 하나에 해당하는 업무를 수행하거나 수행하였던 공직자등은 그 업무처리 과정에서 알게 된 비밀을 누설해서는 아니 된다. 다만, 제7조제7항에 따라 공개하는 경우에는 그러하지 아니하다.

　　1. 제7조에 따른 부정청탁의 신고 및 조치에 관한 업무

　　2. 제9조에 따른 수수 금지 금품등의 신고 및 처리에 관한 업무

제22조(벌칙)   ① 다음 각 호의 어느 하나에 해당하는 자는 3년 이하의 징역 또는 3천만 원 이하의 벌금에 처한다.

　　5. 제18조를 위반하여 그 업무처리 과정에서 알게 된 비밀을 누설한 공직자등

부정청탁이 있거나 부정청탁에 따라 직무수행이 이루어진 경우 또는 금지 금품등의 수수·요구·약속이 있음을 발견한 공공기관의 장은 해당 직무가 진행 중인 경우에는 공직자등의 해당 직무를 중지시키고, 해당 직무가 종료된 때에는 이를 취소하는 등 필요한 조치를 취하여야 한다.

그러나 부정청탁에 따라 직무가 수행되었거나 직무수행 과정에 금품등이 수수되었다 하더라도 당해 직무수행에 따른 행정처분 등이 유효하게 이루어진 것으로 인정된다면 당해 행정처분을 취소하기 곤란한 경우가 있을 수 있다.

또한 위와 같은 공직자등의 해당 직무가 위법한 것으로 확정된 경우에는 그

직무의 상대방에게 이미 지출·교부된 금액 또는 물건이나 그 밖에 재산상 이익을 환수하여야 한다. 이 경우에도 민사적 계약 법리 등에 따라 환수조치가 곤란한 경우가 있을 수 있다.

부정청탁의 신고 및 조치에 관한 업무나 수수 금지 금품등의 신고 및 처리에 관한 업무를 수행하거나 수행하였던 공직자등은 그 업무처리 과정에서 알게 된 비밀을 누설해서는 아니 되며, 이러한 비밀을 누설한 경우에는 3년 이하의 징역 또는 3,000만 원 이하의 벌금에 처한다.

앞에서 본 신고자 등의 인적사항이나 신고자 등임을 미루어 알 수 있는 사실을 다른 사람에게 알려주거나 공개 또는 보도하는 행위에 대한 처벌규정인 청탁금지법 제22조 제1항 제4호의 벌칙은 신고자 등의 보호와 관련한 규정인 반면, 동항 제5호의 규정은 신고자 등 이외에 부정청탁 및 금품등 수수와 관련한 공직자등과 기타 이해관계자들의 명예와 사생활 등을 보호하고, 이와 관련한 신고 및 처리업무의 공정성을 확립하기 위한 규정이다.

가상사례별 해설

가상사례별 해설

1. A기관이 청탁금지법 적용 대상인 공직유관단체에 해당하는지 여부를 어떤 방법으로 확인할 수 있는가?
   → 「공직자윤리법」 소정의 공직유관단체는 인사혁신처 고시에 의하여 지정되므로 동 고시를 확인해 보면 알 수 있음
   → 공직유관단체를 지정한 가장 최근의 고시는 「인사혁신처 고시 제2016-9호(2016. 12. 30.)」로서, 동 고시에 따르면 1,033개 기관이 공직유관단체로 지정되어 2017. 1. 1.부터 적용됨

2. B기관이 청탁금지법 적용 대상인 「공공기관의 운영에 관한 법률」 제4조 소정의 기관에 해당하는지 여부를 어떤 방법으로 확인할 수 있는가?
   → 「공공기관의 운영에 관한 법률」 제4조 소정의 기관은 기획재정부장관이 매년 공공기관운영위원회의 심의·의결을 거쳐 지정하는 공공기관을 말하는 것으로서, 공공기관 해당 여부는 기획재정부 인터넷 홈페이지를 통하여 확인할 수 있음
   → 2016년 현재 기획재정부장관이 지정한 공공기관은 한국조폐공사 등 총 323개 기관임

3. 서울대학교 교직원은 '공직자등'에 해당하는가?
   → 국립대학법인 서울대학교의 교직원은 청탁금지법 제2조 제2호 나목 소정의 공직유관단체 임직원에 해당할 뿐 아니라 다목 소정의 각급 학교의 장과 교직원 및 학교법인의 임직원에도 해당하므로 '공직자등'에 포함됨
   → 한편, 서울대학교병원 및 서울대학교치과병원 역시 공직유관단체에 해당하므로 그 병원 소속 의료인과 기타 직원들도 '공직자등'에 해당됨

4. A사립대학교 부속병원 의사는 '공직자등'에 해당하는가?
   → A사립대학교 부속병원의 개설자가 A사립대학교가 소속한 학교법인인 경

우 부속병원 소속 의료인과 직원은 공공기관에 해당하는 학교법인의 임
직원이므로 '공직자등'에 해당함

5. A외국인학교의 교직원은 '공직자등'에 해당하는가?

→ A외국인학교가 국내 체류 중인 외국인 자녀와 외국에서 일정기간 거주하
고 귀국한 내국인을 교육하기 위하여 설립된 「초·중등교육법」 제60조의2
소정의 학교에 해당하는 경우 그 교직원은 '공직자등'에 해당함

6. 정기간행물 등록을 하고 '평화잡지'라는 정기간행물을 발간하고 있는 종교 단
체인 D재단법인의 이사장 '정의로'는 '공직자등'에 해당하는가?

→ D재단법인은 종교단체이기는 하지만 '평화잡지'라는 등록된 정기간행물
을 발행하는 정기간행물사업자이기도 하므로 청탁금지법 제2조 제1호 마
목이 규정하고 있는 「언론중재 및 피해구제 등에 관한 법률」 제2조 제12
호 소정의 언론사이고, 그 이사장인 '정의로'는 청탁금지법 제2조 제2호
라목의 '공직자등'에 해당함

7. 서울시 도시계획위원회 민간위원으로 위촉된 C건축설계사무소 대표 '홍길동'
은 '공직자등'에 해당하는가?

→ 중앙도시계획위원회와 지방도시계획위원회는 「국토의 계획 및 이용에 관
한 법률」에 의하여 설치된 위원회이므로, 그 위원인 '홍길동'은 비록 '공직
자등'에는 해당하지 아니하나 청탁금지법 제11조 제1항 제1호 소정의 '공
무수행사인'에 해당함

→ 한편, 도시계획위원회 위원은 「형법」상의 뇌물 관련 죄(「형법」 제129조~
제132조)를 적용할 때에는 「국토의 계획 및 이용에 관한 법률」 제113조의
4에 의하여 '공무원'으로 의제되므로, '홍길동'이 도시계획위원으로서의 직
무와 관련하여 금품을 수수하면 「형법」상의 뇌물수수죄로도 처벌됨

8. 보세운송신고자로부터 보세운송 도착보고를 수리하는 보세구역 운영인인 '김
갑동'은 '공직자등'에 해당하는가?

→ 보세구역 운영인은 「관세법」 제329조 제3항, 동법 시행령 제288조 제6항
에 의하여 세관장으로부터 보세운송의 도착보고 수리에 관한 권한을 위
탁받은 사람이므로, '김갑동'은 비록 '공직자등'에는 해당하지 아니하지만
청탁금지법 제11조 제1항 제2호 소정의 법령에 따라 공공기관의 권한을
위임·위탁받은 '공무수행사인'에 해당함

➜ 또한, 보세구역 운영인도 「형법」상의 뇌물 관련 죄(「형법」 제129조~제132조)를 적용할 때에는 「관세법」 제330조 제7항에 의하여 '공무원'으로 의제되므로, '김갑동'이 보세운송의 도착보고를 수리하는 직무와 관련하여 금품을 수수하면 「형법」상의 뇌물수수죄로 처벌받을 수 있음

9. 사립유치원인 B유치원 교사는 '공직자등'에 해당하는가?

➜ 사립유치원은 청탁금지법 제2조 제1호 라목의 「유아교육법」에 의하여 설치된 유아교육기관이므로 그 교사는 동조 제2호 다목의 공직자등에 해당함

10. 국회의원 '나한표'의 아들 '나당원'은 청탁금지법 소정의 금품등 수수 금지규정의 적용 대상자인가?

➜ 청탁금지법 소정의 금품등 수수 금지규정의 적용 대상자는 공직자등과 공무수행사인 그리고 그들의 배우자로서 배우자 이외의 부모, 자녀 등 가족은 이에 해당하지 아니하므로 '나당원'은 이에 해당하지 아니함

➜ 그러나 만약 '나당원'이 자신의 아버지를 통하여 법령 개선이 이루어지도록 해주겠다고 하며 그 대가 명목으로 타인으로부터 금품을 수수한 경우에는 변호사법위반이나 특가법위반(알선수재)으로 처벌받을 수 있음

11. 조세포탈 등의 혐의로 지방국세청으로부터 조사를 받고 있던 K주식회사 자금부장 '한재산'은 자신이 대표이사와 공모하여 조세포탈을 한 사실이 상당부분 드러나자, 고등학교 동창인 조사팀장 '정직방'에게 '대표이사만 고발하고 자신은 고발 대상에서 제외해 달라'고 청탁하였다면 이는 부정청탁에 해당하는가?

➜ 대통령령인 「공무원행동강령」 제6조는 '공무원은 직무를 수행할 때 지연·혈연·학연·종교 등을 이유로 특정인에게 특혜를 주거나 특정인을 차별하여서는 아니 된다'고 규정하고 있는바, '나재산'의 청탁은 공무원인 조사팀장 '정직방'으로 하여금 위와 같은 「공무원행동강령」을 위반하여 업무를 처리해 달라는 취지이므로 이는 청탁금지법 제5조 제1항 제14호 소정의 부정청탁행위에 해당함

➜ 다만 청탁금지법에는 본인이 직접 자신을 위한 청탁을 하는 행위에 대하여는 벌칙규정이 없으므로 '한재산'에게는 청탁금지법의 벌칙이 적용되지 않음

12. 위 사례 11의 경우, '한재산'이 조사팀장 '정직방'과는 직접 친분이 없었기 때문에 자신의 친구 '오우정'을 통하여 조사팀장 '정직방'에게 위와 같은 청탁을 한 경우에는 벌칙이 적용되는가?

→ '한재산'은 제3자인 '오우정'을 통하여 공직자등에게 부정청탁을 한 것이므로 청탁금지법 제23조 제3항에 의하여 1,000만 원 이하의 과태료를 부과받게 되고, '오우정'은 제3자인 친구 '한재산'을 위하여 공직자등에게 부정청탁을 한 것이므로 동조 제2항에 의하여 2,000만 원 이하의 과태료를 부과받게 됨

13. 위 사례 12의 경우 '한재산'의 친구 '오우정'도 세무공무원인 경우 어떠한 처벌을 받게 되는가?

→ '오우정'은 공직자로서 제3자인 '한재산'을 위하여 다른 공직자인 조사팀장 '정직방'에게 부정청탁을 한 것이므로, 청탁금지법 제23조 제1항 제1호에 의하여 3,000만 원 이하의 과태료를 부과받게 될 뿐만 아니라 청탁금지법과 「공무원행동강령」 제11조 소정의 알선·청탁 금지규정을 위반하였으므로, 청탁금지법 제21조 등에 의하여 징계처분을 받게 됨

14. 회사원 '김성실'은 사립대학교인 A대학교 음악대학 입시에 응시한 아들 '김한심'을 위하여 친구인 A대학교 실기평가 담당교수 '나대가'에게 아들의 수험번호를 알려주며, '혹시 기회가 되면 아들을 잘 부탁한다'고 청탁하였다면 이는 부정청탁에 해당하는가?

→ '나대가'는 「고등교육법」 소정의 대학교 교수이므로 공직자등에 해당하나, '김성실'의 청탁 내용이 단지 법령 등의 범위 내에서 허용되는 재량권을 행사해 달라'는 취지에 불과하였다면 부정청탁에 해당한다고 보기 어려움

15. 사례 14에서 '김성실'이 '아들의 실기 능력이 다소 부족하더라도 꼭 합격할 수 있도록 합격권 내의 점수를 부여해 달라'는 취지로 '나대가'에게 청탁하였다면 이는 부정청탁에 해당하는가?

→ '김성실'의 청탁내용은 '나대가'로 하여금 청탁금지법 제4조 소정의 공정한 직무수행과 공평무사한 처신 의무 등을 위반하도록 함과 동시에 A대학교의 신입생 선발 업무를 위계로써 방해하는 업무방해의 범죄를 하도록 하는 행위이므로 이는 부정청탁에 해당하고, '김성실'은 제3자인 아들

'김한심'을 위하여 공직자등인 '나대가'에게 부정청탁을 한 것이므로 청탁
금지법 제23조 제2항에 의하여 2,000만 원 이하의 과태료를 부과 받게 됨

16. 대형유통업체인 S주식회사 영업부장 '하여간'은 의류제조업체인 K물산 판매
부장 '최고다'로부터 'K물산이 제조하는 의류를 S주식회사의 판매망을 통해
판매할 수 있도록 해달라'는 청탁을 받았다면 이는 부정청탁에 해당하는가?
   → S주식회사는 공공기관이 아니므로, '하여간'은 공직자등에 해당하지 않고
   공무수행사인도 아니므로 청탁금지법 적용 대상이 아님

17. 국회의원 '최애국'은 외국산 중고차 수입업자들로부터 중고차 수입 관세율을
낮추는 내용의 법률 개정안을 발의해 달라는 청탁을 받고 관계부처에 이를
건의하였다면 '최애국'의 행위는 부정청탁에 해당하는가?
   → 청탁금지법 제5조 제2항 제3호 소정의 선출직 공직자가 제3자의 고충민원
   을 전달하거나 법령의 제정·개정 등이나 정책·제도 등의 개선에 관하여
   제안·건의하는 행위로 볼 수 있어 부정청탁행위에 해당하지 아니함

18. 상장법인인 E주식회사 홍보담당 임원 '홍보만'은 중앙일간지 F신문이 E주식
회사의 2014년도 사업실적 부진에 관한 기사를 보도하려는 사실을 알고, F신
문 편집국장에게 이를 기사화하지 말아달라고 부탁하였다면 이는 부정청탁
에 해당하는가?
   → '홍보만'의 청탁행위는 청탁금지법 제5조 제1항 각 호의 부정청탁행위 유
   형에 해당하지 아니함

19. 의류 수입판매업체인 G주식회사 영업이사 '손열심'은 촉박한 납품기일을 맞
추고자 수입한 의류를 신속히 통관시키기 위하여 고향 선배인 관할세관 직원
'박관세'에게 신속한 통관을 청탁하였다면 이는 부정청탁에 해당하는가?
   → 동법 제5조 제2항 제4호는 '공공기관에 직무를 법정기한 안에 처리하여
   줄 것을 신청·요구하거나 그 진행상황·조치결과 등에 대하여 확인·문의
   등을 하는 행위'를 부정청탁행위의 예외로 규정하고 있으므로, '손열심'의
   부탁 내용이 이 범위를 벗어나지 않는다면 부정청탁행위로 인정되지 아
   니함

20. 위 사례 19의 경우, 만약 G주식회사가 수입하는 의류에 위조 상표가 부착된
의류가 섞여 있어 '손열심'은 이를 눈 감아 줄 것을 '박관세'에게 청탁하고,
'박관세'가 그 청탁을 수용해 위조 상표가 부착된 의류를 통관시켜 주었다면

이는 부정청탁 등에 해당하는가?

→ 위 행위는 청탁금지법 제5조 제1항 제1호 소정의 '인가·허가·면허·특허·승인·검사·검정·시험·인증·확인 등 법령에서 일정한 요건을 정하여 놓고 직무관련자로부터 신청을 받아 처리하는 직무에 대하여 법령을 위반하여 처리하도록 하는 행위'에 해당하므로 부정청탁에 해당하고, '박관세'는 이 같은 부정청탁에 따라 직무를 수행함으로써 '부정청탁을 받은 공직자등은 그에 따라 직무를 수행해서는 아니 된다'는 동법 제6조를 위반하였으므로 동법 제22조 제2항 제1호에 따라 형사처벌을 받게 되고 제21조에 따라 징계처분도 받게 됨

→ 또한, '손열심'은 제3자인 G주식회사를 위하여 공직자등에게 부정한 청탁을 한 것이므로 청탁금지법 제23조 제2항에 의하여 2,000만 원 이하의 과태료에 처해지고, G주식회사도 그 위반행위를 방지하기 위해 해당 업무에 관하여 상당한 주의와 감독을 게을리하지 아니하였다고 인정되지 아니하는 한 양벌규정에 의하여 동일한 벌칙을 적용받음

21. 2대 주주와 경영권 분쟁을 벌이고 있던 상장법인인 H주식회사의 최대주주 '이거부'는 2대 주주를 횡령죄로 수사기관에 고발한 후, 평소 친분이 있는 국회의원 '황당한'을 통하여 조사를 담당하고 있던 수사기관의 장 '김법대'에게 피고발인에 대한 철저한 조사와 엄벌을 청탁하였다면 이는 부정청탁에 해당하는가?

→ '이거부'의 청탁 내용이 단순히 고발사건의 철저 수사와 피고발인에 대한 엄벌을 촉구하는 것에 불과하다면 위 청탁은 제5조 제1항 각 호 소정의 부정청탁에는 해당하기 어려움

22. 위 사례 21의 경우, 만약 '이거부'가 '수사 결과 고발한 횡령의 범죄사실이 무혐의로 밝혀진다 하더라도 피고발인의 주변을 샅샅이 파헤쳐 무슨 죄가 되었든지 피고발인을 꼭 구속시켜 달라'고 청탁하였다면 이는 부정청탁에 해당하는가?

→ 위 청탁은 수사 담당자로 하여금 '공무원은 직무를 수행할 때 지연·혈연·학연·종교 등을 이유로 특정인에게 특혜를 주거나 특정인을 차별하여서는 아니 된다'는 「공무원행동강령」 제6조나 '공직자등은 사적 이해관계에 영향을 받지 아니하고 직무를 공정하고 청렴하게 수행하여야 하고, 직무

수행과 관련하여 공평무사하게 처신하여야 하며 직무관련자를 우대하거 나 차별해서는 아니 된다'는 청탁금지법 제4조 등을 위반하여 사건을 수 사하고 처리해 달라는 취지의 청탁이므로, 동법 제5조 제1항 제14호 소정 의 부정청탁에 해당함

→ 따라서 '이거부'는 제3자인 '황당한'을 통하여 부정청탁을 한 것이므로 동 법 제23조 제3항에 의하여 1,000만 원 이하의 과태료를 받을 수 있음

→ 한편, '이거부'의 청탁 내용을 수사기관의 장에게 전달하며 청탁해 준 국 회의원 '황당한'의 행위는 부정청탁행위 예외사유인 동법 제5조 제2항 제3 호 소정의 '선출직 공직자등이 공익적인 목적으로 제3자의 고충민원을 전 달하는 행위'에 해당한다고 보기 어려우므로, 결국 공직자등인 '황당한'이 제3자인 '이거부'를 위하여 부정청탁을 한 것에 해당되어 '황당한'은 동법 제23조 제1항 제1호에 의하여 3,000만 원 이하의 과태료를 받을 수 있음

23. X주식회사 대표이사 '오학문'은 A대학교 경영대학원 최고경영자 과정을 함께 이수하여 알게 된 정부 중앙부처 국장 '김혹시'를 아무 용건이 없는데도 자주 만나 식사나 골프 등을 함께 하며 그 비용을 모두 부담하였는데, 그 접대 금 액의 총액이 연간 500만 원 가량에 이른다면 이는 부정금품 제공과 수수에 해당하는가?

→ 식사나 골프 등의 향응·접대는 모두 청탁금지법 제2조 제3호 소정의 '금 품등'에 해당하고, '김혹시'는 동일인으로부터 매 회계연도에 300만 원을 초과하는 금품등을 받은 것에 해당하여 그의 직무와 금품등 사이에 관련 성이 없더라도 동법 제8조 제1항을 위반하였으므로, 동법 제21조에 의한 징계처분과 함께 동법 제22조 제1항 제1호에 의한 3년 이하의 징역 또는 3,000만 원 이하의 벌금에 처해지고, '오학문'은 공직자등에게 수수 금지 금품등을 제공해서는 아니 된다는 동법 제8조 제5항을 위반하였으므로, 동법 제22조 제1항 제3호에 의하여 3년 이하의 징역 또는 3,000만 원 이하 의 벌금에 처해짐

→ 또한 '김혹시'가 수수한 금품등은 모두 소비되어 몰수가 불가능하므로 동 법 제22조 제4항에 의하여 그 가액이 추징됨

24. 유명 기업인 Y주식회사 대표이사는 매년 구정과 추석을 전후하여 감독기관 공무원들 중 친분이 있는 공무원들에게 1인당 1회 마다 50만 원 상당의 선물

을 보냈다면 이는 부정 금품 수수에 해당하는가?

→ Y주식회사 대표이사는 감독기관의 직무의 대상이 되는 사람이므로, 비록 감독기관 공무원들이 구체적인 직무에 대한 대가적 성격 없이 동일인으로부터 1회 100만 원 이하나 매 회계연도 300만 원 이하의 금품등을 받았다 하더라도 이는 청탁금지법 제8조 제2항의 부정금품 수수에 해당하여 수수한 공무원들은 징계처분과 함께 동법 제23조 제5항 제1호에 의하여, 그리고 이를 제공한 Y주식회사의 대표이사는 동항 제3호에 의하여 수수한 선물 가액의 2배 이상 5배 이하의 과태료에 처해지며, Y주식회사 역시 그 위반행위를 방지하기 위해 해당 업무에 관하여 상당한 주의와 감독을 게을리하지 아니하였다고 인정되지 아니하는 한 동법 제24조 양벌규정에 따라 위와 같은 과태료에 처해짐

→ 또한 경우에 따라서는 「형법」 소정의 뇌물죄에도 해당할 수 있음

25. J구청 도시환경국장 '호방한'은 고교 동창으로서 Z토건주식회사를 경영하는 '우선심'으로부터 아무런 조건이나 명목 없이 우정의 표시로 300만 원 상당의 선물을 받았다면 이는 부정 금품 수수에 해당하는가?

→ 위 금품 수수행위는 청탁금지법 제8조 제1항 소정의 '공직자등이 직무 관련 여부나 명목을 불문하고 1회에 100만 원을 초과하는 금품등을 수수'한 행위에 해당되므로, '호방한'은 동법 제21조에 의한 징계처분과 함께 동법 제22조 제1항 제1호에 의하여 3년 이하의 징역 또는 3,000만 원 이하의 벌금에 처해지고, '우선심'은 공직자등에게 수수 금지 금품등을 제공해서는 아니 된다는 동법 제8조 제5항을 위반하였으므로, 동법 제22조 제1항 제3호에 의하여 3년 이하의 징역 또는 3,000만 원 이하의 벌금에 처해지며, '호방한'이 수수한 300만 원을 그대로 보관하고 있었다면 이를 몰수하고, 이를 소비하였다면 300만 원을 추징함

→ 한편, Z토건주식회사는 위반행위 방지를 위한 상당한 주의와 감독을 게을리하지 않았다고 볼 수 없는 한 동법 제24조 양벌규정에 의하여 3,000만 원 이하의 벌금에 처해짐

26. 위 사례 25의 경우, '호방한'이 300만 원을 수수한 후 이 사실을 지체없이 소속기관장인 J구청장에게 신고하고 '우선심'에게 300만 원을 반환하려고 하였으나, '우선심'이 전화를 받지 아니하여 이를 J구청장에게 인도하였다면 '호방

한'은 면책되는가?

→ 이러한 경우 '호방한'은 청탁금지법 제22조 제1항 제1호 단서에 따라 처벌 대상에서 제외됨

27. 위 사례 26의 경우에도 300만 원을 제공한 '우선심'은 처벌되는가?

→ '우선심'과 Z토건주식회사는 그대로 처벌됨

28. 위 사례 25의 경우, '우선심'이 Z토건주식회사가 신축 공사를 하고 있는 건물에 대한 공사현장의 안전조치 미비로 인하여 J구청 측으로부터 공사중지조치 등 제재를 당할 형편에 처하자 제재조치를 취하지 말아달라고 '호방한'에게 청탁하며 300만 원을 주어 '호방한'이 이를 수수하였다 하더라도 '우선심'과 '호방한'은 위 사례 25의 경우와 동일한 수준의 처벌을 받는가?

→ 이러한 청탁이나 금품 수수행위도 청탁금지법에 의하여 금지되는 행위임은 분명하나, '호방한'의 행위는 직무와 관련하여 뇌물을 수수한 「형법」 제129조 제1항의 뇌물수수죄에, '우선심'의 행위는 「형법」 제133조 제1항의 뇌물공여죄에 각 해당하고, 「형법」의 법정형이 청탁금지법위반의 법정형보다 중하므로 두 사람의 금품 수수 및 공여행위는 「형법」상의 뇌물수수죄와 뇌물공여죄로 각 의율되어 처벌받을 것으로 보임

→ 한편, '우선심'의 부정청탁행위는 제3자인 Z토건주식회사를 위한 부정청탁 행위이므로 '우선심'은 청탁금지법 제23조 제2항에 의하여 2,000만 원 이하의 과태료에 처해질 수 있으나, 동항 단서 규정에 의하여 '우선심'이 뇌물공여죄로 형사처벌을 받은 경우에는 과태료 부과를 면하고, 과태료가 부과된 후 형사처벌을 받은 경우에는 과태료 부과가 취소될 수 있음

29. 위 사례 28의 경우, '호방한'이 '우선심'의 청탁을 받아들여 뇌물을 수수한 후 실제로 Z토건주식회사에 대하여 아무런 제재조치도 취하지 아니하였다면 '호방한'은 추가로 처벌을 받는가?

→ 이 경우 '호방한'의 행위는 「형법」 제131조 제1항 수뢰후 부정처사죄에 해당하여 (단순)뇌물수수죄보다 가중된 형인 1년 이상의 유기징역에 처해질 수 있음

→ 한편, '호방한'의 행위는 '부정청탁을 받은 공직자등은 그에 따라 직무를 수행해서는 아니 된다는 청탁금지법 제6조를 위반한 행위이므로 '호방한'은 동법 제22조 제2항 제1호에 의하여 2년 이하의 징역 또는 2,000만 원

이하의 벌금에도 처해질 수 있으나, 이는 「형법」상의 수뢰후 부정처사죄와 상상적 경합관계에 있다고 볼 수 있으므로 결국 형이 중한 수뢰후 부정처사죄에 정한 형으로 처벌받을 것으로 보임

30. 어려운 가정 형편에도 불구하고 열심히 노력하여 중앙행정부처 사무관으로 임용된 '유노력'의 삼촌 '유후의'는 조카가 경제적 근심 없이 공직을 잘 수행할 수 있도록 하기 위하여 매년 500만 원을 '유노력'에게 지원해 주었다면 이는 부정 금품 수수에 해당하는가?

→ '유후의'는 '유노력'과 민법 제777조에 따른 친족 관계에 있으므로, 위 금품 수수는 청탁금지법 제8조 제3항 제4호에 의하여 수수 금지 금품등의 예외에 해당하여 수수가 허용됨

31. 위 사례 30의 경우 '유노력'이 사업가로 성공한 고향 친구 '한바탕'으로부터 매년 500만 원을 조건 없는 후원금 명목으로 받았다면 이 역시 수수가 허용되는 금품에 해당하는가?

→ 이러한 금품은 원칙적으로 청탁금지법 제8조 제1항 소정의 수수 금지 금품등에 해당하여 '유노력'은 징계처분과 함께 동법 제22조 제1항 제1호에 의하여, 그리고 '한바탕'은 동항 제3호에 의하여 형사처벌을 받고 수수 금품의 몰수 또는 추징 처분도 받게 됨

→ 다만, 동법 제8조 제3항 제5호는 '공직자등과 관련된 직원상조회·동호인회·동창회·향우회·친목회·종교단체·사회단체 등이 정하는 기준에 따라 구성원에게 제공하는 금품등 및 그 소속 구성원 등 공직자등과 특별히 장기적·지속적인 친분관계를 맺고 있는 자가 질병·재난 등으로 어려운 처지에 있는 공직자등에게 제공하는 금품등'은 수수 금지 금품등의 예외에 해당하는 것으로 규정하고 있으므로, 만약 위 금품이 이에 해당한다면 수수가 허용되는 것으로 볼 수 있으나 단순히 고향 친구에 대한 후원 명목의 금품 제공은 이에 해당하지 않음

32. T주식회사는 해외 공장 신축과 신제품 출시를 기념하기 위한 행사를 신축 공장 소재지인 해외에서 개최하면서 국내 중앙일간지 및 경제지 산업 분야 담당 기자들과 공장 신축에 도움을 준 관계 부처 공무원을 비롯한 유관 기관 공무원들을 초청하여 참석한 초청 인사 전원에게 1인당 총 300만 원 상당의 왕복 항공권·4박 5일간 호텔 숙박권·식사를 제공하였다면 이는 부정 금품

수수에 해당하는가?

→ 청탁금지법 제8조 제3항 제6호는 공직자의 직무와 관련된 공식적인 행사에서 주최자가 참석자에게 통상적인 범위에서 일률적으로 제공하는 교통, 숙박, 음식물 등의 금품등은 수수 금지 금품등의 예외에 해당하는 것으로 규정하고 있음

→ 따라서 T주식회사의 행사가 공직자등의 직무와 관련된 공식적인 행사로서 왕복 항공편의 운항일정 및 소요시간, 기념 행사의 구성내용, 행사장 주변의 숙소 여건 등 제반 사정을 종합적으로 고려하여 총 300만 원 상당의 금품등 제공이 행사 목적 달성상 필요하고 통상적인 범위에 해당한다고 볼 수 있으면 수수 금지 금품등의 예외에 해당한다고 평가될 수 있음

33. 사립대학교인 P대학교 의과대학 교수와 동 대학교 부속병원 내과과장을 겸임하고 있는 '최명의'는 중환자인 '허약한'을 1년간 집중 치료하여 완쾌시킨 후 '허약한'으로부터 300만 원 상당의 감사의 선물을 받았다면 이는 부정 금품 수수에 해당하는가?

→ P대학교 부속병원 의사는 학교법인 소속 공직자등에 해당하므로, '최명의'의 행위는 공직자등이 직무 관련 여부 및 명목을 불문하고 동일인으로부터 1회 100만 원 초과 금품등을 수수한 것이므로 부정 금품 수수에 해당함

34. 위 사례 33의 경우, '최명의'가 의료기기 업체인 V메디칼주식회사의 신제품 출시 기념 행사에 초청되어 참석자들에게 일률적으로 제공되는 10만 원 상당의 식사와 30만 원 상당의 기념품을 받았다면 이는 부정금품 수수에 해당하는가?

→ 위 사례 32에서 본 바와 같이, 청탁금지법 제8조 제3항 제6호는 공직자등의 직무와 관련된 공식적인 행사에서 주최자가 참석자에게 통상적인 범위에서 일률적으로 제공하는 교통, 숙박, 음식물 등의 금품등은 수수 금지 금품등의 예외에 해당하는 것으로 규정하고 있으므로 '최명의'에게 제공된 금품등은 이에 해당한다고 볼 수 있음

→ 다만 의료법 제23조의2는 '의료인이 제약업체나 의료기기 업체 등으로부터 판매 촉진 목적의 금품등의 수수행위를 금지하고 위반행위에 대한 형사처벌규정을 두고 있고, 동 시행규칙 제16조의2에 의하면 제품설명회에서 참석자에게 제공하는 실제 비용의 교통비, 5만 원 이하의 기념품, 숙

박, 식음료(세금 및 봉사료를 제외한 금액으로 1회당 10만 원 이하인 경우로
한정)만 허용하므로, 의료법위반에 해당할 수 있음

35. 국회의원 '박입법'은 여러 개의 기업을 경영하고 있는 U그룹 회장 '송대범'과
종종 함께 식사를 하거나 골프를 하는 등 친분이 있는 사이이고, '박입법'의
처 '배필녀'와 '송대범'의 처 '김선심'은 여고 동창으로서 재학 시절부터 절친
한 사이인데, '김선심'이 '배필녀'의 생일 선물로 1,000만 원 상당의 의류를 제
공하였다면 이는 부정 금품 수수에 해당하는가?

→ 청탁금지법 제8조 제4항은 '공직자등의 배우자가 공직자등의 직무와 관련
하여 금품등을 수수하는 행위만을 금지하고 있으므로, '김선심'이 '배필녀'
에게 준 선물이 순수한 의미의 생일 선물임이 분명하다면 청탁금지법에
의한 규율 대상이 아니라고 볼 수 있음

36. 위 사례 35의 경우, 당시 '송대범'은 '박입법'에게 '주거래은행인 A은행으로부
터 추가 대출을 받을 수 있도록 영향력을 발휘해 달라'는 청탁을 하고 있던
상황이었는데, '배필녀'가 이러한 사실을 알면서도 '김선심'의 선물을 수수한
것이라면 이는 공직자등의 배우자가 공직자등의 직무와 관련하여 부정 금품
을 수수한 행위에 해당하는가?

→ '배필녀'가 생일 때마다 '김선심'으로부터 비슷한 가격대의 선물을 수년에
걸쳐 받아 왔다는 등 특별한 사정이 있는 경우에는 이를 내세워 직무관
련성을 부정할 여지가 전혀 없는 것은 아님

→ 그러나 평소에는 '김선심'으로부터 100만 원 가격대의 선물을 받아 온 것
에 불과하다면 1,000만 원 상당의 금품 수수행위는 비록 생일 선물 명목
이라 하더라도 '배필녀'가 남편 '박입법'의 직무와 관련하여 부정한 금품
을 수수한 행위에 해당할 가능성이 큼

37. 위 사례 36의 경우 '박입법'이 '송대범'으로부터 받은 청탁 때문에 처 '배필녀'
가 '김선심'으로부터 고액의 선물을 받았다는 사실을 알면서 이를 방치하였
다면 청탁금지법을 위반한 것인가?

→ '박입법'은 동법 제22조 제1항 제2호 소정의 '자신의 배우자가 제8조 제4항
을 위반하여 동조 제1항에 따른 수수 금지 금품등을 받은 사실을 알고도
신고하지 아니한 공직자등'에 해당하여 3년 이하의 징역 또는 3,000만 원
이하의 벌금에 처해짐

38. 고향인 T시에 탄소 배출량이 많은 공장을 건설하려는 '고향만'은 T시 지방의
회 소속 일부 의원들이 공장 건설에 반대하자, 이들을 설득하기 위하여 해외
탄소 배출 공장 시찰 명목으로 1인당 500만 원이 소요되는 경비를 모두 부담
하여 T시 지방의회 의장을 비롯한 의원 10명과 그 배우자를 상대로 10박 11
일의 해외 시찰 여행을 주선하였다면, 이는 부정금품을 제공한 행위에 해당
하는가?

→ T시 지방의원 10명과 그 배우자들은 '고향만'으로부터 각자 500만 원 상당
의 경제적 이익을 받았으므로, 이는 직무 관련 여부나 명목에 관계없이
동일인으로부터 1회에 100만 원을 초과하는 금품을 받은 경우에 해당하
여 청탁금지법 제8조 제1항, 동조 제4항을 위반한 행위이고, '고향만'의 행
위는 동조 제5항 위반행위에 해당함

→ 그런데 지방의원 10명은 직무와 관련하여 금품등을 수수하였다고 볼 수
있어 형법상의 뇌물수수죄가 성립하므로, 청탁금지법위반보다는 뇌물수
수죄로 처벌될 것으로 보임

39. K주식회사 대표이사 '우정만'은 고교 동창회에 참석하였다가 동창회 종료 후
참석자 중 공무원으로 재직하는 동창생 3명을 따로 불러 주점에서 그들에게
200만 원 상당의 술을 접대하고 귀가하면서 각 100만 원 상당의 상품권을 나
누어 주었다면 이는 부정금품 제공에 해당하는가?

→ '우정만'의 동창생인 공직자 3명은 '우정만'으로부터 각자 50만 원 상당(=
주대 200만 원÷주점 참석자 4명)의 향응과 100만 원 상당의 상품권을 받았
으므로, 이는 직무 관련 여부나 명목에 관계없이 동일인으로부터 1회에
100만 원을 초과하는 금품을 받은 경우에 해당하여 청탁금지법 제8조 제1
항을 위반한 행위이고, '우정만'의 행위는 동조 제5항 위반행위에 해당함

40. S실업 주식회사 자금과장 '박의협'은 승진에서 누락되자 회사에 대하여 불만
을 품고, 그간 회사 대표이사가 여러 차례 공직자등을 접대한 사실과 접대비
지출내역 등이 기재된 서류를 복사하여 권익위에 신고하였는데, 이로 인하여
회사 비밀을 누설하였다는 등의 이유로 회사 징계위원회에 회부되어 비밀준
수 의무 위반 등으로 파면처분을 받았다면 이는 정당한 징계조치인가?

→ 청탁금지법 제15조 제2항은 누구든지 신고자 등에게 신고 등을 이유로 불
이익조치(「공익신고자 보호법」 제2조 제6호에 따른 불이익조치를 말한다. 이

하 같다)를 해서는 아니 된다고 규정하고 있고, 동조 제4항은 '신고자 등의 보호 등에 관하여는 「공익신고자 보호법」 제11조부터 제13조까지, 제14조 제3항부터 제5항까지 및 제16조부터 제25조까지의 규정을 준용한다'고 규정하고 있음

→ 한편, 「공익신고자 보호법」 제14조 제3항 내지 제5항은 공익신고 등의 내용에 직무상 비밀이 포함된 경우에도 공익신고자 등은 다른 법령, 단체협약, 취업규칙 등에 따른 직무상 비밀준수 의무를 위반하지 아니한 것으로 보고, 피신고자는 공익신고 등으로 인하여 손해를 입은 경우에도 공익신고자 등에게 그 손해배상을 청구할 수 없으며, 단체협약, 고용계약 또는 공급계약 등에 공익신고 등을 금지하거나 제한하는 규정을 둔 경우 그 규정은 무효로 한다고 규정하고 있음

→ 따라서 S실업 주식회사의 '박의협'에 대한 파면조치는 이 같은 청탁금지법 소정의 신고자 등의 보호 의무를 위반한 것이므로 이 같은 파면 조치에 책임이 있는 S실업 주식회사의 관계자는 동법 제22조 제2항 제2호에 따라 2년 이하의 징역이나 2,000만 원 이하의 벌금으로 처벌됨

부　　록

1. 청탁금지법 및 청탁금지법 시행령
2. 2017. 1. 1. 현재 공직유관단체
   지정현황
3. 2016. 현재 공공기관 지정현황

법 률	시 행 령
제1장 총칙	**제1장 총칙**
제1조(목적) 이 법은 공직자등에 대한 부정청탁 및 공직자등의 금품등의 수수(收受)를 금지함으로써 공직자등의 공정한 직무수행을 보장하고 공공기관에 대한 국민의 신뢰를 확보하는 것을 목적으로 한다.	**제1조(목적)** 이 영은 「부정청탁 및 금품등 수수의 금지에 관한 법률」에서 위임된 사항과 그 시행에 필요한 사항을 규정함을 목적으로 한다.
제2조(정의) 이 법에서 사용하는 용어의 뜻은 다음과 같다.	
1. "공공기관"이란 다음 각 목의 어느 하나에 해당하는 기관·단체를 말한다.	
가. 국회, 법원, 헌법재판소, 선거관리위원회, 감사원, 국가인권위원회, 중앙행정기관(대통령 소속 기관과 국무총리 소속 기관을 포함한다)과 그 소속 기관 및 지방자치단체	
나. 「공직자윤리법」 제3조의2에 따른 공직유관단체	
다. 「공공기관의 운영에 관한 법률」 제4조에 따른 기관	
라. 「초·중등교육법」, 「고등교육법」, 「유아교육법」 및 그 밖의 다른 법령에 따라 설치된 각급 학교 및 「사립학교법」에 따른 학교법인	
마. 「언론중재 및 피해구제 등에 관한 법률」 제2조제12호에 따른 언론사	
2. "공직자등"이란 다음 각 목의 어느 하나에 해당하는 공직자 또는 공적 업무 종사자를 말한다.	
가. 「국가공무원법」 또는 「지방공무원법」에 따른 공무원과 그 밖에 다른 법률에 따라 그 자격·임용·교육훈련·복무·보수·신분보장 등에 있어서 공무원으로 인정된 사람	
나. 제1호나목 및 다목에 따른 공직유관단체 및 기관의 장과 그 임직원	
다. 제1호라목에 따른 각급 학교의 장과 교직원 및 학교법인의 임직원	
라. 제1호마목에 따른 언론사의 대표자와 그 임직원	

3. "금품등"이란 다음 각 목의 어느 하나에 해당
하는 것을 말한다.
가. 금전, 유가증권, 부동산, 물품, 숙박권, 회원
권, 입장권, 할인권, 초대권, 관람권, 부동산 등
의 사용권 등 일체의 재산적 이익
나. 음식물·주류·골프 등의 접대·향응 또는 교
통·숙박 등의 편의 제공
다. 채무 면제, 취업 제공, 이권(利權) 부여 등
그 밖의 유형·무형의 경제적 이익
4. "소속기관장"이란 공직자등이 소속된 공공기
관의 장을 말한다.
제3조(국가 등의 책무) ① 국가는 공직자가 공
정하고 청렴하게 직무를 수행할 수 있는 근무
여건을 조성하기 위하여 노력하여야 한다.
② 공공기관은 공직자등의 공정하고 청렴한 직
무수행을 보장하기 위하여 부정청탁 및 금품등
의 수수를 용인(容認)하지 아니하는 공직문화
형성에 노력하여야 한다.

제2조(윤리강령) ① 다음 각 호의 어느 하나에
해당하는 공공기관은 「부정청탁 및 금품등 수수
의 금지에 관한 법률」(이하 "법"이라 한다) 제3
조제2항에 따른 공직문화 형성을 위하여 소속
공직자등이 준수하여야 할 윤리강령(이하 "윤리
강령"이라 한다)을 정할 수 있다.
1. 법 제2조제1호라목에 따른 「초·중등교육법」,
「고등교육법」, 「유아교육법」 및 그 밖의 다른
법령에 따라 설치된 각급 학교 및 「사립학교법」
에 따른 학교법인
2. 법 제2조제1호마목에 따른 「언론중재 및 피
해구제 등에 관한 법률」 제2조제12호에 따른 언
론사
② 윤리강령에는 다음 각 호의 사항이 포함되어
야 한다.
1. 직위를 이용한 인사 관여, 이권 개입, 알선,
청탁행위 등의 금지·제한에 관한 사항
2. 금품등 수수행위의 금지·제한에 관한 사항
3. 강의·강연·기고 등의 신고 및 제한에 관한
사항
4. 그 밖에 공직자등의 청렴과 품위유지 등을
위하여 필요한 사항
③ 제1항 각 호에 따른 공공기관의 장은 윤리강
령을 제정하거나 개정하는 경우에는 해당 공공
기관의 인터넷 홈페이지에 공개할 수 있다.
④ 국민권익위원회는 제1항 각 호에 따른 공공
기관이 윤리강령을 효과적으로 제정하거나 개
정할 수 있도록 지원할 수 있다.

③ 공공기관은 공직자등이 위반행위 신고 등 이
법에 따른 조치를 함으로써 불이익을 당하지 아
니하도록 적절한 보호조치를 하여야 한다.
제4조(공직자등의 의무) ① 공직자등은 사적 이

해관계에 영향을 받지 아니하고 직무를 공정하고 청렴하게 수행하여야 한다.
② 공직자등은 직무수행과 관련하여 공평무사하게 처신하고 직무관련자를 우대하거나 차별해서는 아니 된다.

제2장 부정청탁의 금지 등

제5조(부정청탁의 금지) ① 누구든지 직접 또는 제3자를 통하여 직무를 수행하는 공직자등에게 다음 각 호의 어느 하나에 해당하는 부정청탁을 해서는 아니 된다.
1. 인가·허가·면허·특허·승인·검사·검정·시험·인증·확인 등 법령(조례·규칙을 포함한다. 이하 같다)에서 일정한 요건을 정하여 놓고 직무관련자로부터 신청을 받아 처리하는 직무에 대하여 법령을 위반하여 처리하도록 하는 행위
2. 인가 또는 허가의 취소, 조세, 부담금, 과태료, 과징금, 이행강제금, 범칙금, 징계 등 각종 행정처분 또는 형벌부과에 관하여 법령을 위반하여 감경·면제하도록 하는 행위
3. 채용·승진·전보 등 공직자등의 인사에 관하여 법령을 위반하여 개입하거나 영향을 미치도록 하는 행위
4. 법령을 위반하여 각종 심의·의결·조정 위원회의 위원, 공공기관이 주관하는 시험·선발 위원 등 공공기관의 의사결정에 관여하는 직위에 선정 또는 탈락되도록 하는 행위
5. 공공기관이 주관하는 각종 수상, 포상, 우수기관 선정 또는 우수자 선발에 관하여 법령을 위반하여 특정 개인·단체·법인이 선정 또는 탈락되도록 하는 행위
6. 입찰·경매·개발·시험·특허·군사·과세 등에 관한 직무상 비밀을 법령을 위반하여 누설하도록 하는 행위
7. 계약 관련 법령을 위반하여 특정 개인·단체·법인이 계약의 당사자로 선정 또는 탈락되도록 하는 행위
8. 보조금·장려금·출연금·출자금·교부금·기금 등의 업무에 관하여 법령을 위반하여 특정 개인·단체·법인에 배정·지원하거나 투자·예치·대여·출연·출자하도록 개입하거나 영향을 미치도록 하는 행위
9. 공공기관이 생산·공급·관리하는 재화 및 용역을 특정 개인·단체·법인에게 법령에서 정하는 가격 또는 정상적인 거래관행에서 벗어나 매

제2장 부정청탁의 금지 등

각·교환·사용·수익·점유하도록 하는 행위

10. 각급 학교의 입학·성적·수행평가 등의 업무에 관하여 법령을 위반하여 처리·조작하도록 하는 행위

11. 병역판정검사, 부대 배속, 보직 부여 등 병역 관련 업무에 관하여 법령을 위반하여 처리하도록 하는 행위

12. 공공기관이 실시하는 각종 평가·판정 업무에 관하여 법령을 위반하여 평가 또는 판정하게 하거나 결과를 조작하도록 하는 행위

13. 법령을 위반하여 행정지도·단속·감사·조사 대상에서 특정 개인·단체·법인이 선정·배제되도록 하거나 행정지도·단속·감사·조사의 결과를 조작하거나 또는 그 위법사항을 묵인하게 하는 행위

14. 사건의 수사·재판·심판·결정·조정·중재·화해 또는 이에 준하는 업무를 법령을 위반하여 처리하도록 하는 행위

15. 제1호부터 제14호까지의 부정청탁의 대상이 되는 업무에 관하여 공직자등이 법령에 따라 부여받은 지위·권한을 벗어나 행사하거나 권한에 속하지 아니한 사항을 행사하도록 하는 행위

② 제1항에도 불구하고 다음 각 호의 어느 하나에 해당하는 경우에는 이 법을 적용하지 아니한다.

1. 「청원법」, 「민원사무 처리에 관한 법률」, 「행정절차법」, 「국회법」 및 그 밖의 다른 법령·기준(제2조제1호나목부터 마목까지의 공공기관의 규정·사규·기준을 포함한다. 이하 같다)에서 정하는 절차·방법에 따라 권리침해의 구제·해결을 요구하거나 그와 관련된 법령·기준의 제정·개정·폐지를 제안·건의하는 등 특정한 행위를 요구하는 행위

2. 공개적으로 공직자등에게 특정한 행위를 요구하는 행위

3. 선출직 공직자, 정당, 시민단체 등이 공익적인 목적으로 제3자의 고충민원을 전달하거나 법령·기준의 제정·개정·폐지 또는 정책·사업·제도 및 그 운영 등의 개선에 관하여 제안·건의하는 행위

4. 공공기관에 직무를 법정기한 안에 처리하여 줄 것을 신청·요구하거나 그 진행상황·조치결과 등에 대하여 확인·문의 등을 하는 행위

5. 직무 또는 법률관계에 관한 확인·증명 등을 신청·요구하는 행위

6. 질의 또는 상담형식을 통하여 직무에 관한

법령·제도·절차 등에 대하여 설명이나 해석을 요구하는 행위

7. 그 밖에 사회상규(社會常規)에 위배되지 아니하는 것으로 인정되는 행위

제6조(부정청탁에 따른 직무수행 금지) 부정청탁을 받은 공직자등은 그에 따라 직무를 수행해서는 아니 된다.

제7조(부정청탁의 신고 및 처리) ① 공직자등은 부정청탁을 받았을 때에는 부정청탁을 한 자에게 부정청탁임을 알리고 이를 거절하는 의사를 명확히 표시하여야 한다.

② 공직자등은 제1항에 따른 조치를 하였음에도 불구하고 동일한 부정청탁을 다시 받은 경우에는 이를 소속기관장에게 서면(전자문서를 포함한다. 이하 같다)으로 신고하여야 한다.

③ 제2항에 따른 신고를 받은 소속기관장은 신고의 경위·취지·내용·증거자료 등을 조사하여 신고 내용이 부정청탁에 해당하는지를 신속하게 확인하여야 한다.

제3조(부정청탁의 신고 방법 등) 공직자등은 법 제7조제2항에 따라 부정청탁을 받은 사실을 신고하려는 경우에는 다음 각 호의 사항을 적은 서면(전자문서를 포함한다. 이하 같다)을 소속기관장에게 제출하여야 한다.

1. 신고자의 인적사항

가. 성명, 주민등록번호, 주소, 소속 부서 및 연락처

나. 그 밖에 신고자를 확인할 수 있는 인적사항

2. 부정청탁을 한 자의 인적사항

가. 개인인 경우: 성명, 연락처, 직업 등 부정청탁을 한 자를 확인할 수 있는 인적사항

나. 법인 또는 단체의 대표자인 경우: 가목의 사항 및 법인 또는 단체의 명칭·소재지

다. 법인·단체 또는 개인의 대리인, 사용인, 그 밖의 종업원인 경우: 가목의 사항, 법인·단체 또는 개인의 명칭·소재지 및 대표자의 성명

3. 신고의 경위 및 이유

4. 부정청탁의 일시, 장소 및 내용

5. 부정청탁의 내용을 입증할 수 있는 증거자료(증거자료를 확보한 경우만 해당한다)

제4조(소속기관장의 부정청탁의 신고에 대한 확인 등) ① 법 제7조제2항에 따라 신고를 받은 소속기관장은 다음 각 호의 사항을 확인할 수 있다.

1. 제3조 각 호의 사항 등 신고 내용을 특정하는 데 필요한 사항

2. 신고 내용을 입증할 수 있는 참고인, 증거자료 등의 확보 여부

3. 다른 기관에 동일한 내용으로 신고를 하였는지 여부

② 소속기관장은 법 제7조제2항에 따른 신고가 이 조 제1항제1호에 따른 신고 내용을 특정하는 데 필요한 사항을 갖추지 못한 경우에는 적정한 기간을 정하여 신고자로 하여금 그 사항을 보완

하게 할 수 있다.

제5조(소속기관장의 부정청탁 신고의 처리 등)
법 제7조제2항에 따라 신고를 받은 소속기관장은 신고의 내용에 관하여 필요한 조사를 하고, 다음 각 호의 구분에 따라 조사 결과에 대한 조치를 하여야 한다.
1. 범죄의 혐의가 있거나 수사의 필요성이 있다고 인정되는 경우: 수사기관에 통보
2. 과태료 부과 대상인 경우: 과태료 관할법원에 통보
3. 징계 대상인 경우: 징계절차의 진행

제6조(소속기관장의 조사 결과의 통보 방법 등)
① 소속기관장은 법 제7조제2항에 따라 신고를 받은 경우에는 조사를 마친 날부터 10일 이내에 조사의 결과를 신고자에게 서면으로 통보하여야 한다.
② 소속기관장이 제1항에 따라 통보하는 조사 결과에는 다음 각 호의 사항이 포함되어야 한다.
1. 신고사항의 처리결과 및 처리이유
2. 신고사항과 관련하여 신고자가 알아야 할 필요가 있는 사항

④ 소속기관장은 부정청탁이 있었던 사실을 알게 된 경우 또는 제2항 및 제3항의 부정청탁에 관한 신고·확인 과정에서 해당 직무의 수행에 지장이 있다고 인정하는 경우에는 부정청탁을 받은 공직자등에 대하여 다음 각 호의 조치를 할 수 있다.
1. 직무 참여 일시중지
2. 직무 대리자의 지정
3. 전보
4. 그 밖에 국회규칙, 대법원규칙, 헌법재판소규칙, 중앙선거관리위원회규칙 또는 대통령령으로 정하는 조치

제7조(소속기관장의 부정청탁을 받은 공직자등에 대한 조치) ① 소속기관장은 법 제7조제4항제1호, 제2호 또는 제4호의 조치를 통해서도 그 목적을 달성할 수 없는 경우에 한정하여 법 제7조제4항제3호의 조치를 할 수 있다.

⑤ 소속기관장은 공직자등이 다음 각 호의 어느 하나에 해당하는 경우에는 제4항에도 불구하고 그 공직자등에게 직무를 수행하게 할 수 있다. 이 경우 제20조에 따른 소속기관의 담당관 또는 다른 공직자등으로 하여금 그 공직자등의 공정한 직무수행 여부를 주기적으로 확인·점검하도록 하여야 한다.
1. 직무를 수행하는 공직자등을 대체하기 지극히 어려운 경우
2. 공직자등의 직무수행에 미치는 영향이 크지 아니한 경우

② 법 제7조제4항제4호에서 "대통령령으로 정하는 조치"란 다음 각 호의 어느 하나에 해당하는 조치를 말한다.
1. 직무 공동수행자의 지정
2. 사무분장의 변경

3. 국가의 안전보장 및 경제발전 등 공익증진을 이유로 직무수행의 필요성이 더 큰 경우

⑥ 공직자등은 제2항에 따른 신고를 감독기관·감사원·수사기관 또는 국민권익위원회에도 할 수 있다.

제8조(감독기관 등의 부정청탁의 신고 및 확인 등) ① 공직자등이 법 제7조제6항에 따라 감독기관, 감사원 또는 수사기관에 부정청탁을 받은 사실을 신고하려는 경우 제출하여야 하는 서면의 기재 사항에 관하여는 제3조를 준용한다.

② 법 제7조제6항에 따라 부정청탁의 신고를 받은 감독기관, 감사원, 또는 수사기관이 하는 부정청탁의 신고에 관한 확인 및 신고 내용의 보완에 관하여는 제4조를 준용한다.

제9조(감독기관 등의 부정청탁 신고의 조치 등) 법 제7조제6항에 따라 신고를 받은 감독기관, 감사원 또는 수사기관은 신고의 내용에 관하여 필요한 조사·감사 또는 수사(이하 "조사등"이라 한다)를 하고, 다음 각 호의 구분에 따라 조사등 결과에 대한 조치를 하여야 한다.

1. 감독기관 또는 감사원의 조치

가. 범죄의 혐의가 있거나 수사의 필요성이 있다고 인정되는 경우: 수사기관에 통보

나. 과태료 부과 대상이거나 징계의 필요성이 있는 경우: 소속기관에 통보

2. 수사기관의 조치

가. 범죄의 혐의가 있거나 수사의 필요성이 있다고 인정되는 경우: 수사절차의 진행

나. 과태료 부과 대상이거나 징계의 필요성이 있는 경우: 소속기관에 통보

제10조(감독기관 등의 조사등 결과의 통보 방법 등) 법 제7조제6항에 따라 신고를 받은 감독기관, 감사원 또는 수사기관의 조사등 결과의 신고자에 대한 통보 기간 및 방법 등에 관하여는 제6조를 준용한다.

제11조(국민권익위원회의 부정청탁의 신고 및 확인 등) ① 공직자등이 법 제7조제6항에 따라 국민권익위원회에 부정청탁을 받은 사실을 신고하려는 경우 제출하여야 하는 서면의 기재 사항에 관하여는 제3조를 준용한다.

② 법 제7조제6항에 따라 부정청탁의 신고를 받은 국민권익위원회가 하는 부정청탁의 신고에 관한 확인 및 신고 내용의 보완에 관하여는 제4조를 준용한다.

제12조(국민권익위원회의 부정청탁 신고의 처리 등) ① 법 제7조제6항에 따라 신고를 받은 국민권익위원회는 신고를 받은 날(신고 내용의 보완이 필요한 경우에는 제4조제2항에 따라 보완된 날을 말한다)부터 60일 이내에 제4조제1항

각 호의 사항을 확인한 후 다음 각 호의 구분에 따른 기관에 이첩하여야 한다.

1. 범죄의 혐의가 있거나 수사의 필요성이 있다고 인정되는 경우: 수사기관
2. 「감사원법」에 따른 감사가 필요하다고 인정되는 경우: 감사원
3. 제1호 또는 제2호 외의 경우: 소속기관 또는 감독기관

② 국민권익위원회는 신고내용이 여러 기관과 관련되는 경우에는 소속기관, 감독기관, 감사원 또는 수사기관 중에서 주관 기관을 지정하여 이첩할 수 있다. 이 경우 주관 기관은 상호 협조를 통하여 신고사항이 일괄 처리되도록 하여야 한다.

③ 국민권익위원회는 법 제7조제6항에 따라 접수받은 신고가 다음 각 호의 사항에 모두 해당하는 경우에는 소속기관장, 감독기관, 감사원 또는 수사기관에 송부할 수 있다.

1. 제1항에 따른 이첩 대상인지가 명백하지 아니한 경우
2. 제14조제1항에 따른 종결처리의 대상인지가 명백하지 아니한 경우

④ 국민권익위원회는 제1항부터 제3항까지의 규정에 따라 이첩하거나 송부하는 경우에는 제4조제1항 각 호의 확인 사항을 첨부하여 이첩하거나 송부하고, 이첩 또는 송부 사실을 신고자에게 통보하여야 한다.

제13조(이첩·송부의 처리 등) ① 소속기관장, 감독기관, 감사원 또는 수사기관은 제12조제1항부터 제3항까지의 규정에 따라 부정청탁의 신고를 이첩 또는 송부받은 경우 신고의 내용에 대하여 필요한 조사등을 한다.

② 제1항에 따른 소속기관장의 조사 결과에 대한 조치에 관하여는 제5조를 준용하고, 감독기관, 감사원 또는 수사기관의 조사등 결과에 대한 조치에 관하여는 제9조를 준용한다.

③ 소속기관장, 감독기관, 감사원 또는 수사기관은 부정청탁의 신고를 이첩 또는 송부받은 경우 조사등을 마친 날부터 10일 이내에 조사등의 결과를 신고자 및 국민권익위원회에 서면으로 통보하여야 한다.

④ 소속기관장, 감독기관, 감사원 또는 수사기관이 제3항에 따라 통보하는 조사등 결과에는 다음 각 호의 사항이 포함되어야 한다.

1. 신고사항의 처리결과 및 처리이유
2. 신고사항과 관련하여 신고자 및 국민권익위

⑦ 소속기관장은 다른 법령에 위반되지 아니하는 범위에서 부정청탁의 내용 및 조치사항을 해당 공공기관의 인터넷 홈페이지 등에 공개할 수 있다.

⑧ 제1항부터 제7항까지에서 규정한 사항 외에 부정청탁의 신고·확인·처리 및 기록·관리·공개 등에 필요한 사항은 대통령령으로 정한다.

원회가 알아야 할 필요가 있는 사항

제14조(종결처리 등) ① 소속기관장, 감독기관, 감사원, 수사기관 또는 국민권익위원회는 제5조, 제9조, 제12조 및 제13조에도 불구하고 다음 각 호의 어느 하나에 해당하는 경우에는 접수받은 신고 또는 이첩·송부받은 신고를 종결할 수 있다. 이 경우 종결 사실과 그 사유를 신고자에게 통보하여야 한다.

1. 신고 내용이 명백히 거짓인 경우
2. 신고자가 제4조제2항에 따른 보완요구를 받고도 보완 기한 내에 보완하지 아니한 경우
3. 신고에 대한 처리결과를 통보받은 사항에 대하여 정당한 사유없이 다시 신고한 경우로서 새로운 증거가 없는 경우
4. 신고 내용이 언론매체 등을 통하여 공개된 내용에 해당하고 조사등 중에 있거나 이미 끝난 경우로서 새로운 증거가 없는 경우
5. 동일한 내용의 신고가 접수되어 먼저 접수된 신고에 관하여 조사등 중에 있거나 이미 끝난 경우로서 새로운 증거가 없는 경우
6. 그 밖에 법 위반행위를 확인할 수 없는 등 조사등이 필요하지 아니하다고 인정되어 종결하는 것이 합리적이라고 인정되는 경우

② 제1항에 따라 통보를 받은 신고자는 새로운 증거자료의 제출 등 합리적인 이유를 들어 다시 신고를 할 수 있다.

제15조(부정청탁의 내용 및 조치사항의 공개) ① 소속기관장은 다음 각 호의 경우를 고려하여 법 제7조제7항에 따라 부정청탁의 내용 및 조치사항을 공개할 수 있다.

1. 법 제5조제1항을 위반하여 과태료가 부과된 경우
2. 법 제6조를 위반하여 유죄판결 또는 기소유예처분이 확정된 경우
3. 그 밖에 소속기관장이 부정청탁 예방을 위하여 공개할 필요가 있다고 인정하는 경우

② 소속기관장은 법 제7조제7항에 따라 공개하는 부정청탁의 내용 및 조치사항에 다음 각 호의 내용 등을 포함시킬 수 있다.

1. 부정청탁의 일시·목적·유형 및 세부내용
2. 법 제7조제4항 각 호, 제16조 및 제21조에 따른 소속기관장의 조치 및 징계처분
3. 벌칙 또는 과태료 부과 등 제재 내용

제16조(위반행위의 기록·관리) ① 소속기관장은 법 제7조제8항에 따라 소속 공직자등과 관련하여 제3조, 제4조제1항, 제5조, 제7조 및 제13

조제1항에 따른 신고 내용, 확인 사항 및 처리내역 등을 기록하고 관리하여야 한다. 이 경우 해당 기록의 보존기간에 관하여는 「공공기록물 관리에 관한 법률 시행령」 제26조를 준용한다.

② 소속기관장은 제1항의 기록을 전자매체 또는 마이크로필름 등 전자적 처리가 가능한 방법으로 관리하여야 한다.

제3장 금품등의 수수 금지 등

제8조(금품등의 수수 금지) ① 공직자등은 직무 관련 여부 및 기부·후원·증여 등 그 명목에 관계없이 동일인으로부터 1회에 100만 원 또는 매 회계연도에 300만 원을 초과하는 금품등을 받거나 요구 또는 약속해서는 아니 된다.

② 공직자등은 직무와 관련하여 대가성 여부를 불문하고 제1항에서 정한 금액 이하의 금품등을 받거나 요구 또는 약속해서는 아니 된다.

③ 제10조의 외부강의등에 관한 사례금 또는 다음 각 호의 어느 하나에 해당하는 금품등의 경우에는 제1항 또는 제2항에서 수수를 금지하는 금품등에 해당하지 아니한다.

1. 공공기관이 소속 공직자등이나 파견 공직자등에게 지급하거나 상급 공직자등이 위로·격려·포상 등의 목적으로 하급 공직자등에게 제공하는 금품등

2. 원활한 직무수행 또는 사교·의례 또는 부조의 목적으로 제공되는 음식물·경조사비·선물 등으로서 대통령령으로 정하는 가액 범위 안의 금품등

3. 사적 거래(증여는 제외한다)로 인한 채무의 이행 등 정당한 권원(權原)에 의하여 제공되는 금품등

4. 공직자등의 친족(「민법」 제777조에 따른 친족을 말한다)이 제공하는 금품등

5. 공직자등과 관련된 직원상조회·동호인회·동창회·향우회·친목회·종교단체·사회단체 등이 정하는 기준에 따라 구성원에게 제공하는 금품등 및 그 소속 구성원 등 공직자등과 특별히 장기적·지속적인 친분관계를 맺고 있는 자가 질병·재난 등으로 어려운 처지에 있는 공직자등에게 제공하는 금품등

6. 공직자등의 직무와 관련된 공식적인 행사에서 주최자가 참석자에게 통상적인 범위에서 일률적으로 제공하는 교통, 숙박, 음식물 등의 금품등

제3장 금품등의 수수 금지 등

제17조(사교·의례 등 목적으로 제공되는 음식물·경조사비 등의 가액 범위) 법 제8조제3항제2호에서 "대통령령으로 정하는 가액 범위"란 별표 1에 따른 금액을 말한다.

7. 불특정 다수인에게 배포하기 위한 기념품 또는 홍보용품 등이나 경연·추첨을 통하여 받는 보상 또는 상품 등

8. 그 밖에 다른 법령·기준 또는 사회상규에 따라 허용되는 금품등

④ 공직자등의 배우자는 공직자등의 직무와 관련하여 제1항 또는 제2항에 따라 공직자등이 받는 것이 금지되는 금품등(이하 "수수 금지 금품등"이라 한다)을 받거나 요구하거나 제공받기로 약속해서는 아니 된다.

⑤ 누구든지 공직자등에게 또는 그 공직자등의 배우자에게 수수 금지 금품등을 제공하거나 그 제공의 약속 또는 의사표시를 해서는 아니 된다.

제9조(수수 금지 금품등의 신고 및 처리) ① 공직자등은 다음 각 호의 어느 하나에 해당하는 경우에는 소속기관장에게 지체 없이 서면으로 신고하여야 한다.

1. 공직자등 자신이 수수 금지 금품등을 받거나 그 제공의 약속 또는 의사표시를 받은 경우

2. 공직자등이 자신의 배우자가 수수 금지 금품등을 받거나 그 제공의 약속 또는 의사표시를 받은 사실을 안 경우

제18조(수수 금지 금품등의 신고 방법 등) 공직자등은 법 제9조제1항에 따라 수수 금지 금품등을 신고하려는 경우에는 다음 각 호의 사항을 적은 서면을 소속기관장에게 제출하여야 한다.

1. 신고자의 인적사항

가. 성명, 주민등록번호, 주소, 소속 부서 및 연락처

나. 그 밖에 신고자를 확인할 수 있는 인적사항

2. 수수 금지 금품등을 제공하거나 그 제공의 약속 또는 의사표시를 한 자의 인적사항

가. 개인인 경우: 성명, 연락처, 직업 등 수수 금지 금품등을 제공하거나 그 제공의 약속 또는 의사표시를 한 자를 확인할 수 있는 인적사항

나. 법인 또는 단체의 대표자인 경우: 가목의 사항 및 법인 또는 단체의 명칭·소재지

다. 법인·단체 또는 개인의 대리인, 사용인, 그 밖의 종업원인 경우: 가목의 사항, 법인·단체 또는 개인의 명칭·소재지 및 대표자의 성명

3. 신고의 경위 및 이유

4. 금품등의 종류 및 가액

5. 금품등의 반환 여부

6. 신고 내용을 입증할 수 있는 증거자료(증거자료를 확보한 경우만 해당한다)

제19조(소속기관장의 수수 금지 금품등의 신고에 대한 조치 등) ① 법 제9조제1항에 따라 신고를 받은 소속기관장의 수수 금지 금품등의 신고에 관한 확인 및 신고 내용의 보완에 관하여는 제4조를 준용한다.

② 소속기관장은 법 제9조제1항에 따라 신고를 받은 경우에는 수수 금지 금품등의 신고 내용에 관하여 필요한 조사를 하여야 한다. 이 경우 조사 결과에 대한 조치에 관하여는 제5조를 준용한다.

② 공직자등은 자신이 수수 금지 금품등을 받거나 그 제공의 약속이나 의사표시를 받은 경우 또는 자신의 배우자가 수수 금지 금품등을 받거나 그 제공의 약속이나 의사표시를 받은 사실을 알게 된 경우에는 이를 제공자에게 지체 없이 반환하거나 반환하도록 하거나 그 거부의 의사를 밝히거나 밝히도록 하여야 한다. 다만, 받은 금품등이 다음 각 호의 어느 하나에 해당하는 경우에는 소속기관장에게 인도하거나 인도하도록 하여야 한다.

1. 멸실·부패·변질 등의 우려가 있는 경우
2. 해당 금품등의 제공자를 알 수 없는 경우
3. 그 밖에 제공자에게 반환하기 어려운 사정이 있는 경우

③ 소속기관장은 제1항에 따라 신고를 받거나 제2항 단서에 따라 금품등을 인도받은 경우 수수 금지 금품등에 해당한다고 인정하는 때에는 반환 또는 인도하게 하거나 거부의 의사를 표시하도록 하여야 하며, 수사의 필요성이 있다고 인정하는 때에는 그 내용을 지체 없이 수사기관에 통보하여야 한다.

④ 소속기관장은 공직자등 또는 그 배우자가 수수 금지 금품등을 받거나 그 제공의 약속 또는 의사표시를 받은 사실을 알게 된 경우 수사의 필요성이 있다고 인정하는 때에는 그 내용을 지체 없이 수사기관에 통보하여야 한다.

⑤ 소속기관장은 소속 공직자등 또는 그 배우자가 수수 금지 금품등을 받거나 그 제공의 약속 또는 의사표시를 받은 사실을 알게 된 경우 또는 제1항부터 제4항까지의 규정에 따른 금품등의 신고, 금품등의 반환·인도 또는 수사기관에 대한 통보의 과정에서 직무의 수행에 지장이 있다고 인정하는 경우에는 해당 공직자등에게 제7조 제4항 각 호 및 같은 조 제5항의 조치를 할 수 있다.

⑥ 공직자등은 제1항 또는 같은 조 제2항 단서에 따른 신고나 인도를 감독기관·감사원·수사기관 또는 국민권익위원회에도 할 수 있다.

⑦ 소속기관장은 공직자등으로부터 제1항제2호

③ 법 제9조제1항에 따라 신고를 받은 소속기관장의 조사 결과에 대한 통보 기간 및 방법 등에 관하여는 제6조를 준용한다.

④ 소속기관장은 소속 공직자등의 수수 금지 금품등의 신고 내용과 확인 사항 및 처리내역을 기록하고 관리하여야 한다. 이 경우 기록·관리 및 보존에 관하여는 제16조를 준용한다.

제20조(감독기관 등의 수수 금지 금품등의 신고에 대한 조치 등) ① 공직자등이 법 제9조제6항에 따라 감독기관, 감사원 또는 수사기관에 수수 금지 금품등을 신고하려는 경우 제출하여야

에 따른 신고를 받은 경우 그 공직자등의 배우자가 반환을 거부하는 금품등이 수수 금지 금품등에 해당한다고 인정하는 때에는 그 공직자등의 배우자로 하여금 그 금품등을 제공자에게 반환하도록 요구하여야 한다.

⑧ 제1항부터 제7항까지에서 규정한 사항 외에 수수 금지 금품등의 신고 및 처리 등에 필요한 사항은 대통령령으로 정한다.

하는 서면의 기재 사항에 관하여는 제18조를 준용한다.

② 감독기관, 감사원 또는 수사기관이 법 제9조제6항에 따라 수수 금지 금품등을 신고 받은 경우 신고에 관한 확인 및 신고 내용의 보완에 관하여는 제4조를 준용한다.

③ 감독기관, 감사원 또는 수사기관은 법 제9조제6항에 따라 신고를 받은 경우에는 수수 금지 금품등의 신고의 내용에 관하여 필요한 조사등을 하여야 한다. 이 경우 조사등 결과에 대한 조치에 관하여는 제9조를 준용한다.

④ 법 제9조제6항에 따라 신고를 받은 감독기관, 감사원 또는 수사기관의 조사등 결과의 신고자에 대한 통보 기간 및 방법에 관하여는 제6조를 준용한다.

제21조(국민권익위원회의 수수 금지 금품등의 신고에 대한 조치 등) ① 공직자등이 법 제9조제6항에 따라 국민권익위원회에 수수 금지 금품등을 신고하려는 경우 제출하여야 하는 서면의 기재 사항에 관하여는 제18조를 준용한다.

② 국민권익위원회가 법 제9조제6항에 따라 수수 금지 금품등을 신고 받은 경우 신고에 관한 확인 및 신고 내용의 보완에 관하여는 제4조를 준용한다.

③ 국민권익위원회가 법 제9조제6항에 따라 신고를 받은 경우 신고의 이첩 또는 송부 방법 및 이첩 또는 송부의 처리결과에 대한 통보에 관하여는 제12조를 준용한다.

제22조(이첩·송부의 처리 등) 소속기관장, 감독기관, 감사원 또는 수사기관이 제21조제3항에 따라 준용되는 제12조제1항부터 제3항까지의 규정에 따라 수수 금지 금품등의 신고를 이첩 또는 송부받은 경우 이첩 또는 송부에 관한 조치 및 통보 방법에 관하여는 제13조를 준용한다.

제23조(종결처리 등) 소속기관장, 감독기관, 감사원, 수사기관 또는 국민권익위원회가 신고를 종결할 수 있는 경우에 관하여는 제14조를 준용한다.

제24조(인도받은 금품등의 처리) ① 소속기관장, 감독기관, 감사원, 수사기관 또는 국민권익위원회는 법 제9조제2항 단서 또는 같은 조 제6항에 따라 금품등을 인도받은 경우에는 즉시 사진으로 촬영하거나 영상으로 녹화하여야 한다.

② 법 제9조제6항에 따라 금품등을 인도받은 국민권익위원회는 제21조제3항에 따라 준용되는 제12조제1항부터 제3항까지의 규정에 따라

신고를 이첩 또는 송부하는 경우에는 인도받은 금품등과 제1항에 따라 촬영하거나 영상으로 녹화한 기록물을 첨부하여 이첩 또는 송부하여야 한다. 이 경우 이첩 또는 송부한 사실을 금품등을 인도한 자에게 통보하여야 한다.
③ 법 제9조제2항 단서, 같은 조 제6항 또는 이 조 제2항에 따라 금품등을 인도, 이첩 또는 송부받은 소속기관장, 감독기관, 감사원 또는 수사기관은 조사등을 한 결과, 인도·이첩 또는 송부받은 금품등이 수수 금지 금품등이 아닌 경우에는 다른 법령에 특별한 규정이 있는 경우를 제외하고 금품등을 인도한 자에게 반환한다.
④ 소속기관장, 감독기관, 감사원, 수사기관 또는 국민권익위원회는 인도받은 금품등이 멸실·부패·변질 등으로 인하여 제2항 또는 제3항에 따라 처리하기 어렵다고 판단되는 경우에는 금품등을 인도한 자의 동의를 받아 폐기처분한다.

제10조(외부강의등의 사례금 수수 제한) ① 공직자등은 자신의 직무와 관련되거나 그 지위·직책 등에서 유래되는 사실상의 영향력을 통하여 요청받은 교육·홍보·토론회·세미나·공청회 또는 그 밖의 회의 등에서 한 강의·강연·기고 등(이하 "외부강의등"이라 한다)의 대가로서 대통령령으로 정하는 금액을 초과하는 사례금을 받아서는 아니 된다.
② 공직자등은 외부강의등을 할 때에는 대통령령으로 정하는 바에 따라 외부강의등의 요청 명세 등을 소속기관장에게 미리 서면으로 신고하여야 한다. 다만, 외부강의등을 요청한 자가 국가나 지방자치단체인 경우에는 그러하지 아니하다.
③ 공직자등은 제2항 본문에 따라 외부강의등을 미리 신고하는 것이 곤란한 경우에는 그 외부강의등을 마친 날부터 2일 이내에 서면으로 신고하여야 한다.
④ 소속기관장은 제2항에 따라 공직자등이 신고한 외부강의등이 공정한 직무수행을 저해할 수 있다고 판단하는 경우에는 그 외부강의등을 제한할 수 있다.

⑤ 공직자등은 제1항에 따른 금액을 초과하는 사례금을 받은 경우에는 대통령령으로 정하는 바에 따라 소속기관장에게 신고하고, 제공자에게 그 초과금액을 지체 없이 반환하여야 한다.

제25조(수수가 제한되는 외부강의등의 사례금 상한액) 법 제10조제1항에서 "대통령령으로 정하는 금액"이란 별표 2에 따른 금액을 말한다.

제26조(외부강의등의 신고) ① 법 제10조제2항 본문에 따라 같은 조 제1항에 따른 외부강의등(이하 "외부강의등"이라 한다)을 신고하려는 공직자등은 다음 각 호의 사항을 적은 서면을 소속기관장에게 제출하여야 한다.
1. 신고자의 성명, 소속, 직급 및 연락처
2. 외부강의등의 유형, 일시, 강의시간 및 장소
3. 외부강의등의 주제
4. 사례금 총액 및 상세 명세(사례금을 받는 경우만 해당한다)
5. 외부강의등의 요청자(요청기관), 요청사유, 담당자 및 연락처
② 제1항에 따른 신고를 할 때 상세 명세 또는 사례금 총액 등을 미리 알 수 없는 경우에는 해당 사항을 제외한 사항을 신고한 후 외부강의등을 마친 날부터 2일 이내에 보완하여야 한다.
제27조(초과사례금의 신고방법 등) ① 공직자등은 법 제10조제1항에 따른 금액을 초과하는 사례금(이하 "초과사례금"이라 한다)을 받은 경우에는 법 제10조제5항에 따라 초과사례금을 받

은 사실을 안 날부터 2일 이내에 다음 각 호의 사항을 적은 서면으로 소속기관장에게 신고하여야 한다.

1. 제26조제1항에 따른 신고사항
2. 초과사례금의 액수 및 초과사례금의 반환 여부

② 제1항에 따른 신고를 받은 소속기관장은 초과사례금을 반환하지 아니한 공직자등에 대하여 신고사항을 확인한 후 7일 이내에 반환하여야 할 초과사례금의 액수를 산정하여 해당 공직자등에게 통지하여야 한다.

③ 제2항에 따라 통지를 받은 공직자등은 지체 없이 초과사례금(신고자가 초과사례금의 일부를 반환한 경우에는 그 차액으로 한정한다)을 제공자에게 반환하고 그 사실을 소속기관장에게 알려야 한다.

제28조(반환·인도 비용의 청구) 공직자등은 자신이나 자신의 배우자가 법 제9조제2항 또는 제6항에 따라 금품등을 반환 또는 인도하거나 법 제10조제5항에 따라 초과사례금을 반환한 경우에는 소속기관장에게 증명자료를 첨부하여 반환하는 데 든 비용을 청구할 수 있다.

제11조(공무수행사인의 공무 수행과 관련된 행위제한 등) ① 다음 각 호의 어느 하나에 해당하는 자(이하 "공무수행사인"이라 한다)의 공무 수행에 관하여는 제5조부터 제9조까지를 준용한다.

1. 「행정기관 소속 위원회의 설치·운영에 관한 법률」 또는 다른 법령에 따라 설치된 각종 위원회의 위원 중 공직자가 아닌 위원
2. 법령에 따라 공공기관의 권한을 위임·위탁받은 법인·단체 또는 그 기관이나 개인
3. 공무를 수행하기 위하여 민간부문에서 공공기관에 파견 나온 사람
4. 법령에 따라 공무상 심의·평가 등을 하는 개인 또는 법인·단체

② 제1항에 따라 공무수행사인에 대하여 제5조부터 제9조까지를 준용하는 경우 "공직자등"은 "공무수행사인"으로 보고, "소속기관장"은 "다음 각 호의 구분에 따른 자"로 본다.

1. 제1항제1호에 따른 위원회의 위원: 그 위원회가 설치된 공공기관의 장
2. 제1항제2호에 따른 법인·단체 또는 그 기관이나 개인: 감독기관 또는 권한을 위임하거나 위탁한 공공기관의 장
3. 제1항제3호에 따른 사람: 파견을 받은 공공기

관의 장

4. 제1항제4호에 따른 개인 또는 법인·단체: 해당 공무를 제공받는 공공기관의 장

제4장 부정청탁 등 방지에 관한 업무의 총괄 등

제12조(공직자등의 부정청탁 등 방지에 관한 업무의 총괄) 국민권익위원회는 이 법에 따른 다음 각 호의 사항에 관한 업무를 관장한다.

1. 부정청탁의 금지 및 금품등의 수수 금지·제한 등에 관한 제도개선 및 교육·홍보계획의 수립 및 시행

2. 부정청탁 등에 관한 유형, 판단기준 및 그 예방 조치 등에 관한 기준의 작성 및 보급

3. 부정청탁 등에 대한 신고 등의 안내·상담·접수·처리 등

4. 신고자 등에 대한 보호 및 보상

5. 제1호부터 제4호까지의 업무 수행에 필요한 실태조사 및 자료의 수집·관리·분석 등

제13조(위반행위의 신고 등) ① 누구든지 이 법의 위반행위가 발생하였거나 발생하고 있다는 사실을 알게 된 경우에는 다음 각 호의 어느 하나에 해당하는 기관에 신고할 수 있다.

1. 이 법의 위반행위가 발생한 공공기관 또는 그 감독기관

2. 감사원 또는 수사기관

3. 국민권익위원회

② 제1항에 따른 신고를 한 자가 다음 각 호의 어느 하나에 해당하는 경우에는 이 법에 따른 보호 및 보상을 받지 못한다.

1. 신고의 내용이 거짓이라는 사실을 알았거나 알 수 있었음에도 신고한 경우

2. 신고와 관련하여 금품등이나 근무관계상의 특혜를 요구한 경우

3. 그 밖에 부정한 목적으로 신고한 경우

③ 제1항에 따라 신고를 하려는 자는 자신의 인적사항과 신고의 취지·이유·내용을 적고 서명한 문서와 함께 신고 대상 및 증거 등을 제출하여야 한다.

제14조(신고의 처리) ① 제13조 제1항제1호 또는 제2호의 기관(이하 "조사기관"이라 한다)은 같은 조 제1항에 따라 신고를 받거나 제2항에 따라 국민권익위원회로부터 신고를 이첩받은 경우에는 그 내용에 관하여 필요한 조사·감사 또

제4장 부정청탁 등 방지에 관한 업무의 총괄 등

제29조(법 위반행위의 신고) 누구든지 법 제13조제1항에 따라 법의 위반행위가 발생하였거나 발생하고 있다는 사실을 신고하려는 경우 다음 각 호의 사항을 적은 서면을 법 위반행위가 발생한 공공기관, 감독기관, 감사원, 수사기관(이하 "조사기관"이라 한다) 또는 국민권익위원회에 제출하여야 한다.

1. 신고자의 인적사항

가. 성명, 주민등록번호, 주소, 직업 및 연락처

나. 그 밖에 신고자를 확인할 수 있는 인적사항

2. 법 위반행위자의 인적사항

가. 개인인 경우: 성명, 연락처, 직업 등 법 위반행위자를 확인할 수 있는 인적사항

나. 법인 또는 단체의 대표자인 경우: 가목의 사항 및 법인 또는 단체의 명칭·소재지

다. 법인·단체 또는 개인의 대리인, 사용인, 그 밖의 종업원인 경우: 가목의 사항, 법인·단체 또는 개인의 명칭·소재지 및 대표자의 성명

3. 신고의 경위 및 이유

4. 법 위반행위가 발생한 일시, 장소 및 내용

5. 법 위반행위 내용을 입증할 수 있는 증거자료(증거자료를 확보한 경우만 해당한다)

제30조(조사기관의 법 위반행위의 신고에 대한 확인 등) ① 법 제13조제1항에 따라 신고를 받은 조사기관은 다음 각 호의 사항을 확인할 수 있다.

1. 제29조 각 호의 사항 등 신고 내용을 특정하

는 수사를 하여야 한다.

② 국민권익위원회가 제13조 제1항에 따른 신고를 받은 경우에는 그 내용에 관하여 신고자를 상대로 사실관계를 확인한 후 대통령령으로 정하는 바에 따라 조사기관에 이첩하고, 그 사실을 신고자에게 통보하여야 한다.

③ 조사기관은 제1항에 따라 조사·감사 또는 수사를 마친 날부터 10일 이내에 그 결과를 신고자와 국민권익위원회에 통보(국민권익위원회로부터 이첩받은 경우만 해당한다)하고, 조사·감사 또는 수사 결과에 따라 공소 제기, 과태료 부과 대상 위반행위의 통보, 징계 처분 등 필요한 조치를 하여야 한다.

④ 국민권익위원회는 제3항에 따라 조사기관으로부터 조사·감사 또는 수사 결과를 통보받은 경우에는 지체 없이 신고자에게 조사·감사 또는 수사 결과를 알려야 한다.

⑤ 제3항 또는 제4항에 따라 조사·감사 또는 수사 결과를 통보받은 신고자는 조사기관에 이의신청을 할 수 있으며, 제4항에 따라 조사·감사 또는 수사 결과를 통지받은 신고자는 국민권익위원회에도 이의신청을 할 수 있다.

⑥ 국민권익위원회는 조사기관의 조사·감사 또는 수사 결과가 충분하지 아니하다고 인정되는 경우에는 조사·감사 또는 수사 결과를 통보받은 날부터 30일 이내에 새로운 증거자료의 제출 등 합리적인 이유를 들어 조사기관에 재조사를 요구할 수 있다.

⑦ 제6항에 따른 재조사를 요구받은 조사기관은 재조사를 종료한 날부터 7일 이내에 그 결과를 국민권익위원회에 통보하여야 한다. 이 경우 국민권익위원회는 통보를 받은 즉시 신고자에게 재조사 결과의 요지를 알려야 한다.

는 데 필요한 사항

2. 신고 내용을 입증할 수 있는 참고인, 증거자료 등의 확보 여부

3. 다른 기관에 동일한 내용으로 신고를 하였는지 여부

4. 신고자가 신고처리과정에서 그 신분을 밝히거나 암시하는 것(이하 "신분공개"라 한다)에 동의하는지 여부

② 조사기관은 제1항제4호에 따라 신분공개에 동의하는지 여부를 확인하는 경우에는 신고의 처리 절차 및 신분공개 절차에 관하여 신고자에게 설명하여야 한다.

③ 조사기관은 법 제13조제1항에 따른 신고가 이 조 제1항제1호에 따른 신고 내용을 특정하는 데 필요한 사항을 갖추지 못한 경우에는 적정한 기간을 정하여 신고자로 하여금 그 사항을 보완하게 할 수 있다.

제31조(조사기관의 법 위반행위의 신고에 대한 조치 등) 조사기관이 법 제13조제1항에 따라 신고를 받은 경우 법 위반행위의 신고에 대한 조사등 결과에 대한 조치 사항, 통보 기간 및 방법 등에 관하여는 제5조, 제6조 및 제9조를 준용한다.

제32조(국민권익위원회의 법 위반행위의 신고에 대한 확인) 법 제13조제1항에 따라 신고를 받은 국민권익위원회의 신고에 관한 확인 사항, 신고자에 대한 설명 및 신고 내용의 보완에 관하여는 제30조를 준용한다.

제33조(국민권익위원회의 법 위반행위의 신고의 처리 등) ① 법 제13조제1항에 따라 신고를 받은 국민권익위원회는 신고를 받은 날(신고 내용의 보완이 필요한 경우에는 제30조제3항에 따라 보완된 날을 말한다)부터 60일 이내에 제30조제1항 각 호의 사항을 확인한 후 다음 각 호의 구분에 따른 기관에 이첩하여야 한다.

1. 범죄의 혐의가 있거나 수사의 필요성이 있다고 인정되는 경우: 수사기관

2. 「감사원법」에 따른 감사가 필요하다고 인정되는 경우: 감사원

3. 제1호 또는 제2호 외의 경우: 소속기관 또는 감독기관

② 국민권익위원회는 신고내용이 여러 기관과 관련되는 경우에는 소속기관, 감독기관, 감사원 또는 수사기관 중에서 주관 기관을 지정하여 이첩할 수 있다. 이 경우 주관 기관은 상호 협조를 통하여 신고사항이 일괄 처리되도록 하여야

한다.

③ 국민권익위원회는 법 제13조제1항에 따라 접수받은 신고가 다음 각 호의 사항에 모두 해당하는 경우에는 소속기관장, 감독기관, 감사원 또는 수사기관에 송부할 수 있다.

1. 제1항에 따른 이첩 대상인지가 명백하지 아니한 경우

2. 제14조제1항에 따른 종결처리의 대상인지가 명백하지 아니한 경우

④ 국민권익위원회는 제1항부터 제3항까지의 규정에 따라 이첩하거나 송부하는 경우에는 제30조제1항 각 호의 확인 사항(신고자가 신분공개에 동의하지 아니한 경우 신고자의 인적사항은 제외한다)을 첨부하여 이첩하거나 송부하고, 이첩 또는 송부 사실을 신고자에게 통보하여야 한다.

⑤ 국민권익위원회는 제34조제2항에 따라 조사기관으로부터 조사등 결과를 통보받은 경우 지체 없이 신분공개에 동의하지 아니한 신고자에게 조사등 결과를 서면으로 통보하여야 한다.

제34조(조사기관의 이첩·송부의 처리) ① 조사기관은 제33조제1항부터 제3항까지의 규정에 따라 법 위반행위 신고를 이첩 또는 송부받은 경우 신고의 내용에 대하여 필요한 조사등을 하고, 다음 각 호의 구분에 따라 조사등 결과에 대한 조치를 하여야 한다.

1. 소속기관장의 조치

가. 범죄의 혐의가 있거나 수사의 필요성이 있다고 인정되는 경우: 수사기관에 통보

나. 과태료 부과 대상인 경우: 과태료 관할법원에 통보

다. 징계 대상인 경우: 징계절차의 진행

2. 감독기관 또는 감사원의 조치

가. 범죄의 혐의가 있거나 수사의 필요성이 있다고 인정되는 경우: 수사기관에 통보

나. 과태료 부과 대상이거나 징계의 필요성이 있는 경우: 소속기관에 통보

3. 수사기관의 조치

가. 범죄의 혐의가 있거나 수사의 필요성이 있다고 인정되는 경우: 수사절차의 진행

나. 과태료 부과 대상이거나 징계의 필요성이 있는 경우: 소속기관에 통보

② 조사기관은 법 위반행위 신고를 이첩 또는 송부받은 경우 조사등을 마친 날부터 10일 이내에 조사등의 결과를 신고자(신고자가 신분공개에 동의하지 아니하여 신고자의 인적사항을 제

외하고 신고를 이첩 또는 송부받은 경우는 제외한다) 및 국민권익위원회에 서면으로 통보하여야 한다.

③ 조사기관이 제2항에 따라 통보하는 조사등 결과에는 다음 각 호의 사항이 포함되어야 한다.

1. 신고사항의 처리결과 및 처리이유

2. 신고사항과 관련하여 신고자 및 국민권익위원회가 알아야 할 필요가 있는 사항

제35조(종결처리 등) 소속기관장, 감독기관, 감사원, 수사기관 또는 국민권익위원회가 신고를 종결할 수 있는 경우에 관하여는 제14조를 준용한다.

제36조(법 위반행위의 신고처리 결과에 대한 이의신청) ① 신고자는 법 제14조제5항에 따라 이의신청을 하려는 경우에는 같은 조 제3항 또는 제4항에 따라 조사등에 대한 결과를 통보받은 날부터 7일 이내에 이의신청의 경위와 이유를 적은 신청서에 필요한 자료를 첨부하여 서면으로 신청할 수 있다.

② 법 제14조제5항에 따라 이의신청을 받은 조사기관 또는 국민권익위원회는 이의신청을 받은 날부터 30일 이내에 이의신청에 대한 결정을 통지하여야 한다.

③ 제2항에 따른 이의신청에 대한 결정의 통지와 법 제14조제7항에 따른 재조사 결과의 통지에 대해서는 다시 이의신청을 할 수 없다.

제37조(수사 개시·종료의 통보) 수사기관은 법 위반행위에 따른 신고 등에 따라 범죄 혐의가 있다고 인식하여 수사를 시작한 때와 이를 마친 때에는 10일 이내에 그 사실을 해당 공직자등이 소속한 공공기관에 통보하여야 한다.

제38조(신분보호 조치 등) 조사기관은 신고자가 신분공개에 동의하지 아니하고 신고한 경우 조사등의 과정에서 신고자의 신분이 공개되지 아니하도록 필요한 조치를 하여야 한다.

제39조(청렴자문위원회의 구성·운영) ① 공공기관의 장은 다음 각 호의 사항에 관한 검토를 위하여 청렴자문위원회를 둘 수 있다.

1. 법 제7조제7항에 따른 부정청탁의 공개에 관한 사항

2. 법 제7조, 제9조 및 제14조에 따른 부정청탁 및 수수 금지 금품등의 신고의 처리 및 조치 등에 관한 사항

3. 제40조에 따른 포상금 지급 대상자 추천에 관한 사항

제15조(신고자등의 보호·보상) ① 누구든지 다음 각 호의 어느 하나에 해당하는 신고 등(이하 "신고등"이라 한다)을 하지 못하도록 방해하거나 신고등을 한 자(이하 "신고자등"이라 한다)에게 이를 취소하도록 강요해서는 아니 된다.
1. 제7조제2항 및 제6항에 따른 신고
2. 제9조제1항, 같은 조 제2항 단서 및 같은 조 제6항에 따른 신고 및 인도
3. 제13조제1항에 따른 신고
4. 제1호부터 제3호까지에 따른 신고를 한 자 외에 협조를 한 자가 신고에 관한 조사·감사·수사·소송 또는 보호조치에 관한 조사·소송 등에서 진술·증언 및 자료제공 등의 방법으로 조력하는 행위

② 누구든지 신고자등에게 신고등을 이유로 불이익조치(「공익신고자 보호법」 제2조제6호에 따른 불이익조치를 말한다. 이하 같다)를 해서는 아니 된다.
③ 이 법에 따른 위반행위를 한 자가 위반사실을 자진하여 신고하거나 신고자등이 신고등을 함으로 인하여 자신이 한 이 법 위반행위가 발견된 경우에는 그 위반행위에 대한 형사처벌, 과태료 부과, 징계처분, 그 밖의 행정처분 등을 감경하거나 면제할 수 있다.
④ 제1항부터 제3항까지에서 규정한 사항 외에 신고자등의 보호 등에 관하여는 「공익신고자 보호법」 제11조부터 제13조까지, 제14조제3항부터 제5항까지 및 제16조부터 제25조까지의 규정을 준용한다. 이 경우 "공익신고자등"은 "신고자등"으로, "공익신고등"은 "신고등"으로 본다.
⑤ 국민권익위원회는 제13조제1항에 따른 신고로 인하여 공공기관에 재산상 이익을 가져오거나 손실을 방지한 경우 또는 공익의 증진을 가져온 경우에는 그 신고자에게 포상금을 지급할 수 있다.
⑥ 국민권익위원회는 제13조제1항에 따른 신고로 인하여 공공기관에 직접적인 수입의 회복·증대 또는 비용의 절감을 가져온 경우에는 그 신고자의 신청에 의하여 보상금을 지급하여야

4. 그 밖에 법 시행을 위하여 공공기관의 장이 필요하다고 인정하는 사항
② 제1항에 따른 청렴자문위원회의 구성·운영에 필요한 세부적인 사항은 해당 공공기관의 장이 정한다.

제40조(포상금 지급 대상자 추천 등) ① 조사기관은 법 위반행위 신고자 중에서 법 제15조제5항에 따른 포상금 지급 대상에 해당하는 자가 있는 경우에는 국민권익위원회에 대상자를 추천할 수 있다.
② 제1항에 따라 추천을 하는 조사기관은 국민권익위원회가 포상금 지급사유를 확인할 수 있도록 관련 자료를 함께 제출하여야 한다.
③ 국민권익위원회는 제1항에 따라 추천을 받은

한다.
⑦ 제5항과 제6항에 따른 포상금·보상금 신청 및 지급 등에 관하여는 「부패방지 및 국민권익위원회의 설치와 운영에 관한 법률」 제68조부터 제71조까지의 규정을 준용한다. 이 경우 "부패행위의 신고자"는 "제13조제1항에 따라 신고를 한 자"로, "이 법에 따른 신고"는 "제13조제1항에 따른 신고"로 본다.

제16조(위법한 직무처리에 대한 조치) 공공기관의 장은 공직자등이 직무수행 중에 또는 직무수행 후에 제5조, 제6조 및 제8조를 위반한 사실을 발견한 경우에는 해당 직무를 중지하거나 취소하는 등 필요한 조치를 하여야 한다.
제17조(부당이득의 환수) 공공기관의 장은 제5조, 제6조, 제8조를 위반하여 수행한 공직자등의 직무가 위법한 것으로 확정된 경우에는 그 직무의 상대방에게 이미 지출·교부된 금액 또는 물건이나 그 밖에 재산상 이익을 환수하여야 한다.
제18조(비밀누설 금지) 다음 각 호의 어느 하나에 해당하는 업무를 수행하거나 수행하였던 공직자등은 그 업무처리 과정에서 알게 된 비밀을 누설해서는 아니 된다. 다만, 제7조제7항에 따라 공개하는 경우에는 그러하지 아니하다.

경우 포상금 지급을 위하여 조사기관, 이해관계자 및 참고인 등을 상대로 포상금 지급사유를 확인할 수 있다.
④ 국민권익위원회는 제1항에 따라 추천을 받은 경우 외에도 필요한 경우에는 포상금 지급 대상자를 선정하여 포상금을 지급할 수 있다.

제41조(정보시스템의 구축·운영 등) ① 국민권익위원회는 법 제12조에 따른 업무의 효율적인 운영을 위하여 정보시스템을 구축·운영할 수 있다.
② 국민권익위원회는 공공기관의 장으로 하여금 법 제12조에 따른 업무 수행에 필요한 자료를 제1항에 따른 정보시스템에 입력을 하도록 요청할 수 있다.
제42조(교육 등) ① 공공기관의 장은 법 제19조제1항에 따라 매년 부정청탁 금지 및 금품등 수수의 금지에 관한 교육계획을 수립하여야 한다.
② 제1항에 따른 교육계획에는 교육의 대상·내용·방법 등이 포함되어야 한다.
③ 공공기관의 장은 법 제19조제1항에 따라 공직자등에게 연 1회 이상 교육을 실시하여야 하고, 부정청탁 금지 및 금품등 수수의 금지에 관한 법령을 준수할 것을 약속하는 서약서를 매년 받아야 한다.
④ 국민권익위원회는 법 제19조제3항에 따른 지원을 위하여 전문강사 양성, 표준교재 및 강의안 개발·보급, 청렴연수원 집합교육 운영 등 지원 방안을 수립·시행할 수 있다.

1. 제7조에 따른 부정청탁의 신고 및 조치에 관한 업무
2. 제9조에 따른 수수 금지 금품등의 신고 및 처리에 관한 업무

제19조(교육과 홍보 등) ① 공공기관의 장은 공직자등에게 부정청탁 금지 및 금품등의 수수 금지에 관한 내용을 정기적으로 교육하여야 하며, 이를 준수할 것을 약속하는 서약서를 받아야 한다.

② 공공기관의 장은 이 법에서 금지하고 있는 사항을 적극적으로 알리는 등 국민들이 이 법을 준수하도록 유도하여야 한다.

③ 공공기관의 장은 제1항 및 제2항에 따른 교육 및 홍보 등의 실시를 위하여 필요하면 국민권익위원회에 지원을 요청할 수 있다. 이 경우 국민권익위원회는 적극 협력하여야 한다.

제20조(부정청탁 금지 등을 담당하는 담당관의 지정) 공공기관의 장은 소속 공직자등 중에서 다음 각 호의 부정청탁 금지 등을 담당하는 담당관을 지정하여야 한다.
1. 부정청탁 금지 및 금품등의 수수 금지에 관한 내용의 교육·상담
2. 이 법에 따른 신고·신청의 접수, 처리 및 내용의 조사
3. 이 법에 따른 소속기관장의 위반행위를 발견한 경우 법원 또는 수사기관에 그 사실의 통보

제5장 징계 및 벌칙

제21조(징계) 공공기관의 장 등은 공직자등이 이 법 또는 이 법에 따른 명령을 위반한 경우에는 징계처분을 하여야 한다.

제43조(징계기준) 공공기관의 장은 법 제21조에 따른 징계를 위하여 위반행위의 유형, 비위 정도, 과실의 경중 등을 고려하여 세부적인 기준을 마련하여야 한다.

제44조(고유식별정보 등의 처리) 공공기관의 장은 다음 각 호의 사무를 수행하기 위하여 불가피한 경우 「개인정보 보호법」 제23조에 따른 민감정보, 같은 법 시행령 제19조제1호, 제2호 및 제4호에 따른 주민등록번호, 여권번호 및 외국인등록번호가 포함된 자료를 처리할 수 있다.
1. 법 제7조 및 제9조에 따른 부정청탁 및 수수 금지 금품등의 신고·처리 등에 관한 사무
2. 법 제10조에 따른 외부강의등의 신고·처리 등에 관한 사무
3. 법 제13조 및 제14조에 따른 법 위반행위의 신고·처리 등에 관한 사무
4. 법 제15조에 따른 신고자등의 보호·보상에

제22조(벌칙) ① 다음 각 호의 어느 하나에 해당하는 자는 3년 이하의 징역 또는 3천만원 이하의 벌금에 처한다.
1. 제8조제1항을 위반한 공직자등(제11조에 따라 준용되는 공무수행사인을 포함한다). 다만, 제9조제1항·제2항 또는 제6항에 따라 신고하거나 그 수수 금지 금품등을 반환 또는 인도하거나 거부의 의사를 표시한 공직자등은 제외한다.
2. 자신의 배우자가 제8조제4항을 위반하여 같은 조 제1항에 따른 수수 금지 금품등을 받거나 요구하거나 제공받기로 약속한 사실을 알고도 제9조제1항제2호 또는 같은 조 제6항에 따라 신고하지 아니한 공직자등(제11조에 따라 준용되는 공무수행사인을 포함한다). 다만, 공직자등 또는 배우자가 제9조제2항에 따라 수수 금지 금품등을 반환 또는 인도하거나 거부의 의사를 표시한 경우는 제외한다.
3. 제8조제5항을 위반하여 같은 조 제1항에 따른 수수 금지 금품등을 공직자등(제11조에 따라 준용되는 공무수행사인을 포함한다) 또는 그 배우자에게 제공하거나 그 제공의 약속 또는 의사표시를 한 자
4. 제15조제4항에 따라 준용되는 「공익신고자 보호법」 제12조제1항을 위반하여 신고자등의 인적사항이나 신고자등임을 미루어 알 수 있는 사실을 다른 사람에게 알려주거나 공개 또는 보도한 자
5. 제18조를 위반하여 그 업무처리 과정에서 알게 된 비밀을 누설한 공직자등
② 다음 각 호의 어느 하나에 해당하는 자는 2년 이하의 징역 또는 2천만원 이하의 벌금에 처한다.
1. 제6조를 위반하여 부정청탁을 받고 그에 따라 직무를 수행한 공직자등(제11조에 따라 준용

관한 사무
5. 법 제17조에 따른 부당이득의 환수에 관한 사무
제45조(규제의 재검토) 국민권익위원회는 다음 각 호의 사항에 대하여 2018년 12월 31일까지 그 타당성을 검토하여 개선 등의 조치를 하여야 한다.
1. 제17조 및 별표 1에 따른 사교·의례 등 목적으로 제공되는 음식물·경조사비·선물 등의 가액 범위
2. 제25조 및 별표 2에 따른 수수가 제한되는 외부강의등의 사례금 상한액

되는 공무수행사인을 포함한다)

2. 제15조제2항을 위반하여 신고자등에게 「공익신고자 보호법」 제2조제6호가목에 해당하는 불이익조치를 한 자

3. 제15조제4항에 따라 준용되는 「공익신고자 보호법」 제21조제2항에 따라 확정되거나 행정소송을 제기하여 확정된 보호조치결정을 이행하지 아니한 자

③ 다음 각 호의 어느 하나에 해당하는 자는 1년 이하의 징역 또는 1천만원 이하의 벌금에 처한다.

1. 제15조제1항을 위반하여 신고등을 방해하거나 신고등을 취소하도록 강요한 자

2. 제15조제2항을 위반하여 신고자등에게 「공익신고자 보호법」 제2조제6호나목부터 사목까지의 어느 하나에 해당하는 불이익조치를 한 자

④ 제1항제1호부터 제3호까지의 규정에 따른 금품등은 몰수한다. 다만, 그 금품등의 전부 또는 일부를 몰수하는 것이 불가능한 경우에는 그 가액을 추징한다.

제23조(과태료 부과) ① 다음 각 호의 어느 하나에 해당하는 자에게는 3천만원 이하의 과태료를 부과한다.

1. 제5조제1항을 위반하여 제3자를 위하여 다른 공직자등(제11조에 따라 준용되는 공무수행사인을 포함한다)에게 부정청탁을 한 공직자등(제11조에 따라 준용되는 공무수행사인을 포함한다). 다만, 「형법」 등 다른 법률에 따라 형사처벌을 받은 경우에는 과태료를 부과하지 아니하며, 과태료를 부과한 후 형사처벌을 받은 경우에는 그 과태료 부과를 취소한다.

2. 제15조제4항에 따라 준용되는 「공익신고자 보호법」 제19조제2항 및 제3항(같은 법 제22조제3항에 따라 준용되는 경우를 포함한다)을 위반하여 자료 제출, 출석, 진술서의 제출을 거부한 자

② 제5조제1항을 위반하여 제3자를 위하여 공직자등(제11조에 따라 준용되는 공무수행사인을 포함한다)에게 부정청탁을 한 자(제1항제1호에 해당하는 자는 제외한다)에게는 2천만원 이하의 과태료를 부과한다. 다만, 「형법」 등 다른 법률에 따라 형사처벌을 받은 경우에는 과태료를 부과하지 아니하며, 과태료를 부과한 후 형사처벌을 받은 경우에는 그 과태료 부과를 취소한다.

③ 제5조제1항을 위반하여 제3자를 통하여 공직자등(제11조에 따라 준용되는 공무수행사인을

포함한다)에게 부정청탁을 한 자(제1항제1호 및 제2항에 해당하는 자는 제외한다)에게는 1천만원 이하의 과태료를 부과한다. 다만, 「형법」 등 다른 법률에 따라 형사처벌을 받은 경우에는 과태료를 부과하지 아니하며, 과태료를 부과한 후 형사처벌을 받은 경우에는 그 과태료 부과를 취소한다.

④ 제10조제5항에 따른 신고 및 반환 조치를 하지 아니한 공직자등에게는 500만원 이하의 과태료를 부과한다.

⑤ 다음 각 호의 어느 하나에 해당하는 자에게는 그 위반행위와 관련된 금품등 가액의 2배 이상 5배 이하에 상당하는 금액의 과태료를 부과한다. 다만, 제22조제1항제1호부터 제3호까지의 규정이나 「형법」 등 다른 법률에 따라 형사처벌(몰수나 추징을 당한 경우를 포함한다)을 받은 경우에는 과태료를 부과하지 아니하며, 과태료를 부과한 후 형사처벌을 받은 경우에는 그 과태료 부과를 취소한다.

1. 제8조제2항을 위반한 공직자등(제11조에 따라 준용되는 공무수행사인을 포함한다). 다만, 제9조제1항·제2항 또는 제6항에 따라 신고하거나 그 수수 금지 금품등을 반환 또는 인도하거나 거부의 의사를 표시한 공직자등은 제외한다.

2. 자신의 배우자가 제8조제4항을 위반하여 같은 조 제2항에 따른 수수 금지 금품등을 받거나 요구하거나 제공받기로 약속한 사실을 알고도 제9조제1항제2호 또는 같은 조 제6항에 따라 신고하지 아니한 공직자등(제11조에 따라 준용되는 공무수행사인을 포함한다). 다만, 공직자등 또는 배우자가 제9조제2항에 따라 수수 금지 금품등을 반환 또는 인도하거나 거부의 의사를 표시한 경우는 제외한다.

3. 제8조제5항을 위반하여 같은 조 제2항에 따른 수수 금지 금품등을 공직자등(제11조에 따라 준용되는 공무수행사인을 포함한다) 또는 그 배우자에게 제공하거나 그 제공의 약속 또는 의사표시를 한 자

⑥ 제1항부터 제5항까지의 규정에도 불구하고 「국가공무원법」, 「지방공무원법」 등 다른 법률에 따라 징계부가금 부과의 의결이 있은 후에는 과태료를 부과하지 아니하며, 과태료가 부과된 후에는 징계부가금 부과의 의결을 하지 아니한다.

⑦ 소속기관장은 제1항부터 제5항까지의 과태료 부과 대상자에 대해서는 그 위반 사실을 「비

송사건절차법」에 따른 과태료 재판 관할법원에 통보하여야 한다.

제24조(양벌규정) 법인 또는 단체의 대표자나 법인·단체 또는 개인의 대리인, 사용인, 그 밖의 종업원이 그 법인·단체 또는 개인의 업무에 관하여 제22조제1항제3호[금품등의 제공자가 공직자등(제11조에 따라 제8조가 준용되는 공무수행사인을 포함한다)인 경우는 제외한다], 제23조제2항, 제23조제3항 또는 제23조제5항제3호[금품등의 제공자가 공직자등(제11조에 따라 제8조가 준용되는 공무수행사인을 포함한다)인 경우는 제외한다]의 위반행위를 하면 그 행위자를 벌하는 외에 그 법인·단체 또는 개인에게도 해당 조문의 벌금 또는 과태료를 과한다. 다만, 법인·단체 또는 개인이 그 위반행위를 방지하기 위하여 해당 업무에 관하여 상당한 주의와 감독을 게을리하지 아니한 경우에는 그러하지 아니하다.

부칙 〈제13278호, 2015.3.27.〉

제1조(시행일) 이 법은 공포 후 1년 6개월이 경과한 날부터 시행한다.
제2조(수수 금지 금품등의 신고에 관한 적용례) 제9조제1항은 이 법 시행 후 같은 항 각 호의 행위가 발생한 경우부터 적용한다.
제3조(외부강의등의 사례금 수수 제한에 관한 적용례) 제10조제1항은 이 법 시행 후 하는 외부강의등부터 적용한다.

부칙 〈제14183호, 2016.5.29.〉

제1조(시행일) 이 법은 공포 후 6개월이 경과한 날부터 시행한다. 〈단서 생략〉
제2조부터 제4조까지 생략
제5조(다른 법률의 개정) ①부터 ⑪까지 생략
⑫ 법률 13278호 부정청탁 및 금품등 수수의 금지에 관한 법률 일부를 다음과 같이 개정한다.
제5조제1항제11호 중 "징병검사"를 "병역판정검사"로 한다.
⑬부터 ㉒까지 생략

부칙 〈제27490호, 2016.9.8.〉

이 영은 2016년 9월 28일부터 시행한다.

시행령 [별표 1]

음식물·경조사비·선물 등의 가액 범위(제17조 관련)

구　분	가액 범위
1. 음식물: 제공자와 공직자등이 함께 하는 식사, 다과, 주류, 음료, 　그 밖에 이에 준하는 것	3만원
2. 경조사비: 축의금, 조의금 등 각종 부조금과 부조금을 대신하는 화환· 　조화, 그 밖에 이에 준하는 것	10만원
3. 선물: 금전 및 제1호에 따른 음식물을 제외한 일체의 물품 또는 유가증권, 　그 밖에 이에 준하는 것	5만원

비　고
가. 제1호의 음식물, 제2호의 경조사비 및 제3호의 선물의 각각의 가액 범위는 각 호의 구분란에
　해당하는 것을 모두 합산한 금액으로 한다.
나. 제1호의 음식물과 제3호의 선물을 함께 수수한 경우에는 그 가액을 합산한다. 이 경우 가액
　범위는 5만원으로 하되, 제1호 또는 제3호의 가액 범위를 각각 초과해서는 안 된다.
다. 제1호의 음식물과 제2호의 경조사비를 함께 수수한 경우 및 제2호의 경조사비와 제3호의 선
　물을 함께 수수한 경우에는 각각 그 가액을 합산한다. 이 경우 가액 범위는 10만원으로 하
　되, 제1호부터 제3호까지의 규정에 따른 가액 범위를 각각 초과해서는 안 된다.
라. 제1호의 음식물, 제2호의 경조사비 및 제3호의 선물을 함께 수수한 경우에는 그 가액을 합산
　한다. 이 경우 가액 범위는 10만원으로 하되, 제1호부터 제3호까지의 규정에 따른 가액 범위
　를 각각 초과해서는 안 된다.

시행령 [별표 2]

외부강의등 사례금 상한액(제25조 관련)

1. 공직자등별 사례금 상한액

가. 법 제2조제2호가목에 따른 공직자등

구분	장관급 이상	차관급	4급 이상	5급 이하
상한액	50만원	40만원	30만원	20만원

나. 법 제2조제2호나목에 따른 공직자등

구분	기관장	임원	그 외 직원
상한액	40만원	30만원	20만원

다. 법 제2조제2호다목 및 라목에 따른 공직자등(법 제2조제2호가목 또는 나목에 따른 공직자등에도 해당하는 경우에는 가목 또는 나목에 따른다): 100만원

라. 가목부터 다목까지의 규정에도 불구하고 국제기구, 외국정부, 외국대학, 외국연구기관, 외국학술단체, 그 밖에 이에 준하는 외국기관에서 지급하는 외부강의등의 사례금 상한액은 사례금을 지급하는 자의 지급기준에 따른다.

2. 적용기준

가. 제1호가목에 따른 공직자등의 제1호가목 표에 따른 직급 구분은 해당 공직자등에 대하여 적용되는 「공무원임용령」, 「지방공무원 임용령」 등 임용관련법령에 따른다. 다만, 임용관련법령에서 제1호가목 표에 따른 직급 구분이 명확하게 규정되어 있지 않은 공직자등에 대해서는 해당 공직자등에 대하여 적용되는 「공무원보수규정」, 「지방공무원 보수규정」, 「공무원수당 등에 관한 규정」, 「지방공무원 수당 등에 관한 규정」 등 보수관련법령 또는 「공무원 여비 규정」 등 여비관련법령의 직급 구분에 따른다.

나. 가목에도 불구하고 제1호가목 표에 따른 직급 구분이 명확하지 않은 공직자
등에 대해서는 해당 공직자등에 대하여 적용되는 임용관련법령, 보수관련법
령 및 여비관련법령을 종합적으로 고려하여 국민권익위원회가 정하여 고시
한다.

다. 제1호가목부터 다목까지의 상한액은 강의 등의 경우 1시간당, 기고의 경우 1
건당 상한액으로 한다.

라. 제1호가목 및 나목에 따른 공직자등은 1시간을 초과하여 강의 등을 하는 경
우에도 사례금 총액은 강의시간에 관계없이 1시간 상한액의 100분의 150에
해당하는 금액을 초과하지 못한다.

마. 제1호가목부터 다목까지의 상한액에는 강의료, 원고료, 출연료 등 명목에 관
계없이 외부강의등 사례금 제공자가 외부강의등과 관련하여 공직자등에게
제공하는 일체의 사례금을 포함한다.

바. 마목에도 불구하고 공직자등이 소속기관에서 교통비, 숙박비, 식비 등 여비를
지급받지 못한 경우에는 「공무원 여비 규정」 등 공공기관별로 적용되는 여비
규정의 기준 내에서 실비수준으로 제공되는 교통비, 숙박비 및 식비는 제1호
의 사례금에 포함되지 않는다.

부록 2. 2017. 1. 1. 현재 공직유관단체 지정현황

인사혁신처 고시 제2016-9호

공직자윤리법 제3조의2 및 같은 법 시행령 제3조의2에 따라 2017년 1월 1일부터 2017년 6월 30일까지 적용되는 재산등록 대상 공직유관단체를 다음과 같이 고시합니다.

2016년 12월 30일

인사혁신처장

변동일 : 2017. 1. 1.

구 분		기관·단체명
1. 한국은행		한국은행
2. 공기업	1	대한석탄공사
	2	부산항만공사
	3	여수광양항만공사
	4	울산항만공사
	5	인천국제공항공사
	6	인천항만공사
	7	제주국제자유도시개발센터
	8	주택도시보증공사
	9	한국가스공사
	10	한국감정원
	11	한국공항공사
	12	한국관광공사
	13	한국광물자원공사
	14	한국남동발전(주)
	15	한국남부발전(주)
	16	한국도로공사
	17	한국동서발전(주)
	18	한국마사회
	19	한국방송광고진흥공사
	20	한국서부발전(주)
	21	한국석유공사

	22	한국수력원자력(주)
	23	한국수자원공사
	24	한국전력공사
	25	한국조폐공사
	26	한국중부발전(주)
	27	한국지역난방공사
	28	한국철도공사
	29	한국토지주택공사
	30	해양환경관리공단
3. 지방공사 및 지방공단	1	가평군시설관리공단
	2	강남구도시관리공단
	3	강동구도시관리공단
	4	강릉관광개발공사
	5	강북구도시관리공단
	6	강서구시설관리공단
	7	강원도개발공사
	8	거제해양관광개발공사
	9	경기관광공사
	10	경기도시공사
	11	경기평택항만공사
	12	경남개발공사
	13	경상북도개발공사
	14	경상북도관광공사
	15	고양도시관리공사
	16	과천시시설관리공단
	17	관악구시설관리공단
	18	광명시시설관리공단
	19	광산구시설관리공단
	20	광주광역시도시공사
	21	광주도시관리공사
	22	광주도시철도공사
	23	광주환경공단
	24	광진구시설관리공단
	25	구로구시설관리공단
	26	구리농수산물공사
	27	구리도시공사
	28	구미시설공단

29	군포시시설관리공단
30	금천구시설관리공단
31	기장군도시관리공단
32	김대중컨벤션센터
33	김포도시공사
34	김해시도시개발공사
35	남양주도시공사
36	노원구서비스공단
37	단양관광관리공단
38	달성군시설관리공단
39	당진항만관광공사
40	대구광역시시설관리공단
41	대구도시공사
42	대구도시철도공사
43	대구환경공단
44	대전광역시도시철도공사
45	대전광역시시설관리공단
46	대전도시공사
47	대전마케팅공사
48	도봉구시설관리공단
49	동대문구시설관리공단
50	동작구시설관리공단
51	동해시시설관리공단
52	마포구시설관리공단
53	문경관광진흥공단
54	밀양시시설관리공단
55	보령시시설관리공단
56	부산관광공사
57	부산교통공사
58	부산도시공사
59	부산시설공단
60	부산지방공단스포원
61	부산환경공단
62	부여군시설관리공단
63	부천시시설관리공단
64	서대문구도시관리공단
65	서울메트로
66	서울특별시농수산식품공사

67	서울특별시도시철도공사
68	서울특별시시설관리공단
69	성남도시개발공사
70	성동구도시관리공단
71	성북구도시관리공단
72	세종특별자치시시설관리공단
73	속초시시설관리공단
74	송파구시설관리공단
75	수원시시설관리공단
76	시흥시시설관리공단
77	아산시시설관리공단
78	안동시시설관리공단
79	안산도시공사
80	안성시시설관리공단
81	안양시시설관리공단
82	양산시시설관리공단
83	양주시시설관리공단
84	양천구시설관리공단
85	양평공사
86	에스에이치(SH)공사
87	여수시도시공사
88	여주도시관리공단
89	연천군시설관리공단
90	영등포구시설관리공단
91	영양고추유통공사
92	영월군시설관리공단
93	오산시시설관리공단
94	용산구시설관리공단
95	용인도시공사
96	울산광역시남구도시관리공단
97	울산광역시도시공사
98	울산광역시중구도시관리공단
99	울산시설공단
100	울주군시설관리공단
101	은평구시설관리공단
102	의왕도시공사
103	의정부시시설관리공단
104	이천시시설관리공단

105	인천관광공사
106	인천광역시강화군시설관리공단
107	인천광역시계양구시설관리공단
108	인천광역시남구시설관리공단
109	인천광역시남동구도시관리공단
110	인천광역시부평구시설관리공단
111	인천광역시서구시설관리공단
112	인천광역시시설관리공단
113	인천광역시중구시설관리공단
114	인천교통공사
115	인천도시공사
116	인천환경공단
117	장수한우지방공사
118	전남개발공사
119	전북개발공사
120	전주시시설관리공단
121	정선군시설관리공단
122	제주관광공사
123	제주에너지공사
124	제주특별자치도개발공사
125	종로구시설관리공단
126	중구시설관리공단
127	중랑구시설관리공단
128	창녕군개발공사
129	창원경륜공단
130	창원시시설관리공단
131	천안시시설관리공단
132	청도공영사업공사
133	청송사과유통공사
134	청주시시설관리공단
135	춘천도시공사
136	충북개발공사
137	충청남도개발공사
138	통영관광개발공사
139	파주시시설관리공단
140	평택도시공사
141	포천시시설관리공단
142	포항시시설관리공단

	143	하남도시공사
	144	함안지방공사
	145	화성도시공사
4. 정부 또는 지방자치단체의 출자·출연·보조를 받는 기관·단체	1	5·18기념재단
	2	88관광개발주식회사
	3	DYETEC연구원
	4	ECO융합섬유연구원
	5	가축위생방역지원본부
	6	강원도산업경제진흥원
	7	강원도장애인체육회
	8	강원도체육회
	9	강원인재육성재단
	10	강원재활원
	11	경기도장애인체육회
	12	경기도체육회
	13	경기복지재단
	14	경기시흥작은자리지역자활센터
	15	경상북도여성정책개발원
	16	경상북도장애인체육회
	17	경상북도체육회
	18	경제인문사회연구회
	19	고양시체육회
	20	고흥군유통주식회사
	21	과학기술정책연구원
	22	광주과학기술원
	23	광주광역시장애인체육회
	24	광주광역시체육회
	25	국립공원관리공단
	26	국립생태원
	27	국립중앙의료원
	28	국립해양생물자원관
	29	국립현대무용단
	30	국토연구원
	31	군포문화재단
	32	기초과학연구원
	33	농림수산식품교육문화정보원
	34	농림수산식품기술기획평가원
	35	농업정책보험금융원

36	대구경북연구원
37	대구광역시장애인체육회
38	대구광역시체육회
39	대외경제정책연구원
40	대전광역시장애인체육회
41	대전광역시체육회
42	대전평생교육진흥원
43	대한결핵협회
44	대한무역투자진흥공사
45	대한민국재향군인회
46	대한장애인체육회
47	대한적십자사
48	대한체육회
49	밀알재활원
50	부산광역시장애인체육회
51	부산광역시체육회
52	부천혜림요양원
53	부천혜림원
54	북한이탈주민지원재단
55	사단법인 경상남도교통문화연수원
56	사단법인 국제금융센터
57	사단법인 대한노인회
58	사단법인 디엠지국제다큐영화제
59	사단법인 부산광역시교통문화연수원
60	사단법인 서울특별시자원봉사센터
61	사단법인 수원시종합자원봉사센터
62	사단법인 한국과학기술한림원
63	사단법인 한국잡지협회
64	사단법인 화성시자원봉사센터
65	산림조합중앙회
66	산업연구원
67	새마을세계화재단
68	서울연구원
69	서울장학재단
70	서울특별시여성가족재단
71	서울특별시장애인체육회
72	서울특별시체육회
73	성남시청소년재단

74	세종특별자치시체육회
75	세종학당재단
76	수산업협동조합중앙회
77	수원FC
78	수원시청소년육성재단
79	수원시체육회
80	수원지역자활센터
81	시일건강타운
82	시흥일꾼지역자활센터
83	신혜정신요양원
84	아시아문화원
85	안양시청소년육성재단
86	언론중재위원회
87	에너지경제연구원
88	울산광역시장애인체육회
89	울산광역시체육회
90	울진군장학재단
91	원주문화재단
92	유네스코아태무형유산센터
93	인천광역시장애인체육회
94	인천광역시체육회
95	인천글로벌캠퍼스운영재단
96	재단법인 강남문화재단
97	재단법인 강릉과학산업진흥원
98	재단법인 강원정보문화진흥원
99	재단법인 경기과학기술진흥원
100	재단법인 경기농림진흥재단
101	재단법인 경기도가족여성연구원
102	재단법인 경기도교육연구원
103	재단법인 경기연구원
104	재단법인 경기중소기업종합지원센터
105	재단법인 경북장학회
106	재단법인 경북해양바이오산업연구원
107	재단법인 경북행복재단
108	재단법인 경상남도청소년지원재단
109	재단법인 경상북도환경연수원
110	재단법인 경주문화재단
111	재단법인 계룡군문화재단

112	재단법인 고래문화재단
113	재단법인 고양지식정보산업진흥원
114	재단법인 광주과학기술교류협력센터
115	재단법인 광주광역시경제고용진흥원
116	재단법인 광주광역시 광주문화재단
117	재단법인 광주그린카진흥원
118	재단법인 광주디자인센터
119	재단법인 광주복지재단
120	재단법인 광주영어방송
121	재단법인 광주정보문화산업진흥원
122	재단법인 구미전자정보기술원
123	재단법인 국제결핵연구소
124	재단법인 금산국제인삼약초연구소
125	재단법인 김포시청소년육성재단
126	재단법인 김해시차세대의생명융합산업지원센터
127	재단법인 나라
128	재단법인 나주교육진흥재단
129	재단법인 남도장학회
130	재단법인 노사발전재단
131	재단법인 녹색에너지연구원
132	재단법인 달성문화재단
133	재단법인 담양군복지재단
134	재단법인 대구경북디자인센터
135	재단법인 대구디지털산업진흥원
136	재단법인 대구문화재단
137	재단법인 대구오페라하우스
138	재단법인 대전경제통상진흥원
139	재단법인 대전문화재단
140	재단법인 대전세종연구원
141	재단법인 대전복지효재단
142	재단법인 대전정보문화산업진흥원
143	재단법인 대전테크노파크
144	재단법인 마포문화재단
145	재단법인 명량대첩기념사업회
146	재단법인 문화엑스포
147	재단법인 백제문화제추진위원회
148	재단법인 베리&바이오식품연구소
149	재단법인 부산광역시국제교류재단

150	재단법인 부산디자인센터
151	재단법인 부산문화재단
152	재단법인 부산발전연구원
153	재단법인 부산복지개발원
154	재단법인 부산여성가족개발원
155	재단법인 부산영어방송재단
156	재단법인 부산정보산업진흥원
157	재단법인 부천문화재단
158	재단법인 부천산업진흥재단
159	재단법인 사천문화재단
160	재단법인 사천시청소년육성재단
161	재단법인 서울디자인재단
162	재단법인 서초다산장학재단
163	재단법인 성남문화재단
164	재단법인 성남산업진흥재단
165	재단법인 성북문화재단
166	재단법인 세종특별자치시인재육성재단
167	재단법인 수성문화재단
168	재단법인 수원문화재단
169	재단법인 수원시정연구원
170	재단법인 성남시상권활성화재단
171	재단법인 시흥산업진흥원
172	재단법인 아산문화재단
173	재단법인 안산시문화재단
174	재단법인 안산시청소년수련관
175	재단법인 안산환경재단
176	재단법인 안양문화예술재단
177	재단법인 안양시민프로축구단
178	재단법인 안양창조산업진흥원
179	재단법인 영등포문화재단
180	재단법인 영월문화재단
181	재단법인 영월청정소재산업진흥원
182	재단법인 영화의전당
183	재단법인 오산문화재단
184	재단법인 오송바이오진흥재단
185	재단법인 완도군행복복지재단
186	재단법인 옹진군장학재단
187	재단법인 용인문화재단

188	재단법인 용인시축구센터
189	재단법인 용인시디지털산업진흥원
190	재단법인 용인시청소년미래재단
191	재단법인 울산경제진흥원
192	재단법인 울산발전연구원
193	재단법인 의정부예술의전당
194	재단법인 인제군문화재단
195	재단법인 인천발전연구원
196	재단법인 인천인재육성재단
197	재단법인 장보고장학회
198	재단법인 장애인기업종합지원센터
199	재단법인 전남생물산업진흥원
200	재단법인 전남여성플라자
201	재단법인 전남인재육성재단
202	재단법인 전남정보문화산업진흥원
203	재단법인 전라남도국제농업박람회조직위원회
204	재단법인 전라남도문화관광재단
205	재단법인 전라남도청소년미래재단
206	재단법인 전라북도경제통상진흥원
207	재단법인 전라북도생물산업진흥원
208	재단법인 전라북도인재육성재단
209	재단법인 자동차융합기술원
210	재단법인 전주정보문화산업진흥원
211	재단법인 제주문화예술재단
212	재단법인 제주발전연구원
213	재단법인 제주테크노파크
214	재단법인 중구문화재단
215	재단법인 중원문화체육관광진흥재단
216	재단법인 증평복지재단
217	재단법인 진도군인재육성장학회
218	재단법인 진안홍삼연구소
219	재단법인 차세대융합기술연구원
220	재단법인 천안문화재단
221	재단법인 천안시축구단
222	재단법인 철원플라즈마산업기술연구원
223	재단법인 청주복지재단
224	재단법인 청주시문화산업진흥재단
225	재단법인 춘천바이오산업진흥원

226	재단법인 춘천시문화재단
227	재단법인 충남문화산업진흥원
228	재단법인 충남문화재단
229	재단법인 충남연구원
230	재단법인 충북연구원
231	재단법인 충북학사
232	재단법인 충청남도경제진흥원
233	재단법인 충청남도여성정책개발원
234	재단법인 충청남도청소년진흥원
235	재단법인 충청북도지방기업진흥원
236	재단법인 충청북도지식산업진흥원
237	재단법인 코리아심포니오케스트라
238	재단법인 포뮬러원국제자동차경주대회조직위원회
239	재단법인 포항금속소재산업진흥원
240	재단법인 하남문화재단
241	재단법인 한국국학진흥원
242	재단법인 한국마약퇴치운동본부
243	재단법인 한국만화영상진흥원
244	재단법인 한국문화예술회관연합회
245	재단법인 한국탄소융합기술원
246	재단법인 한식재단
247	재단법인 한일산업기술협력재단
248	재단법인 홍천메디칼허브연구소
249	재단법인 화성시문화재단
250	재단법인 화성시인재육성재단
251	(주)강원랜드
252	(주)벡스코
253	(주)엑스코
254	(주)울릉도친환경에너지자립섬
255	(주)인천투자펀드
256	(주)제주국제컨벤션센터
257	(주)킨텍스
258	(주)파주장단콩웰빙마루
259	전라남도교통연수원
260	전라남도장애인체육회
261	전라남도체육회
262	전라남도환경산업진흥원
263	전라북도장애인체육회

264	전라북도체육회
265	전략물자관리원
266	전북연구원
267	정보통신산업진흥원
268	정보통신정책연구원
269	제주4·3평화재단
270	제주특별자치도체육회
271	중소기업기술정보진흥원
272	중소기업중앙회
273	참사랑의집
274	충북문화재단
275	충북인재양성재단
276	충청남도교통연수원
277	충청남도역사문화연구원
278	충청남도장애인체육회
279	충청남도체육회
280	충청북도교통연수원
281	충청북도장애인체육회
282	충청북도체육회
283	태권도진흥재단
284	통일연구원
285	한국가정법률상담소
286	한국개발연구원
287	한국건설기술연구원
288	한국공정거래조정원
289	한국과학기술기획평가원
290	한국과학기술연구원
291	한국과학기술원
292	한국과학기술정보연구원
293	한국과학창의재단
294	한국교육개발원
295	한국교육과정평가원
296	한국교육방송공사
297	한국교통연구원
298	한국기계연구원
299	한국기초과학지원연구원
300	한국노동연구원
301	한국농수산식품유통공사

302	한국농어촌공사
303	한국농촌경제연구원
304	한국디자인진흥원
305	한국로봇산업진흥원
306	한국문화산업교류재단
307	한국법제연구원
308	한국보건복지인력개발원
309	한국보건사회연구원
310	한국사회복지협의회
311	한국사회적기업진흥원
312	한국산업기술시험원
313	한국산업기술평가관리원
314	한국산업단지공단
315	한국생명공학연구원
316	한국생산기술연구원
317	한국생산성본부
318	한국석유관리원
319	한국섬유개발연구원
320	한국세라믹기술원
321	한국수산자원관리공단
322	한국식품연구원
323	한국신발 · 피혁연구원
324	한국실크연구원
325	한국어촌어항협회
326	한국에너지기술연구원
327	한국에이즈퇴치연맹
328	한국여성정책연구원
329	한국연구재단
330	한국영상자료원
331	한국원자력문화재단
332	한국원자력연구원
333	한국원자력환경공단
334	한국인터넷진흥원
335	한국저작권위원회
336	한국전기연구원
337	한국전자통신연구원
338	한국정보화진흥원
339	한국조세재정연구원

	340	한국지방세연구원
	341	한국지식재산연구원
	342	한국지질자원연구원
	343	한국직업능력개발원
	344	한국천문연구원
	345	한국철도기술연구원
	346	한국청소년상담복지개발원
	347	한국청소년정책연구원
	348	한국청소년활동진흥원
	349	한국콘텐츠진흥원
	350	한국패션산업연구원
	351	한국표준과학연구원
	352	한국표준협회
	353	한국한센복지협회
	354	한국한의학연구원
	355	한국항공우주연구원
	356	한국해양과학기술원
	357	한국해양과학기술진흥원
	358	한국해양수산개발원
	359	한국행정연구원
	360	한국형사정책연구원
	361	한국화학연구원
	362	한국환경공단
	363	한국환경정책·평가연구원
	364	합천유통(주)
	365	해남지역자활센터
	366	홈에버그린
	367	화성시체육회
5. 정부 또는 지방자치단체로부터 출자·출연을 받은 기관·단체가 단독 또는 공동으로 재출자·재출연한 금액이 자본금의 전액이 되는 기관·단체	1	부산김해경전철운영(주)
	2	서울메트로9호선운영(주)
	3	아이비케이신용정보(주)
	4	(주)KIB보험중개
	5	(주)SBC인증원
	6	(주)부산항보안공사
	7	(주)서울도시철도그린환경
	8	(주)서울메트로환경
	9	(주)송도아메리칸타운
	10	(주)알펜시아

	11	(주)에트리홀딩스
	12	(주)워터웨이플러스
	13	(주)인천항보안공사
	14	(주)중소기업유통센터
	15	(주)한국가스기술공사
	16	(주)해울
	17	서울도시철도엔지니어링(주)
	18	주택관리공단(주)
	19	칭다오aT물류유한공사
	20	코레일유통(주)
	21	하이원상동테마파크
	22	하이원엔터테인먼트
	23	하이원추추파크
	24	한국기술자격검정원
	25	한국문화진흥(주)
	26	한국벤처투자(주)
	27	한전KDN(주)
	28	한전원자력연료(주)
6. 업무위탁/대행	1	전국재해구호협회
	2	농업협동조합중앙회
	3	대한건설기계안전관리원
	4	사단법인 대한산업안전협회
	5	사단법인 한국선급
	6	사단법인 한국창업보육협회
	7	서울관광마케팅(주)
	8	인구보건복지협회
	9	재단법인 한국에너지재단
	10	재단법인 한국특허정보원
	11	재단법인 한국해사위험물검사원
	12	(주)서남환경
	13	(주)탄천환경
	14	한국거래소
	15	한국건설기술인협회
	16	한국검정(주)
	17	한국보건의료인국가시험원
	18	한국엔지니어링협회
	19	한국우편사업진흥원
	20	한국증권금융(주)

7. 임원을 중앙행정기관의 장 또는 지방자치단체의 장이 선임·임명·위촉하거나 그 선임 등을 승인·동의·추천·제청하는 기관·단체	1	2012여수세계박람회재단
	2	강릉원주대학교치과병원
	3	강원대학교병원
	4	강원도강릉의료원
	5	강원도삼척의료원
	6	강원도속초의료원
	7	강원도영월의료원
	8	강원도원주의료원
	9	강원문화재단
	10	강원발전연구원
	11	강원신용보증재단
	12	강화고려역사재단
	13	개성공업지구지원재단
	14	거제시문화예술재단
	15	건강보험심사평가원
	16	건설근로자공제회
	17	게임물관리위원회
	18	겨레말큰사전남북공동편찬사업회
	19	경기대진테크노파크
	20	경기도의료원
	21	경기신용보증재단
	22	경기평생교육진흥원
	23	경남문화예술진흥원
	24	경남신용보증재단
	25	경북농민사관학교
	26	경북대학교병원
	27	경북대학교치과병원
	28	경북신용보증재단
	29	경북차량용임베디드기술연구원
	30	경상남도람사르환경재단
	31	경상남도마산의료원
	32	경상남도자원봉사센터
	33	경상남도장애인체육회
	34	경상남도체육회
	35	경상대학교병원
	36	경상북도교통문화연수원
	37	경상북도김천의료원
	38	경상북도안동의료원

39	경상북도울진군의료원
40	경상북도종합자원봉사센터
41	경상북도포항의료원
42	경찰공제회
43	고양시자원봉사센터
44	공무원연금공단
45	과학기술연합대학원대학교
46	과학기술인공제회
47	광주광역시교통약자이동센터
48	광주신용보증재단
49	교육시설재난공제회
50	교정공제회
51	교통안전공단
52	국가과학기술연구회
53	국가평생교육진흥원
54	국립광주과학관
55	국립낙동강생물자원관
56	국립대구과학관
57	국립대학법인 서울대학교
58	국립대학법인 인천대학교
59	국립암센터
60	국립해양박물관
61	국민건강보험공단
62	국민연금공단
63	국방과학연구소
64	국방기술품질원
65	국방전직교육원
66	국외소재문화재재단
67	국제식물검역인증원
68	국토교통과학기술진흥원
69	군인공제회
70	근로복지공단
71	금융감독원
72	기술신용보증기금
73	농업기술실용화재단
74	대구경북과학기술원
75	대구경북첨단의료산업진흥재단
76	대구광역시교통연수원

77	대구신용보증재단
78	대구의료원
79	대전신용보증재단
80	대중소기업협력재단
81	대한법률구조공단
82	대한소방공제회
83	대한지방행정공제회
84	도로교통공단
85	독도재단
86	독립기념관
87	목포시의료원
88	민주화운동기념사업회
89	방송문화진흥회
90	방송통신심의위원회
91	법령정보관리원
92	별정우체국연금관리단
93	부산광역시의료원
94	부산대학교병원
95	부산대학교치과병원
96	부산신용보증재단
97	사단법인 남북교류협력지원협회
98	사단법인 전국지방의료원연합회
99	사단법인 한국방사선진흥협회
100	사단법인 한국산업기술보호협회
101	사단법인 한국수상레저안전협회
102	사단법인 한국여성발명협회
103	사립학교교직원연금공단
104	사회보장정보원
105	서민금융진흥원
106	서울대학교병원
107	서울대학교치과병원
108	서울산업진흥원
109	서울신용보증재단
110	서울올림픽기념국민체육진흥공단
111	서울특별시50플러스재단
112	서울특별시서울의료원
113	서울특별시평생교육진흥원
114	선박안전기술공단

115	성남시의료원
116	성남시체육회
117	소방산업공제조합
118	소상공인시장진흥공단
119	소프트웨어공제조합
120	수도권매립지관리공사
121	수원시지속가능도시재단
122	시청자미디어재단
123	식품안전정보원
124	신용보증기금
125	신용보증재단중앙회
126	신용회복위원회
127	안산인재육성재단
128	연구개발특구진흥재단
129	영상물등급위원회
130	영화진흥위원회
131	예금보험공사
132	예산군청소년복지재단
133	예술의전당
134	오송첨단의료산업진흥재단
135	우체국금융개발원
136	우체국물류지원단
137	우체국시설관리단
138	울산과학기술원
139	울산신용보증재단
140	유네스코한국위원회
141	의료기기정보기술지원센터
142	의정부시지원봉사센터
143	의정부시청소년육성재단
144	이주배경청소년재원재단
145	인천광역시의료원
146	인천신용보증재단
147	인천유시티(주)
148	일제강제동원피해자지원재단
149	재단법인 APEC기후센터
150	재단법인 강남복지재단
151	재단법인 강원창조경제혁신센터
152	재단법인 강원테크노파크

153	재단법인 거제시희망복지재단
154	재단법인 경기도문화의전당
155	재단법인 경기도수원월드컵경기장관리재단
156	재단법인 경기도일자리재단
157	재단법인 경기도청소년수련원
158	재단법인 경기문화재단
159	재단법인 경기영어마을
160	재단법인 경기창조경제혁신센터
161	재단법인 경기콘텐츠진흥원
162	재단법인 경기테크노파크
163	재단법인 경남로봇랜드재단
164	재단법인 경남발전연구원
165	재단법인 경남창조경제혁신센터
166	재단법인 경남테크노파크
167	재단법인 경남한방약초연구소
168	재단법인 경북바이오산업연구원
169	재단법인 경북창조경제혁신센터
170	재단법인 경북테크노파크
171	재단법인 경북하이브리드부품연구원
172	재단법인 경상북도경제진흥원
173	재단법인 경상북도문화콘텐츠진흥원
174	재단법인 경상북도청소년육성재단
175	재단법인 고양국제꽃박람회
176	재단법인 고양문화재단
177	재단법인 광주광역시광주여성재단
178	재단법인 광주전남연구원
179	재단법인 광주창조경제혁신센터
180	재단법인 광주테크노파크
181	재단법인 광진문화재단
182	재단법인 구로문화재단
183	재단법인 국립극단
184	재단법인 국립박물관문화재단
185	재단법인 국립발레단
186	재단법인 국립오페라단
187	재단법인 국립합창단
188	재단법인 국악방송
189	재단법인 국제방송교류재단
190	재단법인 금정문화재단

	191	재단법인 김포문화재단
	192	재단법인 김포복지재단
	193	재단법인 김해문화재단
	194	재단법인 김해시복지재단
	195	재단법인 남해마늘연구소
	196	재단법인 달서문화재단
	197	재단법인 대구광역시동구문화재단
	198	재단법인 대구기계부품연구원
	199	재단법인 대구북구청소년회관
	200	재단법인 대구창조경제혁신센터
	201	재단법인 대구청소년지원재단
	202	재단법인 대구테크노파크
	203	재단법인 대전고암미술문화재단
	204	재단법인 대전창조경제혁신센터
	205	재단법인 동북아역사재단
	206	재단법인 목포국제축구센터
	207	재단법인 목포수산식품지원센터
	208	재단법인 밀양문화재단
	209	재단법인 부산경제진흥원
	210	재단법인 부산과학기술기획평가원
	211	재단법인 부산광역시재생지원센터
	212	재단법인 부산창조경제혁신센터
	213	재단법인 부산테크노파크
	214	재단법인 부천시여성청소년재단
	215	재단법인 서산시복지재단
	216	재단법인 서울문화재단
	217	재단법인 서울시립교향악단
	218	재단법인 서울시복지재단
	219	재단법인 서울예술단
	220	재단법인 서울창조경제혁신센터
	221	재단법인 서울테크노파크
	222	재단법인 서초문화재단
	223	재단법인 성동문화재단
	224	재단법인 세종문화회관
	225	재단법인 세종창조경제혁신센터
	226	재단법인 스크립스코리아항체연구원
	227	재단법인 양산시복지재단
	228	재단법인 양천사랑복지재단

229	재단법인 예술경영지원센터
230	재단법인 용산복지재단
231	재단법인 울산광역시여성가족개발원
232	재단법인 울산창조경제혁신센터
233	재단법인 울산테크노파크
234	재단법인 원주의료기기테크노밸리
235	재단법인 인천광역시부평구문화재단
236	재단법인 인천광역시여성가족재단
237	재단법인 인천경제산업정보테크노파크
238	재단법인 인천문화재단
239	재단법인 인천창조경제혁신센터
240	재단법인 임실치즈앤식품연구소
241	재단법인 임실치즈테마파크
242	재단법인 전남복지재단
243	재단법인 전남창조경제혁신센터
244	재단법인 전남테크노파크
245	재단법인 전라남도중소기업종합지원센터
246	재단법인 전북여성교육문화센터
247	재단법인 전북창조경제혁신센터
248	재단법인 전북테크노파크
249	재단법인 전통공연예술진흥재단
250	재단법인 정동극장
251	재단법인 정선아리랑문화재단
252	재단법인 제주창조경제혁신센터
253	재단법인 제천한방바이오진흥재단
254	재단법인 진주바이오산업진흥원
255	재단법인 진주시좋은세상복지재단
256	재단법인 창원문화재단
257	재단법인 천안시복지재단
258	재단법인 청송문화관광재단
259	재단법인 충남창조경제혁신센터
260	재단법인 충남테크노파크
261	재단법인 충북창조경제혁신센터
262	재단법인 충북테크노파크
263	재단법인 충청남도인재육성재단
264	재단법인 통영국제음악재단
265	재단법인 평택시국제교류재단
266	재단법인 평택시청소년재단

267	재단법인 포항테크노파크
268	재단법인 하동녹차연구소
269	재단법인 한국공예디자인문화진흥원
270	재단법인 한국군사문제연구원
271	재단법인 한국나노기술원
272	재단법인 한국노인인력개발원
273	재단법인 한국도자재단
274	재단법인 한국스마트그리드사업단
275	재단법인 한국여성수련원
276	재단법인 한국장애인개발원
277	재단법인 한국전통문화전당
278	재단법인 한국지방행정연구원
279	재단법인 한국지식재산보호원
280	재단법인 한국형수치예보모델개발사업단
281	재단법인 화성푸드통합지원센터
282	재외동포재단
283	전기공사공제조합
284	전남대학교병원
285	전남신용보증재단
286	전라남도 강진의료원
287	전라남도 순천의료원
288	전라북도군산의료원
289	전라북도남원의료원
290	전북대학교병원
291	전북신용보증재단
292	전자부품연구원
293	전쟁기념사업회
294	정부법무공단
295	제주대학교병원
296	제주신용보증재단
297	제주특별자치도서귀포의료원
298	제주특별자치도제주의료원
299	종로문화재단
300	중소기업연구원
301	중소기업은행
302	중소기업진흥공단
303	중앙입양원
304	중앙자활센터

305	지방공기업평가원
306	진안군의료원
307	창업진흥원
308	총포화약안전기술협회
309	축산물안전관리인증원
310	축산물품질평가원
311	춘천지역자활센터
312	충남대학교병원
313	충남신용보증재단
314	충북대학교병원
315	충북신용보증재단
316	충청남도 공주의료원
317	충청남도 서산의료원
318	충청남도 천안의료원
319	충청남도 홍성의료원
320	충청남도평생교육진흥원
321	충청북도 문화재연구원
322	충청북도청주의료원
323	충청북도충주의료원
324	평택복지재단
325	평택지역자활센터
326	학교법인 한국기술교육대학교
327	학교법인 한국폴리텍
328	한국가스안전공사
329	한국건강가정진흥원
330	한국건강증진개발원
331	한국고용정보원
332	한국고전번역원
333	한국과학기술단체총연합회
334	한국광기술원
335	한국광해관리공단
336	한국교육학술정보원
337	한국교직원공제회
338	한국국방연구원
339	한국국제교류재단
340	한국국제보건의료재단
341	한국국제협력단
342	한국국토정보공사

343	한국기상산업진흥원
344	한국대학교육협의회
345	한국데이터진흥원
346	한국무역보험공사
347	한국문학번역원
348	한국문화관광연구원
349	한국문화예술교육진흥원
350	한국문화예술위원회
351	한국문화재재단
352	한국문화정보원
353	한국발명진흥회
354	한국방송공사
355	한국방송통신전파진흥원
356	한국법무보호복지공단
357	한국보건산업진흥원
358	한국보건의료연구원
359	한국보육진흥원
360	한국보훈복지의료공단
361	한국사학진흥재단
362	한국사회복지공제회
363	한국산업기술진흥원
364	한국산업기술진흥협회
365	한국산업안전보건공단
366	한국산업은행
367	한국산업인력공단
368	한국선원복지고용센터
369	한국소방산업기술원
370	한국소방시설관리협회
371	한국소방시설협회
372	한국소방안전협회
373	한국소비자원
374	한국수출입은행
375	한국승강기안전공단
376	한국시설안전공단
377	한국식품안전관리인증원
378	한국양성평등교육진흥원
379	한국언론진흥재단
380	한국에너지공단

381	한국에너지기술평가원
382	한국여성인권진흥원
383	한국예술인복지재단
384	한국예탁결제원
385	한국원자력안전기술원
386	한국원자력안전재단
387	한국원자력의학원
388	한국원자력통제기술원
389	한국의료분쟁조정중재원
390	한국의약품안전관리원
391	한국임업진흥원
392	한국자산관리공사
393	한국잡월드
394	한국장애인고용공단
395	한국장학재단
396	한국재정정보원
397	한국저작권보호원
398	한국전기공사협회
399	한국전기기술인협회
400	한국전기안전공사
401	한국전력거래소
402	한국전문대학교육협의회
403	한국전파진흥협회
404	한국정보기술연구원
405	한국정보통신기술협회
406	한국정보통신진흥협회
407	한국주택금융공사
408	한국지방재정공제회
409	한국지식재산전략원
410	한국지역정보개발원
411	한국지역진흥재단
412	한국철도시설공단
413	한국출판문화산업진흥원
414	한국투자공사
415	한국티브이홈쇼핑협회
416	한국학중앙연구원
417	한국해양구조협회
418	한국해양수산연수원

	419	한국해양조사협회
	420	한국해운조합
	421	한국환경산업기술원
	422	한국희귀의약품센터
	423	한약진흥재단
	424	항공안전기술원
	425	항로표지기술협회
	426	해외건설협회
8. 기타 공공기관	1	IOM이민정책연구원
	2	국제원산지정보원
	3	그랜드코리아레저(주)
	4	재단법인 기초전력연구원
	5	재단법인 한국장기기증원
	6	(주)한국건설관리공사
	7	코레일관광개발(주)
	8	코레일네트웍스(주)
	9	코레일로지스(주)
	10	코레일테크(주)
	11	한국도박문제관리센터
	12	한국상하수도협회
	13	한국인체조직기증원
	14	한국전력기술(주)
	15	한국체육산업개발(주)
	16	한전KPS(주)

※ 자료출처: 인사혁신처 홈페이지

부록 3. 2016. 현재 공공기관 지정현황

구 분	(주무기관) 기관명
시장형 공기업 (14)	(산자부) 한국가스공사, 한국광물자원공사, 한국남동발전(주), 한국남부발전(주), 한국동서발전(주), 한국서부발전(주), 한국석유공사, 한국수력원자력(주), 한국전력공사, 한국중부발전(주), 한국지역난방공사 (국토부) 인천국제공항공사, 한국공항공사 (해수부) 부산항만공사
준시장형 공기업 (16)	(재정부) 한국조폐공사 (문화부) 한국관광공사 (농식품부) 한국마사회 (산자부) 대한석탄공사 (국토부) 제주국제자유도시개발센터, 주택도시보증공사, 한국감정원, 한국도로공사, 한국수자원공사, 한국철도공사, 한국토지주택공사 (방통위) 한국방송광고진흥공사 (해수부) 여수광양항만공사, 울산항만공사, 인천항만공사, 해양환경관리공단
기금관리형 준정부기관 (16)	(교육부) 사립학교교직원연금공단 (인사처) 공무원연금공단 (문화부) 국민체육진흥공단, 영화진흥위원회, 한국문화예술위원회, 한국언론진흥재단 (산자부) 한국무역보험공사, 한국원자력환경공단 (복지부) 국민연금공단 (고용부) 근로복지공단 (금융위) 기술신용보증기금, 신용보증기금,예금보험공사, 한국자산관리공사, 한국주택금융공사 (중기청) 중소기업진흥공단
위탁집행형 준정부기관 (74)	(교육부) 한국교육학술정보원, 한국장학재단 (안전처) 한국소방산업기술원, 한국승강기안전관리원 (문화부) 국제방송교류재단, 한국콘텐츠진흥원, 아시아문화원 (농식품부) 농림수산식품교육문화정보원, 농림수산식품기술기획평가원, 축산물품질평가원, 한국농수산식품유통공사, 한국농어촌공사 (미래부) (재)우체국금융개발원, (재)한국우편사업진흥원, 우체국물류지원단, 정보통신산업진흥원, 한국과학창의재단, 한국방송통신전파진흥원, 한국연구재단, 한국인터넷진흥원, 한국정보화진흥원 (산자부) 대한무역투자진흥공사, 한국가스안전공사, 한국광해관리공단, 한국디자인진흥원, 한국산업기술진흥원, 한국산업기술평가관리원, 한국산업단지공단, 한국석유관리원, 한국세라믹기술원, 한국에너지단, 한국에너지기술평가원, 한국전기안전공사, 한국전력거래소 (복지부) 건강보험심사평가원, 국민건강보험공단, 사회보장정보원, 한국노인인력개발원, 한국보건복지인력개발원,한국보건산업진흥원 (환경부) 국립공원관리공단, 국립생태원, 한국환경공단, 한국환경산업기술원

	(고용부) 한국고용정보원, 한국산업안전보건공단, 한국산업인력공단, 한국승강기안전기술원, 한국장애인고용공단 (여가부) 한국청소년상담복지개발원, 한국청소년활동진흥원 (국토부) 교통안전공단, 국토교통과학기술진흥원, 한국국토정보공사, 한국시설안전공단, 한국철도시설공단 (해수부) 선박안전기술공단, 한국수산자원관리공단, 한국해양과학기술진흥원, 한국해양수산연수원 (외교부) 한국국제협력단 (공정위) 한국소비자원 (원안위) 한국원자력안전기술원 (보훈처) 독립기념관, 한국보훈복지의료공단 (산림청) 한국임업진흥원 (경찰청) 도로교통공단 (농진청) 농업기술실용화재단 (중기청) 중소기업기술정보진흥원, 소상공인시장진흥공단 (특허청) 한국지식재산전략원 (기상청) 한국기상산업진흥원 (식약처) 축산물안전관리인증원 (방통위) 시청자미디어재단
기타 공공기관 (203)	(국조실) 경제인문사회연구회, 과학기술정책연구원, 국토연구원, 대외경제정책연구원, 산업연구원, 에너지경제연구원, 정보통신정책연구원, 통일연구원, 한국개발연구원, 한국교육개발원, 한국교육과정평가원, 한국교통연구원, 한국노동연구원, 한국농촌경제연구원, 한국법제연구원, 한국보건사회연구원, 한국여성정책연구원, 한국조세재정연구원, 한국직업능력개발원, 한국청소년정책연구원, 한국해양수산개발원, 한국행정연구원, 한국형사정책연구원, 한국환경정책평가연구원 (재정부) 한국투자공사, 한국수출입은행 (교육부) 강릉원주대학교치과병원, 강원대학교병원, 경북대학교병원, 경상대학교병원, 국가평생교육진흥원, 동북아역사재단, 부산대학교병원, 부산대학교치과병원, 서울대학교병원, 서울대학교치과병원, 전남대학교병원, 전북대학교병원, 제주대학교병원, 충남대학교병원, 충북대학교병원, 한국고전번역원, 한국사학진흥재단, 한국학중앙연구원 (외교부) 한국국제교류재단, 재외동포재단 (통일부) 북한이탈주민지원재단, (사)남북교류협력지원협회 (법무부) 대한법률구조공단, 정부법무공단, 한국법무보호복지공단, IOM이민정책연구원 (국방부) 국방전직교육원, 전쟁기념사업회, 한국국방연구원 (행자부) 민주화운동기념사업회, (재)일제강제동원피해자지원재단 (문화부) (재)국악방송, (재)예술경영지원센터, (재)예술의전당, (재)정동극장, (재)한국문화정보원, 게임물관리위원회, 국립박물관문화재단, 국민생활체육회, 그랜드코리아레저(주), 대한장애인체육회, 대한체육회, 세종학당재단, 영상물등급위원회, 태권도진흥재단, 한국공예디자인문화진흥원, 한국도박문제관리센터, 한국문학번역원, 한국문화관광연구원, 한국문화예술교육진흥원, 한국문화진흥(주), 한국영상자료원, 한국예술인복지재단, 한국저작권위원회, 한국체육산업개발(주), 한국출판문화산업진흥원

(농식품부)	(재)한식재단, 가축위생방역지원본부, 국제식물검역인증원, 농업정책보험금융원
(산자부)	(재)한국스마트그리드사업단, ㈜강원랜드, ㈜한국가스기술공사, 기초전력연구원, 전략물자관리원, 한국로봇산업진흥원, 한국산업기술시험원, 한국원자력문화재단, 한국전력기술(주), 한일산업기술협력재단, 한전KDN(주), 한전KPS(주), 한전원자력연료(주)
(복지부)	(재)한국보육진흥원, (재)한국장애인개발원, 국립암센터, 국립중앙의료원, 대구경북첨단의료산업진흥재단, 대한적십자사, 오송첨단의료산업진흥재단, 한국건강증진개발원, 한국국제보건의료재단, 한국보건의료연구원, 한국보건의료인국가시험원, 한국사회복지협의회, 한국의료분쟁조정중재원, (재)한국장기기증원, 한국인체조직기증원
(환경부)	국립낙동강생물자원관, 수도권매립지관리공사, 한국상하수도협회
(고용부)	건설근로자공제회, 노사발전재단, 학교법인한국폴리텍, 한국기술교육대학교, 한국사회적기업진흥원, 한국잡월드
(여가부)	한국건강가정진흥원, 한국양성평등교육진흥원, 한국여성인권진흥원
(국토부)	㈜워터웨이플러스, ㈜한국건설관리공사, 주택관리공단(주), 코레일관광개발(주), 코레일네트웍스(주), 코레일로지스(주), 코레일유통(주), 코레일테크(주), 항공안전기술원
(미래부)	(재)우체국시설관리단, 광주과학기술원, 국가과학기술연구회, 국립광주과학관, 국립대구과학관, 기초과학연구원, 대구경북과학기술원, 별정우체국연금관리단, 연구개발특구진흥재단, 울산과학기술원, 한국건설기술연구원, 한국과학기술기획평가원, 한국과학기술연구원, 한국과학기술원, 한국과학기술정보연구원, 한국기계연구원, 한국기초과학지원연구원, 한국나노기술원, 한국데이터베이스진흥원, 한국생명공학연구원, 한국생산기술연구원, 한국식품연구원, 한국에너지기술연구원, 한국원자력연구원, 한국원자력의학원, 한국전기연구원, 한국전자통신연구원, 한국지질자원연구원, 한국천문연구원, 한국철도기술연구원, 한국표준과학연구원, 한국한의학연구원, 한국항공우주연구원, 한국화학연구원,
(해수부)	국립해양박물관, 국립해양생물자원관, 주식회사 부산항보안공사, 주식회사 인천항보안공사, 한국어촌어항협회, 한국해양과학기술원, 한국해양조사협회, 항로표지기술협회
(금융위)	한국예탁결제원, 한국산업은행, 중소기업은행
(원안위)	한국원자력안전재단, 한국원자력통제기술원
(공정위)	한국공정거래조정원
(식약처)	한국식품안전관리인증원, 한국의약품안전관리원, 식품안전정보원
(보훈처)	88관광개발(주)
(관세청)	(재)국제원산지정보원
(문화재청)	한국문화재재단
(기상청)	(재)APEC기후센터, (재)한국형수치예보모델개발사업단
(방사청)	국방과학연구소, 국방기술품질원
(산림청)	녹색사업단
(중기청)	(재)중소기업연구원, ㈜중소기업유통센터, 신용보증재단중앙회, 창업진흥원, 한국벤처투자
(특허청)	한국발명진흥회, 한국지식재산보호원, 한국지식재산연구원, 한국특허정보원

※ 자료출처: 기획재정부 홈페이지

찾아보기

사항색인

[ㄱ]

가액 합산 기준　112

각급 학교　21

간접정범　114

간호사　30

간호조무사　30

감리원　106

감사 대상자　135

강사　29, 30

강연　131

강의　131

강의 대상　134

강의 일자　134

강의료　131

강의주제　134

강제집행　98

개별 법령　48

개인 사업자　111

갹출　115

거절 의사　154

거절 의사표시 의무　74

격려금　145

견학　146

결재선상　47

겸유 신분　30

겸임교원　30

경력직 공무원　26

경비 업무　28

경연　148

경쟁 업체　57

경제적 이익　108

경조사　137

경조사비　136

경조사의 범위　137

경품　148

계　144

계약 관련 법령　52

계약직 직원　41

고문　127

고문계약　142

고문직　142

고서화　125

고의   90

고정 투고자   31

고충민원   64

골프 접대   137

공개적   63

공공기관   20

공공기관에 대한 금품등 수수 금지   104

공공기관의 권한   35

공공기관의 사무   35

공공기관의 운영에 관한 법률   20

공공기관장의 교육·홍보 의무   183

공공기관 파견   41

공기업·준정부기관 경영 및 혁신에 관한
    지침   51

공모   90

공무상 심의·평가   41

공무수행사인   32

공무원으로 의제   40

공범   112, 113

공법   12

공식적 행사   145

공연물   143

공익 목적   64

공익신고자보호법 소정의 보호조치   191

공적 업무 종사자   26

공정경쟁규약   150

공정·청렴 의무   49

공중보건의사   27

공증인   28

공직선거법   162

공직유관단체   19

공직자   26

공직자등   26

공직자등의 기본적 복무 원칙   49

공직자등이나 공무수행사인인 부정청탁행
    위자에 대한 제재   82

공직자윤리법   5, 19

공직자윤리위원회   19

과료   84

과실   90

과잉금지 원칙   32

과태료   14

과태료 납부 능력   91

과태료 부과   84

과태료 재판 관할법원   85

과태료 집행·불 부과·부과 취소 절차
    90

관리기간   157

관심 표명   59

관심 표명 부탁   10

교분상의 필요   117

교육업체   175

교직원   28, 29

교환 취득   109

구매가   124

국가공무원   26

국가 수입금 수납업무   36

국가회계법   124

국민권익위원회   4

국민의 형사재판 참여에 관한 법률   6

국정감사   139

국제기구   134

국회 심의 및 공포 과정   8

권리능력   98

권한 남용 금지의 원칙   49

권한의 위임·위탁   34

금융분쟁조정위원회   34

금융 이익   125

금지 대상 부정청탁행위   47

금지행위   190

금품등   108

금품등 수수 공직자등에 대한 징계   164

금품등 수수 금지   103

금품등의 가액   124

금품등의 수수·약속·요구에 대한 벌칙
    164

급행료 조항   139

기간제 교사   29, 30

기간제 근로자   28

기고   131

기고제공자   29

기관위임사무   96

기국주의   13

기념품   148

기본원칙   76

기부   141

기소유예 처분   50

기속(羈束)행위   139

기업설명회   146

기준   144, 150

기타간행물   23

기획재정부장관   20

[ㄴ]

낙찰 원가   109

남용   58

노무 제공 업무   28

뇌물죄의 법리   118

뇌물죄 적용 대상자   107

뉴스통신사업자   23

[ㄷ]

다문화언어 강사   30

단체   98

답례품   148

당사자능력   98

대가성   107, 116

대리인   95, 168

대출 이율   125

대향범   113

도덕규범 위반   52

도시환경정비사업조합   40

동영상   175

동일인   109

동일 직급   136

동창회   99, 144

동호인회   144

등기 신청   65

등록취소심판 청구   24

[ㄹ]

리스   126

[ㅁ]

만평작가   29

면제   191

명예교사   30

명예교수   30

몰수   165, 170, 171

무보수 외부강의   175

무상 사용   126

무상 차용   125

묵시적 청탁   140

미수   78

민간위탁   35

민원사무 처리에 관한 법률   62
민원인   62
민원 제기   62

[ㅂ]
반대급부   143
반환   126, 154, 155, 156, 157, 165
방과 후 교사   29
방송사업자   22
방송채널사용사업자   22
방송출연자   29
방조행위   114
방해행위·불이익 조치 등 금지   190
배송비   125
배우자   104, 128, 169
배임수재죄   123
배임죄   80
배제   57
벌칙   176
범죄구성요건   107
범죄능력   167
범죄능력 부정설   80, 104
범칙금   84
법관징계위원회   34
법령   48
법인·단체·기관   37
법인 신용카드   110
법인 임직원의 법인을 위한 부정청탁행위
   80
법인 접대비   110
법정 이율   125
법정기한   65
변제기   125
보상   192

보상금   192
보수 총액   127
보완 요청   186
보육수당   148
보조자   38
보험계약 모집 수수료   109
보호 대상자   190
부가가치세   125
부과 취소   84
부당이득의 환수   199
부수적 언론 활동 종사자   31
부작위   114
부정청탁 금지   45
부정청탁 금지규정의 적용 범위   46
부정청탁금지 및 공직자의 이해충돌방지
   법(안)   7
부정청탁 방지 등 담당관   182
부정청탁 방지 등 업무 총괄   182
부정청탁 신고 의무   74
부정청탁 예외사유   61
부정청탁에 따른 직무수행 공직자등에
   대한 징계 및 처벌   74
부정청탁의 신고 및 처리 절차   68
부정청탁행위와 착오   81
부정청탁행위의 유형   47, 55
부정청탁행위자에 대한 제재   76
부패유발요인 조사   4
부패인식도 조사   5
부패인식지수(CPI)   4
불가매수성   116
불건전 영업행위   149
불(不) 부과   84
불처벌 결정   89
불특정 다수인   63

비례의 원칙　49

비밀누설 금지　199

비밀보장　191

비법인사단　98

비법인재단　98

비송사건절차법　14

[ㅅ]

사교·의례·부조 목적　136

사례금 지급 주체　134

사망　91

사법연수생　27

사보　24

사서교사　30

사실상의 영향력　175

사실적·반사적 이익　79

사실탐지　88

사실행위　110, 112

사실혼 관계　104

사업연도　124

사외이사　127, 142

사외이사 위촉계약　142

사용인　95, 168

사익 추구　64

사회단체　144

사회상규　66, 148

사후 결재　114

산학겸임교사　30

상급자　47, 135

상담　183

상당한 주의와 감독　99

상조 규정　150

상하 관계　135

서약서　183

선물　136

선처　59

선처 부탁　10

성적·수행평가의 기준과 배점 방법　50

성적(性的) 향응　128

소속기관의 장　33, 85

속인주의　13

속지주의　13

송부　71, 158, 186

수수금지 금품등의 신고 및 처리 절차
　154

숙려(熟慮)기간　65

시가　124

시·도도시계획위원회　34

시민단체　64

시찰　146

시효　91

신고권자　185

신고방법　185

신고의 처리　186

신고의 확인　186

신고자등을 위한 보호 의무 위반자 등에
　대한 벌칙　194

신고자등의 보호 및 보상　190

신고 접수기관　185

신문사업자　22

신법 우선　13

신변보호　191

신분　90

신분공개　186

신분상실　194

신속 처리　65

신원보호　191

신의성실의 원칙　49

신제품　143
실(實) 행위자　38, 95, 166, 168
심문　88
심신미약자　90
심신장애　90

[ㅇ]
알선수재액　127
약식재판　89
양벌규정　93, 171
양벌규정상의 면책　99
양벌규정 적용 대상 법인·단체　94
양육수당　148
어려운 처지　144
언론사　22
업무협조 요청　41
여비 지급 규정　150
연간 한도액　105
연간 한도액 회피　113
연구결과　132
연구용역계약　131
영양사　30
영어회화 전문강사　30
예시적 열거사항　48
예외적 허용 금품등　130
오인　90
외국 대학교수　134
외국 언론사　23
외국기관　134
외국대학　134
외국인　13, 134, 138
외국인 출국정지　91
외국인 출국정지 업무처리규칙　91
외국인유치원　30

외부강의등의 사례금　131
외부강의등의 사례금 수수 제한　174
외부강의료와 기고료의 상한액　132
외주제작사　29
용역(도급)계약　29
원고료　131
원조　191
원활한 직무수행 목적　136
웹진　24
위로·격려·포상　135
위문금품　149
위반행위의 통보　85
위법한 직무처리에 대한 조치　199
위성방송사업자　22
위원회　33
위임·위탁　34
위헌 논란　12
유가유형물　108
유가증권　137
유관 공공기관　146
유증　144
유착 관계　111
은행업감독규정　149
음식물　136
의과대학 교수　54
의과대학 부속병원　54
의례상의 대가　117
의료법인　55
의사결정기관　98
의사 연락　112
의원법안　7
이원화　163
이의신청　184, 188
이익단체　64

이첩   71, 158, 186
이해충돌 방지규정   9
인권 존중의 원칙   49
인도   154
인력 지원   41
인사 대상자   135
인사혁신처 고시   20
인사혁신처장   20
인척   143
인터넷신문   23
인터넷신문사업자   23
인턴기자   29
일괄처리   158
일률적   145, 147
일반인인 부정청탁행위자에 대한 제재
    83
일반일간신문   22
일반적 결사체   99
일반적 법원칙   49
일반주간신문   23
일반직 공무원   26
일사부재리   84
1회   115
1회 한도액   105
임기제공무원   28
입학·성적·수행평가   50

[ㅈ]
자금 출처   111
자료 제출 거부   86
자문계약   131, 142
자연인   81
자초한 곤궁   145
자치사무   96

작위   114
잡지   23
장거리이동대기오염물질대책위원회   34
장기적·지속적 친분관계   145
장학금   151
장학금 기부   148
재건축정비사업조합 조합장   109
재량권   59
재신고   72, 159
재심   89
재이의신청   188
재조사   185, 188
재판절차   88
재항고   89
재해부조금   148
적용 대상   104, 174
적용 대상자   9
적용법률   86
전결권   47
전문상담교사   30
전자간행물   24
전자책   24
절도교사   59
접대비 사용 승인 신청   113, 114
정기간행물사업자   23
정기 교육   183
정당한 거래 관계   141
정당한 권원   141
정보간행물   24
정부법안   6
정상적인 거래관행   54
제3자 뇌물제공죄   126
제3자를 위한 청탁   79
제약회사   149

제재 감경   191

제재 수위   107

제척기간   91

제품설명회   149

조교   29

조리   49

조사기관   184

조합   98

종결처리   72, 159, 188

종교단체   144

종업원   38, 168

종중   98

종합유선방송사업자   22

죄형법정주의   49

주거환경개선사업   40

주택건설등록사업자   40

주택재개발사업조합   40

주택재건축사업조합   40

중앙도시계획위원회   34

중앙행정기관   18

중첩   83, 97

즉시항고   88

증거조사   88

증권선물위원회   34

증뢰죄   119

증여   141

지국   29

지방공무원   27

지방변호사회   38

지방자치단체   18

지사   29

지상파방송사업자   22

지원   183

지위·권한의 일탈   58

지휘감독권   47

직권남용 권리행사방해죄   58

직급   136

직능단체   64

직무   122

직무관련성   107, 116

직업 등 유관성   118, 119

직원상조회   144

직접 자신을 위하여 하는 청탁   78

직책의 상하 관계   136

질서위반행위규제법   14, 86

집단 행동   63

집행권원   98

집행기관   98

집행절차   91

징계   74

징계 및 벌칙   161

징계부가금   77, 163

[ㅊ]

차별 금지 의무   57

책임 감면조치   191

처우규정   142

철회   85

청원권   65

청원법   62

청탁금지법의 기본 구조   8

청탁금지법의 법적 성격   12

청탁금지법의 입법 과정   6

청탁금지법의 입법 배경   3

체납   91

체납처분   91

체비지   109

체육행사   105

초대권   143

촉탁의사   30

추징   165, 170, 171

추첨   148

축하금   145

취업 제공   126

취업 제공의 가액 산정   127

친목회   144

친족   143

[ㅌ]

타인의 사무를 처리하는 지위   80

탈락   57

탈락 요건   57

토지   109

토지 개발   108

통고   85

통고 또는 통지의 취하   85

통보   71, 155, 156, 157, 158, 159

통상적 범위   147

통상적인 거래조건   54

통상적 할인가   125

통지   85

투고 요청   31

투기적 사업   108

투자 기회   108

특별법 우선   13

특별한 사정   120

특수경력직 공무원   27

특수일간신문   22

특수주간신문   23

특정직 공무원   26

[ㅍ]

폐기처분   156, 157, 158

포괄일죄   116

포상금   192

품평 관련 기사   143

프리랜서   29

피감기관   139

[ㅎ]

학교발전기금   148

학교법인   21

학교법인 임직원   28

학교법인 이사장   30

학원   175

학회   64, 132

한국감정평가사협회   38

한국공인회계사회   38

한정적 열거사항   48

할인 구매   125

합병   91

합산   111, 137

합의제 기관   34

합의제행정기관   33

해외 공장 홍보   146

해외통신원   29

행정권한의 위임 및 위탁에 관한 규정
    34

행정규칙   48

행정기관간 위임·위탁   35

행정법   12

행정위원회   33

행정절차법   13

행정직원   29

향우회   99, 144

향응   126, 137

헌법재판소   11

현금   137

혈족   143

협력병원   55

협조   191

협찬   104, 142

협찬금   104

협회지   24

형사법   12

형사처벌   75

형평성   10, 49

홍보용품   148

화해 권고   191

화해안 제시   191

확정판결   84

회계연도   124

회계처리   110

회의체   34

회칙   144

후원금   145

판례색인

[대법원]

대법원 1971. 3. 9. 선고 69도693 판결 ·· 119

대법원 1977. 3. 8. 선고 76도1982 판결 ·· 126

대법원 1982. 9. 28. 선고 80도2309 판결 ·· 119

대법원 1984. 10. 10. 선고 82도2595 전원합의체 판결 ······································· 80

대법원 1984. 11. 27. 선고 84도1906 판결 ·· 114

대법원 1985. 11. 26. 선고 85도1906 판결 ·· 114

대법원 1992. 2. 11. 선고 91도2536 판결 ·· 84

대법원 1992. 2. 11. 선고 91도2951 판결 ·· 114

대법원 1994. 11. 4. 선고 94도129 판결 ·· 109

대법원 1995. 6. 30. 선고 94도993 판결 ·· 109

대법원 1995. 7. 21.자 94마1415 결정 ·· 85

대법원 1995. 9. 29. 선고 95도456 판결 ·· 114

대법원 1996. 4. 12. 선고 96도158 판결 ·· 84

대법원 1996. 9. 6. 선고 95도2551 판결 ·· 115

대법원 1997. 3. 14. 선고 96도1639 판결 ·· 115

대법원 1998. 12. 23.자 98마2866 결정 ··· 85

대법원 1999. 7. 15. 선고 95도2870 전원합의체 판결 ······································· 39

대법원 2000. 5. 26. 선고 98두5972 판결 ·· 84, 90

대법원 2000. 8. 24.자 2000마1350 결정 ·· 91

대법원 2001. 9. 18. 선고 2000도5438 판결 ·· 109

대법원 2002. 4. 9. 선고 2001도7056 판결 ·· 125

대법원 2002. 8. 16.자 2002마362 결정 ··· 89

대법원 2003. 4. 22. 선고 2002두10483 판결 ·· 96

대법원 2003. 6. 13. 선고 2003도1060 판결 ·· 123

대법원 2005. 11. 10. 선고 2004도42 판결 ·· 126

대법원 2006. 4. 27. 선고 2006도735 판결 ·· 126

대법원 2006. 4. 28.자 2003마715 결정 ··· 84

대법원 2006. 5. 26. 선고 2005도1904 판결 ·· 55

대법원 2006. 6. 15. 선고 2005도1420 판결 ·· 55

대법원 2008. 1. 11.자 2007마810 결정 ··· 93

대법원 2008. 2. 1. 선고 2007도5190 판결 ·· 117

대법원 2008. 2. 29.자 2005마94 결정 ·· 89, 93
대법원 2008. 9. 25. 선고 2008도2590 판결 ·· 126
대법원 2009. 6. 11. 선고 2008도6530 판결 ·· 96
대법원 2009. 9. 10. 선고 2009도5657 판결 ·· 117
대법원 2010. 4. 15. 선고 2009도9624 판결 ·· 100
대법원 2010. 4. 29. 선고 2010도1082 판결 ·· 119
대법원 2010. 12. 9. 선고 2010도12069 판결 ·· 100
대법원 2011. 3. 24. 선고 2010도14817 판결 ·· 100
대법원 2011. 7. 28. 선고 2009도9122 판결 ·· 108
대법원 2011. 9. 29. 선고 2009도12515 판결 ·· 39
대법원 2011. 11. 24. 선고 2011도9585 판결 ·· 121
대법원 2012. 5. 9. 선고 2011도11264 판결 ·· 100
대법원 2012. 8. 23. 선고 2010도6504 판결 ·· 108
대법원 2013. 11. 28. 선고 2011도5329 판결 ·· 58
대법원 2013. 11. 28. 선고 2013도9003 판결 ·· 123
대법원 2013. 11. 28. 선고 2013도10467 판결 ·· 116
대법원 2014. 5. 16. 선고 2014도1547 판결 ·· 126
대법원 2014. 10. 15. 선고 2014도8113 판결 ·· 109
대법원 2015. 3. 26. 선고 2013도2444 판결 ·· 58

[고등법원]
부산고법 2012. 12. 13. 선고 2012노65 판결 ·· 117
서울고법 2012. 2. 23. 선고 2011노3252 판결(확정) ···································· 127

[헌법재판소]
헌재 1994. 6. 30. 92헌바38 전원재판부 ·· 84
헌재 2016. 7. 28. 2015헌마236, 2015헌마412, 2015헌마662, 2015헌마673(병합) ················ 12

저자 약력

• 서울대학교 법과대학 졸업
• 사법연수원 제13기 수료
• 서울·부산·인천·대구·수원 등 각급 검찰청 검사·부장검사·차장검사·지청장, 법무부
  검찰 제3·제2과장, 법무연수원 교관
• (現) 법무법인(유)화우 변호사

청탁금지법강의

초판 인쇄   2017년 2월 20일
초판 발행   2017년 3월   5일

지은이   공성국
펴낸이   안종만

편 집   이승현
기획/마케팅   조성호
표지디자인   권효진
제 작   우인도·고철민

펴낸곳   (주) 박영사
           서울특별시 종로구 새문안로3길 36, 1601
           등록 1959. 3. 11. 제300-1959-1호(倫)

전 화   02)733-6771
f a x   02)736-4818
e-mail   pys@pybook.co.kr
homepage   www.pybook.co.kr
ISBN   979-11-303-2955-0 93360

정 가   23,000원